LOTTA LUBKOLL

Sonne, Meer und lange Ohren

MIT ESEL JONNY IM AUSGEBAUTEN BUS ZUM ÜBERWINTERN AN DIE ATLANTIKKÜSTE

Mit 58 farbigen Abbildungen,
14 Zeichnungen und einer illustrierten Karte

MALIK

Mehr über unsere Autorinnen, Autoren und Bücher:
www.malik.de

Wenn Ihnen dieses Buch gefallen hat, schreiben Sie uns unter Nennung des Titels »Sonne, Meer und lange Ohren« an empfehlungen@piper.de, und wir empfehlen Ihnen gerne vergleichbare Bücher.

Von Lotta Lubkoll liegt im Malik Verlag vor:
Wandern, Glück und lange Ohren

Unser Versprechen für mehr Nachhaltigkeit
• Klimaneutrales Produkt
• FSC®-zertifiziertes Papier
• Hergestellt in Europa

MIX
Papier | Fördert gute Waldnutzung
FSC® C083411

ISBN 978-3-89029-559-6

Redaktion: Antje Steinhäuser, München
Bildteilfotos: Lotta Lubkoll, mit Ausnahme der Fotos auf Seite 2 oben rechts (Laurence Techoueyres); 4 oben, 5 oben rechts, 6, 7, 9 unten links, 10 oben, 11 oben rechts und unten, 12 unten, 14 unten, 15 oben (Stefan Schiele); 5 unten (MyWayKite); 10 unten (Estelle Leiter); 17 oben rechts (Annie Maurer); 19 unten links, 21 oben, 22 (Jessie Pilz); 19 unten rechts (Erdi Lubkoll)
Zeichnungen: Lotta Lubkoll
Karte: Sophia Ulbrich, Berlin
Satz: psb, Berlin
Gesetzt aus der Electra LT und der True North Textures
Litho: Lorenz & Zeller, Inning am Ammersee
Druck und Bindung: CPI books GmbH, Leck
Printed in the EU

Eselsohr

INHALT

TEIL 8
ABENTEUER PFERDERANCH

TEIL 9
IM ÄUSSERSTEN SÜDWESTEN EUROPAS

TEIL 10
ABSCHIED UND STILLSTAND

TEIL 11
VOM ESEL- ZUM HÜHNERSTALL

TEIL 12

MEINER KINDHEIT GANZ NAH

TEIL 13

KALTE BERGLUFT UND HEISSES TEXAS HOLLYWOOD

TEIL 14

MIT SÜDSONNE IM HERZEN ZURÜCK GEN NORDEN

PROLOG

»Jonny, Jonny! Wo bist du denn?« Ich eile über eine Wiese am Ufer des spanischen Flusses Esla. Hinter jedem Busch hoffe ich, Jonny zu entdecken, doch mein Eselchen ist plötzlich nirgends mehr in Sicht.

Kaum habe ich ihn ein paar Minuten aus den Augen gelassen, um unseren Übernachtungsplatz einzurichten, indem ich das Bett meines selbst ausgebauten türkisfarbenen Ford Transits umklappe und Jonnys mobile Weide abstecke, ist der Schlawiner doch tatsächlich alleine losgezogen, um die Gegend zu erkunden. Mein Blick schweift suchend am Flussufer entlang. Er hat es nicht mehr abwarten können, bis ich fertig bin. Schließlich ist er ein sehr neugieriges und aufgewecktes Kerlchen. Wir beide sind seit drei Jahren, die sich für mich bereits wie eine Ewigkeit anfühlen, ein schier unzertrennliches Team.

Jonny ist sehr freundlich, kuschelig und weiß, seine zurückhaltend charmante Art geschickt einzusetzen, um mich um den Finger, na ja, eher um den Huf zu wickeln. Er ist mein liebster und ein sehr genügsamer Reisebegleiter, der mir mit seiner zufriedenen und ausgeglichenen Ausstrahlung hilft, einfach mal langsamer zu machen und den Moment zu genießen. Ist ihm etwas besonders wichtig, zeigt er mir dies sofort mit seiner Körpersprache. Dabei blickt er zum Beispiel mit angespannter Haltung unentwegt auf das Ziel seiner Begierde, steuert geradewegs darauf zu oder stupst mich auffordernd an, um seinen Kopf durchzusetzen. Das fällt ihm bei mir nicht besonders schwer, da ich ohnehin stets versuche, ihm seine Wünsche von den Lippen abzulesen. Schließlich sind wir Reisepartner, beste Freunde und Familienmitglieder. Ich liebe mein Langohr und würde *alles* für es tun.

Etwas nervös laufe ich nun in Richtung Wald und wundere mich, wo Jonny nur abgeblieben sein könnte. Angestrengt halte ich in der bereits einsetzenden Dämmerung Ausschau. Jonny ist mausgrau mit einer schwarzen Kreuzzeichnung entlang der Wirbelsäule und über den Schulterblättern – daher kommt das Sprichwort, dass Esel ihr Kreuz auf dem Rücken tragen. Am Bauch hat er weißes, flauschiges Fell, und auch seine weißen Eselsnüstern würden im Dunkeln herausstechen. Er hat lange grauschwarze Ohren und reicht mir mit seinem Stockmaß von 1,11 Metern bis zur Brust.

Doch gerade leuchten weder sein Bauchfell noch seine Nüstern in der Ferne. »Jonny, das ist nicht komisch!«, rufe ich. »Na los, komm. Ich hab dein Heu schon hergerichtet! Haaaallo?«

»Päng!« Plötzlich fällt ein Schuss im Wald. Ich zucke zusammen und werde mit einem Schlag mächtig nervös. Aufgeregt blicke ich in alle Richtungen. »Jonny! Jonny, komm schnell!« Wo kam nur dieser Schuss her? Jonny wird doch nicht …? Nein, das darf nicht sein!

Ich sprinte weiter in Richtung Waldrand. Jonny darf auf keinen Fall etwas passiert sein!

Das ist also das angeblich erholsame Überwintern in Spanien und Portugal! Unsere Reise verläuft bisher wahrlich anders, als ich es mir ausgemalt habe. Eine Auszeit im Süden sollte doch weder erfüllt von Angst und Sorgen noch geprägt von lebensgefährlichen Überraschungen sein! Statt Nieselregen sollten uns warme Sonnenstrahlen die Nase kitzeln! Das Klima sollte trocken und angenehm sein, was besonders Jonny zusagt, denn Esel stammen ursprünglich aus Afrika. Ich dachte, es erwarten uns Wanderrouten an atemberaubenden Steilklippen, in malerischer Berglandschaft oder an verlassenen Stränden! Barfuß im sonnengewärmten Sand, unter Kiefern in der Hängematte und auf Sanddünen am Atlantik.

Unfassbar, was Jonny und ich stattdessen bereits für Hürden zu meistern hatten …

Doch immerhin sind wir erst seit elf Tagen unterwegs und somit noch auf der Hinreise in den Süden. All meine Träume können also noch wahr werden.

Esel gehören zu den ältesten Haustieren der Menschen.

TEIL 1

EIN AKKUSCHRAUBER, EINE STICHSÄGE UND EIN CAMPINGBUS

AUSGESPROCHENE SEHNSUCHT

Ein Jahr vor Jonnys und meiner Reise nach Spanien sitze ich mit David auf meiner Terrasse, und wir genießen einen Brunch im herbstlichen Sonnenschein. David ist ein Regisseur und Drehbuchautor aus Wien, doch vor allem ist er einer meiner engsten Freunde. Mit ihm kann ich mich über alles austauschen, und immer gibt er etwas Wertvolles dazu. Gemeinsam lassen wir die vergangenen Jahre Revue passieren, in denen sich mein Leben um 180 Grad gedreht hat. Auslöser war der überraschende Tod meines an Magenkrebs erkrankten Papas, der mich schonungslos erkennen ließ, wie schnell und plötzlich sich das Leben ändern kann und dass auch mir nicht ewig Zeit bleibt. Dass es ein wahrhaftiges Geschenk ist, dass ich gesund bin, und dass ich meinen heimlichen Traum besser sofort verwirklichen sollte: mit einem Esel wandern gehen. Jetzt oder nie! Ich nahm die Sache in die Hand, informierte mich über Esel und Eselhaltung, organisierte einen Stall und kam schließlich durch Zufall über eBay Kleinanzeigen zu meinem Jonny – der jetzt gerade neben uns im Garten vor sich hin grast. Nur durch mein liebenswertes Langohr habe ich überhaupt diese Wohnung bekommen. Ich lächle.

Die Reise mit Jonny hat mein ganzes Leben verändert: Nach unserer Wanderung über die Alpen bin ich aus der Stadt zu ihm aufs Land gezogen, ich habe einen Job im Waldkindergarten gefunden, die lang ersehnte Ausbildung zur Erlebnispädagogin begonnen, mich in einer Natur- und Wildnisschule weitergebildet, ein Buch über unser Abenteuer geschrieben und mich schließlich selbstständig gemacht. Und all dies durch Menschen, die ich auf unserem Weg zu Fuß über die Alpen kennengelernt hatte.

»Es war so viel los, verrückt! Jetzt, hier auf der Terrasse mitten im Grünen vor meiner schnuckeligen Wohnung mit Blick auf Jonny, könnte ich platzen vor Glück!«

David schmunzelt und fragt dann neugierig: »Wenn du genug Geld auf dem Konto hättest, was würdest du dir genau jetzt an Materiellem kaufen?«

Ich überlege kurz und antworte entschlossen: »Nichts.«

David hakt nach: »Wirklich gar nichts?«

Ich lasse meinen Blick kurz in die Ferne schweifen und fokussiere ihn wieder: »Gar nichts. Ich glaube, ich habe gerade wirklich alles, was ich brauche. Eine kleine, überschaubare Wohnung, einen Stall für Jonny gleich ums Eck, tolle Jobs, ich mache genau das, was ich möchte, und sonst … brauche ich nichts.«

David lächelt wieder. »Mir geht es gerade ähnlich. Das ist doch echt urschön, Lotta. Ein so wertvolles Gefühl.«

Während wir zu anderen Themen übergehen, lasse ich mir meine Antwort immer wieder durch den Kopf gehen und revidiere sie schließlich, indem ich mitten ins aktuelle Gespräch einwerfe: »Also drei Dinge fallen mir doch ein: ein Akkuschrauber, eine Stichsäge und ein Campingbus.«

Wie gerne ich doch endlich lernen würde, mit meinen eigenen Händen etwas zu bauen und ein bisschen zu handwerkeln. Wie cool es wäre, nicht immer von jemandem abhängig zu sein, wenn ich nur ein Regal aufhängen möchte. Ich möchte so etwas schon viel zu lange gerne selbst in die Hand nehmen!

Und einen Bus wollte ich schon haben, als ich noch gar keinen Führerschein hatte – sorglos durchs Land ziehen, und mein Schneckenhäuschen ist immer dabei. Doch stattdessen wurde es mit achtzehn ein kleiner Ford Ka für 450 Euro. Er bekam den Namen »Flotte-Lotte«, und der schwarze Lack musste schon bald dran glauben, denn ratzfatz hatte ich mit Pinsel und Lackfarbe bunte Bilder darauf gezaubert.

Heute hätte ich am liebsten einen Transporter als Wohnmobil mit integrierter Pferdebox, damit auch Jonny ab und an mitfahren könnte. So bräuchten wir nicht immer von zu Hause aus loswandern –

schließlich kennen wir die Gegend hier bereits in- und auswendig –, sondern könnten auch Ausflüge und Mehrtagestouren zu entfernteren Wanderrouten unternehmen.

Ich schaue David mit leuchtenden Augen an: »So ein Transporter zum Ausbauen, ja, das wäre toll!«

GESAGT, GETAN

Dauerhaft mit einer nun ausgesprochenen Sehnsucht im Bauch zu leben, das kann ich einfach nicht mehr. Also wünsche ich mir zu Weihnachten einen Akkuschrauber und eine Stichsäge. Mein persönlicher Startschuss auf dem Weg zu etwas mehr handwerklichem Geschick. Endlich!

Gleich im Januar darauf entdecke ich einen türkisfarbenen Ford Transit mit Hochdach, Baujahr 2010, mit 173 000 Kilometern auf dem Buckel und neuem TÜV.

Gemeinsam mit meiner Freundin Ca hole ich den Transporter in Bottrop im Ruhrgebiet ab. Ich vereinbare eine Probefahrt, und da ich mich selbst zu wenig auskenne, jagen wir das gute Stück dabei gleich durch die Dekra für einen Rundumcheck und lassen uns bei der benachbarten Werkstatt einen Kostenvoranschlag für vorhandene Schwachstellen machen. Damit kann ich beim Verkäufer den gewünschten Preis von 5700 Euro auf 5200 Euro plus Ersatzteile runterhandeln. Perfekt, denn das kann ich mir gerade so leisten.

Kurz darauf düsen wir von Bottrop in Richtung Süden nach Hause auf den Eselhof, und ich kann mich vor Freude kaum halten. »Ich hab einen Bus, in dem auch Jonny Platz hat! Oh, Ca, ich kann's gar nicht glauben! Ich hab gerade einen Bus gekauft!«, jubele ich, als wir über die Autobahn zuckeln. Nun kann mein Bus-Traum beginnen!

Der Start ins Jahr 2020 ist perfekt, und ich freue mich auf all meine neuen Projekte – beruflich wie privat. Doch obwohl ich eigentlich nicht abergläubisch bin, soll sich am Freitag, dem 13. März, alles ändern.

Am Vormittag erfahre ich aus heiterem Himmel, dass ab der nächsten Woche der Waldkindergarten vorerst schließen wird. Nur wenige Minuten darauf prasseln E-Mails von den Auftraggebern meiner selbstständigen Projekte herein. Ob Schulprojekte, Waldtage mit Kindergärten oder die kommenden Ferienfreizeiten: Alles wird mit einem Mal gecancelt. Auch die Veröffentlichung meines Buches wird auf das darauffolgende Jahr verschoben. Aber ich hatte doch meine Finanzen als frisch Selbstständige perfekt durchgeplant und mich so sehr auf die Projekte gefreut. Wie soll ich jetzt nur meine Miete zahlen? Ich bin niedergeschmettert.

Doch nicht nur bei mir steht plötzlich alles kopf – die ganze Welt ist in Aufruhr: Coronapandemie. Das Leben wird stillgelegt.

Was nun?

Das muss ein wahnsinnig schlechter Traum sein.

Und als ob das nicht alles schon genug wäre, ruft mich etwa dreißig Minuten später auch noch der Mann an, von dem ich dachte, er sei mein neuer Freund, und teilt mir völlig unerwartet mit, dass die Sache mit uns keinen Sinn mache. Überrumpelt und den Tränen nahe, bekomme ich nur ein monotones »Okay, wenn du das so siehst, kann ich da wohl nichts machen« heraus.

Ich sitze auf meiner Couch, mir ist schwindelig, ich kann keinen klaren Gedanken fassen. Was in aller Welt ist denn bitte in der letzten Stunde passiert? Als ich aufgewacht bin, war doch noch alles in Ordnung. Ich beschließe, erst einmal mit Jonny spazieren zu gehen, um frische Luft zu schnappen und hoffentlich einen halbwegs klaren Kopf zu bekommen. Als Markus, ein Freund und der Stallbesitzer, uns entgegenkommt und sich erkundigt, was los sei, breche ich in Tränen aus: »Ich hab grad *alle* meine Jobs *und* meinen Freund verloren.«

Ich weiß wirklich nicht, wie es weitergehen soll. Zukunftssorgen und Liebeskummer sind ein bisschen viel auf einmal. Eigentlich hätte ich die Unterstützung »meines Freundes« gerade jetzt gut brauchen können, doch ich muss es alleine schaffen. Ich weiß nicht, wo mir der Kopf steht, und versuche, mich nach und nach zu sortieren.

Vorerst ist Lockdown angesagt. Und nach einiger Zeit beginne ich tatsächlich, die ruhige Zeit zu Hause zu genießen. Wie viel ich doch zuvor wieder herumgehastet bin, wird mir erst jetzt klar, als die Uhren stillstehen. Zum ersten Mal bin ich ganze sechs Wochen am Stück durchgehend zu Hause, und ich habe dadurch immerhin Zeit für den Ausbau meines Ford Transits. Außerdem ist das Herumbasteln eine willkommene Ablenkung vom Liebeskummer. Es ist keine einfache Zeit, aber ich habe ein Ziel und versuche, das Beste aus der Situation zu machen. Und langsam rapple ich mich wieder auf.

EIN STA-LL FÜR JONNY

Wer schon einmal einen Transporter ausgebaut hat, der weiß, was für eine mühsame Arbeit das sein kann, besonders wenn man es zum ersten Mal macht. Ich werde mit so vielen Fragen konfrontiert: Wie und mit welchem Material isoliere ich den Innenraum? Wie soll ich die Möbel anordnen – Bett, Schrank, Stauraum, Küche und in meinem Fall noch die Eselbox für Jonny? Brauche ich ein fest eingebautes Kochfeld, oder reicht ein mobiler Gaskocher? Möchte ich ein Bad, ein Waschbecken, fließend Wasser, einen Wassertank und diesen mit oder ohne Abwasser? Benötige ich Strom, und wenn ja, über Solaranlage oder Versorgerbatterie oder beides? All diese Fragen überschwemmen mich wie eine Flutwelle.

Als ich an einem sonnigen Aprilmorgen etwas unbeholfen auf der geöffneten Ladefläche meines Fords sitze und versuche, ein viel zu dickes Kantholz mit meinem viel zu kurzen Stichsägeblatt zu kürzen, spitzt Toni neugierig ums Eck. Toni ist Markus' Papa und der liebenswerte Opi des Hofes. Er wirkt unbeschreiblich jung und fit und nicht im Geringsten wie ein Rentner. Auf dem Hof sehe ich ihn immer wieder an etwas herumschrauben, und jetzt möchte er sich meine Arbeit anschauen.

Sofort kommt Jonny auf ihn zu. Da ich die beste Vermieterin der Welt, Helga, habe, darf er auf ihrer Wiese im Garten grasen und zuschauen, während ich am Bus werkle. Toni streichelt ihm entzückt über die Stirn: »Hallo, Jonny! Na, du hast's gut hier. Das Sägeblatt ist nichts für die dicken Kanthölzer, Lotta. Komm mit, ich zeige dir was.«

Und so öffnet mir Toni sein Werkstattparadies mit Tischkreissäge und Kappsäge, mit Schleifer, Flex, Bohrer, Tausenden von Schrauben, Muttern, Holzresten und allerlei Dies und Das. »Mit der Kappsäge hast du's leichter, darfst meine Werkstatt mit nutzen. So eine junge, ambitionierte Dame muss man doch unterstützen.«

Was habe ich nur für ein Glück! Trotzdem dauert es eine Zeit, bis ich mir halbwegs zutraue, dort zu arbeiten. Immerhin sind solche Geräte kein Spielzeug, ich werde aber immer sicherer. Alles, was ich mit meinem kleinen Akkubohrer und der Stichsäge erledigen kann, mache ich auf der grün bewachsenen Parkfläche bei meinem Bus. Direkt daneben steht Jonny im Garten, sieht zu und leistet mir Gesellschaft. So kann auch er unser Gefährt besser kennenlernen. Schließlich ist mein Plan, dass er eines Tages mitfährt.

Als ich zum ersten Mal eine Flex in der Hand halte, wird gleich ein Loch in den Boden meines Busses zur Gasabluft und ein vierzig Quadratzentimeter großes Loch ins Dach geflext. Was für ein Augenblick! Ich stehe mit der Flex in beiden Händen auf meinem Bus und schneide doch tatsächlich mit fliegenden Funken ein Loch ins Dach. Holla, die Waldfee, bin ich aufgeregt! Doch es klappt, und kurz darauf ist das Dachfenster montiert. Ich bin so stolz – nur, ob das wohl dicht ist?

Die viele Zeit, die mir durch den Lockdown plötzlich zur Verfügung steht, nehme ich als Geschenk an. Ich schätze mein Landleben auf dem idyllischen Esel- und Pferdehof umso mehr. Anfang April sind mir gegen 18 Uhr beim Schrauben noch fast die Finger eingefroren vor Kälte, doch nur wenig später werden die Tage länger, und die Sonne wird stärker. Die Vögel zwitschern, und die Natur erwacht.

Ich tüftle und schraube, was das Zeug hält. Zuerst widme ich mich dem Möbelbau, anschließend der Kernsanierung, Entrostung und Isolierung. Besonders für Jonnys Transportbox berate ich mich mit meinem Onkel Manni und erkundige mich beim Veterinäramt nach vorgegebenen Richtlinien. Mein Vorhaben, einen Transporter zum Wohnmobil mit integrierter Eselbox umzubauen, scheint jedoch recht speziell zu sein. Die Kombination im Selbstausbau macht den Beamten offensichtlich zu schaffen. Sie sind aber sehr freundlich, und ein Herr zählt mir schließlich auf, welche Punkte in jedem Fall zu beachten sind. Außerdem brauche ich eine Bescheinigung vom Veterinäramt, wenn ich mit meinem Esel verreisen möchte. Aber das kennen wir ja bereits von unserem ersten Abenteuer.

Alles, was ich herausfinden kann, setze ich um und baue ein, was die Fahrt für Jonny möglichst angenehm macht. Nach einigen Wochen Arbeit ist mein Transit ausgestattet wie ein Pferdetransporter – nur eben in Eselgröße. Das Bett im hinteren Teil kann ich zur Hälfte hochklappen, wodurch Jonnys Box entsteht. Diese bekommt eine Einstiegsrampe, abgepolsterte Seitenwände, eine Brust- und eine Postange sowie eine Halterung für das Heunetz.

Mir ist die integrierte Box wesentlich lieber als ein zusätzlicher Pferdeanhänger, denn sie hat mehrere Vorteile. Erstens ist der Transporter besser abgefedert und wackelt weniger bei der Fahrt. Zweitens ist es in so einem gut isolierten Raum erheblich leiser als in einem rauschenden und klappernden Anhänger. Drittens kann ich Jonny während der Fahrt durch ein Gitter, das seine Box von meiner Fahrerkabine abtrennt, sehen. So habe ich direkten Kontakt zu ihm, kann sogar mit ihm sprechen und ihn im Rückspiegel beobachten. Und viertens ist es auch für mich unkomplizierter, mich nicht zusätzlich um einen Anhänger kümmern zu müssen – abgesehen davon habe ich gar keinen Hängerführerschein. Mein Transporter ist perfekt für uns beide.

Als ich den Bus anmelde und als gewünschtes Nummernschild meine Initialen »LL« angebe, bemerke ich, dass dabei das Kennzeichen STA-LL herauskommt, da ich im Landkreis Starnberg lebe. Was für ein Zufall! Jetzt hab ich wirklich einen STA-LL für Jonny!

Während ich an weiteren Kleinigkeiten unseres Stalls tüftle, lässt eine Idee mit einem Mal meine Augen funkeln: »Jonny! Wir könnten doch in Portugal und Spanien gemeinsam überwintern!« Diese Länder interessieren mich seit vielen Jahren, und wie spannend muss es sein, sie gemeinsam mit Jonny zu erkunden und dort mit ihm wandern zu gehen! Schließlich habe ich als Kind bereits die Winter mit meiner Familie in Andalusien verbracht.

Damals hatten meine Eltern gerade ein über 300 Jahre altes und mehr als renovierungsbedürftiges Bauernhaus gekauft. Es war weder anständig isoliert, noch hatten wir zu Beginn bewohnbare Zimmer.

Zuerst gab es nur ein Plumpsklo im Garten, doch nach und nach kamen ein improvisiertes Badezimmer und eine Wohnküche dazu, in der der erste Kachelofen installiert wurde. Dafür, dass das mit Efeu bewachsene Häuschen beim Einzug eher einer Scheune glich, haben meine Eltern mit der Zeit, Kraft und dem Geld, das ihnen zur Verfügung stand, alles rausgeholt, was möglich war. Im Winter jedoch brauchten die Öfen so viel Futter, dass meine Eltern beschlossen, es sei günstiger, in den kalten Monaten einfach mit dem Wohnwagen in den Süden zu fahren, anstatt zu Hause zu heizen. So verbrachten mein Papa, meine Mama, mein kleiner Bruder Kalle und ich die Winter, bevor ich in die Schule kam, auf Campingplätzen in Andalusien.

Diese Zeit weckt in mir unbeschreiblich schöne Kindheitserinnerungen. Ein Ort ist mir besonders stark im Kopf geblieben – womöglich auch deshalb, weil eines meiner Lieblingsfotos dort entstand. Auf dem Bild ist meine Mama zu sehen, wie sie mit Kalle auf dem Arm und mir an der linken Hand glückselig über eine riesige Sanddüne spaziert, im Hintergrund ist eine felsige Bergspitze. Ich liebe dieses Foto. Zum einen, weil ich die Gelassenheit, den Frohsinn, die Unerschrockenheit und die Reiselust meiner Eltern spüre, und zum anderen, weil ich mittlerweile weiß, welche Arbeit und Anstrengung sich in Wahrheit dahinter verbarg.

Wäre es nicht großartig, diesen Ort, an dem meine Familie so glücklich war, wiederzufinden und mit Jonny dorthin zu reisen? Gemeinsam mit ihm würde ich über diese Sanddünen spazieren und die Vergangenheit Revue passieren lassen.

Lange Strecken könnten wir nicht zurücklegen, um an unser Ziel zu gelangen, denn ich möchte Jonny keine allzu weiten Fahrten zumuten. Eselgerechtes Reisen steht an erster Stelle. Erst einmal möchte ich sehen, wie Jonny sich in seiner Box verhält. Da wir keinen Zeitdruck haben, rechne ich mit etwa drei Stunden Fahrt pro Tag, mit ein bis zwei Stopps zwischendrin. Nach den Etappen würden wir einfach länger pausieren – auf der Hinfahrt vielleicht ein bis zwei Tage und danach möglichst länger – und wandern gehen. Ich möchte Tag für Tag beobachten, wie Jonny diese Art des Unterwegsseins gefällt. Es könnte also auch sein, dass wir nach zwei Tagen wieder umkehren … Wir wären voll und ganz im Moment, ohne ausgefeilten Plan, aber mit einem heimlichen Traumziel. Es wäre ein wahrhaftiges Abenteuer!

Doch bevor ich weiterträumen kann, darf mein Eselchen erst einmal lernen einzusteigen.

Wir stehen gemeinsam vor der aufgeklappten Einstiegsrampe. Jonny spitzt die Ohren und scheint ebenso aufgeregt zu sein wie ich. »Ich glaube, du bist so weit, mein Großer. Wollen wir's mal ausprobieren?« Ich lasse seinen Führstrick lang, setze mich in seine Box und beobachte, ob Jonny mir folgt und einen Schritt auf die Rampe wagt.

»Schau's dir in Ruhe an. Es muss nicht sofort klappen.« Ich halte still, beobachte Jonny und lasse es langsam angehen. Fürs Erste wäre es bereits ein Erfolg, wenn er sich mit nur einem Huf auf die Rampe trauen würde. Mein Langohr steht jedoch etwas bedröppelt davor und scheint dem Braten noch nicht zu trauen. Fragend blickt er zu mir, als würde er sich entschuldigen wollen, dass er womöglich nicht ganz verstanden hat, was ich von ihm möchte. Ich rede ihm gut zu und locke ihn mit einem Stückchen trockenem Brot näher heran. Doch statt einen Schritt auf die Rampe zu wagen, streckt Jonny seinen Hals und geht um das Hindernis herum. So landet er neben der Rampe und kann leicht das Brot erhaschen.

»So geht das nicht, Jonny. Komm, wir versuchen's noch mal.« Ich klettere hinaus, stelle mich neben ihn, hebe vorsichtig seinen Huf und setze ihn auf die Einstiegsrampe. Doch sogleich zieht Jonny ihn wieder zurück. Das Ganze ist ihm noch nicht geheuer. Ein paar Anläufe später aber klappt es! Kaum habe ich den ersten Huf erneut auf die Rampe gehoben, lässt er die nächsten folgen und schreitet schneller, als ich erwartet habe, in seine Box hinein.

Am 30. Juli steht mein Eselchen das erste Mal neugierig dreinschauend in meinem selbst ausgebauten Wohnmobil-Eseltransporter, spitzt die Ohren und späht nach dem Stückchen trockenen Brot, das ich in der Hand halte. Ich bin begeistert: »Jonny! Du hast es geschafft! Mega! Du bist echt der coolste Esel auf der ganzen Welt!«

Was für ein Meilenstein!

DER LETZTE SCHLIFF

Im Sommer bekomme ich zum Glück wieder einige Jobaufträge und lerne Stefan kennen. Er ist Ende zwanzig, leidenschaftlicher Kitesurfer, Kletterer und Mountainbiker und ganz aus dem Häuschen, als ich ihm meinen STA-LL zeige und erkläre, dass auch Jonny darin seinen Platz hat. Stefan hat einen VW-Bus zum Wohnmobil umgebaut, um den Sommer in den Bergen auszukosten, und nahezu jedes Wochenende verabreden wir uns mit Freunden zum Kitesurfen.

Stefan ist ein ruhiger, ausgeglichener, sportlicher und verdammt gut aussehender junger Mann. Er hat dunkelblonde Locken, die ihm gerade so über die Ohren reichen und eine anziehende Ausstrahlung. Wir verstehen uns fabelhaft. Er ist für jeden Spaß zu haben, und egal, um was es geht, er ist hilfsbereit, unkompliziert und ehrlich. Nach und nach lernen wir uns besser kennen, und unsere Gespräche werden tiefgründiger.

Doch ist er wirklich nur ein guter Kumpel?

Eigentlich habe ich momentan überhaupt keine Lust, jemanden kennenzulernen. Ich habe beschlossen, mit Jonny im Winter eine neue Reise anzutreten, und kann daher keine Männergeschichte brauchen. Außerdem habe ich gerade erst mein Gleichgewicht wiedergefunden und genieße diesen Zustand so sehr, dass ich Stefan, als er nach einem Date fragt, einen Korb gebe.

So kommt es, dass wir monatelang nur Freunde sind, doch irgendetwas scheint sich trotzdem in meinem Bauch zu tun. Sind das etwa Schmetterlinge? Immerhin überrascht mich Stefan bei jedem Treffen aufs Neue mit seiner Art. Er ist so herrlich ehrlich, aufmerksam, unkompliziert und vor allem ganz er selbst. Seit Kurzem haben wir doch ein kleines bisschen zu flirten begonnen, und ich muss zugeben, dass ich mich Tag für Tag mehr zu ihm hingezogen fühle. Auf einer gemeinsamen Bergtour, bei der wir an einem See nahe dem Gipfel unter freiem Himmel in unseren Schlafsäcken übernachten, lassen sich unsere Gefühle füreinander nicht länger verleugnen. Am Lagerfeuer unter einem atemberaubenden Sternenhimmel nimmt Stefan all seinen Mut zusammen und küsst mich.

So haben wir als Freunde diesen Berg bestiegen und kehren am nächsten Morgen als Paar zurück ins Tal. Zum Sterben romantisch, man könnte fast annehmen, eine Überdosis Kitsch. Wir aber haben jede Sekunde genossen!

So glücklich und frisch verliebt ich auch bin, wird mir etwas flau im Magen. Kann ich nun überhaupt für mehrere Monate mit Jonny verreisen, wo sich doch gerade eine Beziehung entwickelt? Ich teile meine Bedenken mit Stefan. Er lächelt beruhigend. »Wieso soll das nicht klappen? Es wird nicht leicht, ich werde dich sicher sehr vermissen, aber es sind nur drei Monate, die du verreisen willst, und ehrlich gesagt hoffe ich, dass ich dich für immer an meiner Seite haben darf. Was sind da schon ein paar Wochen?« Seine Ungetrübtheit ermutigt mich. »Außerdem hab ich ohnehin noch viele Überstunden. Wenn ich die alle auf einmal nehme, könnte ich euch eine Zeit lang begleiten. Am liebsten wäre ich die komplette Reise dabei.«

Ich strahle ihn an und könnte platzen vor Glück. *Mein* Freund, der mit mir *gemeinsam* verreisen möchte. Wie lange hatte ich mir so etwas gewünscht!

Stefan hilft mir sogar beim letzten Feinschliff am Stall. Wir schrauben gemeinsam die Dachterrasse fest und installieren die Solaranlage. Mithilfe meines Elektrikerkumpels Matze geht uns im Oktober auch endlich ein Licht auf. Die Gasflaschen bekommen eine anständige Befestigung, und für Jonnys Box entwirft Stefan eine Wanne aus Edelstahl mit Ablauf im Boden, falls Jonny sein Geschäft während der Fahrt verrichtet. So läuft nichts in Küche oder Bodenisolierung. Ich bin überwältigt von Stefans Hilfsbereitschaft, seiner Begeisterung und seiner großzügigen Art. Womit habe ich nur einen so tollen Mann verdient?

Am 1. Dezember soll unsere Reise losgehen. Doch als Stefan und ich im November mit Jonny, der mittlerweile recht flott einsteigt, eine Probefahrt in der finalen Transportbox machen, bemerke ich, dass der kleine Kerl beim Fahren auf seiner »Antirutschmatte« aus Gummi stetig ausrutscht, sobald es nur minimal schaukelt. So können wir keinesfalls starten! Auch die zweite Matte, diesmal eine Lochringmatte mit dickem Profil, eignet sich nicht. Jonny steht darauf zwar stabil, doch die Matte selbst rutscht in der Edelstahlwanne munter herum, sobald es bergauf oder bergab geht. Wir werden unsere Abreise wohl verschieben müssen.

Bei ungemütlichem Schneeregen fahre ich am 1. Dezember erneut zum Baumarkt, um etwas Passenderes zu suchen, und werde fündig. Eine aus Gummifetzen zusammengepresste Unterlage, die eigentlich einen Trockner vom Herumwandern abhalten soll, dürfte doch auch einem Esel einen stabilen Stand ermöglichen. Völlig überladen mit diesen bleischweren Matten, schleppe ich mich zurück auf den Parkplatz. Als sie mir fast aus den Armen gleiten, öffnet mir eine junge Frau flott die Bustür und betrachtet dann neugierig meinen Ausbau. Ich erkläre Alex in ein paar Sätzen mein Vorhaben. Sie ist begeistert: »Camping mit Esel? So was hab ich noch nie gehört. Ich hab eine Freundin, die mit ihrem Hund im Wohnmobil auf einem Hühnerhof in Portugal lebt. Bestimmt könnt ihr sie besuchen. Sonja freut sich sicher.«

Nun freue auch ich mich umso mehr auf Portugal und fasse neuen Mut, dass es endlich losgeht.

Am nächsten Morgen verabschieden Stefan und ich uns schweren Herzens voneinander, obwohl ich mir noch gar nicht sicher bin, ob wir heute wirklich aufbrechen. Schließlich ist es wichtig, dass Jonny stabil auf seiner neuen Matte steht und dass es ihm bei der Fahrt gut geht. Ich habe mir nur kurze Strecken mit Pausen dazwischen vorgenommen. Es geht nicht darum, möglichst schnell in den Süden zu kommen. Der Weg soll das Ziel sein. Mit Jonny im Gepäck, einem klapprigen Transporter und einer unbekannten Route kann ich ohnehin nicht genau planen. Ich lasse mich einfach auf den Moment ein. Darin haben wir beide bereits Übung.

Stefan und ich halten uns noch lange in den Armen, bis er sich schließlich auf den Weg zur Arbeit machen muss. Ich winke ihm nach und gehe dann entschlossen auf unseren Stall Eddy zu, um noch einmal nach dem bisher einsortierten Gepäck zu sehen.

»Eddy, der Stall« habe ich unseren türkisblauen Ford getauft. »Stall« wegen seines Nutzens und des zufällig passenden Kennzeichens. Und »Eddy«, weil der Spitzname meines Papas »Erdi« war und er hervorragend Auto, Lkw, Motorrad und sonstige Ungetüme fahren konnte. Ich habe mich als Beifahrerin immer sicher gefühlt, und er war der beste Fahrlehrer, den ich mir nur wünschen konnte. Da ich meinen Bus aber auch nicht wie meinen Papa nennen möchte, habe ich den Namen in »Eddy« umgewandelt. Mit Eddy werden wir bestimmt stets sicher auf der Straße unterwegs sein.

Was das Gepäck angeht, war es gar nicht so leicht, das richtige Zeug zu packen, da ich noch keine Ahnung habe, was wirklich auf uns zukommt. Zumindest müssen wir für jede Temperatur gewappnet sein, denn hier schneit es bereits, und in Portugal hat es sonnige zwanzig Grad. Ich habe unseren Stall also mit Folgendem beladen:

Für Jonny:
Heunetz, Laubtonne, Heu, Wasser, Schüssel, Eimer, Hufschuhe, Hufauskratzer, Striegel, gefütterte Regendecke, Wanderdecke, Halfter, Führstrick, Equidenpass, Veterinäramtsbescheinigung, Desinfektionsspray, Schaufel, alte Waschmaschinentrommel als Feuerschale und Eselsäpfelbehältnis, mobiler Weidezaun, Vorzelt

Für mich:
Klamotten für kalt und warm, Wanderschuhe, Turnschuhe, Essen, Wasser, Kochutensilien, Gasflaschen, Bettzeug und Schlafsack, Zelt, Isomatte, Kamera-Equipment, Stirnlampe, Taschenmesser, Pfefferspray, Handy und Ladegeräte, Tagebuch, Naturseife, Zahnbürste, Zahnpaste, Verlängerungskabel, Pass, Brille & Kontaktlinsen, Kitesurf-Equipment, Surfponcho, Weihnachts- und Geburtstagsgeschenk für Stefan

Ich kontrolliere unser Gepäck. Alles da. Nun fehlt nur noch mein treuherziger Begleiter. Mein Herz pocht, als ich Jonny am Eselstall rufe: »Jonny! Jonny! Na komm.« Jonny trabt rufend herbei. Sein schräges »Iiii-h«, das eher einem erkälteten Hahn oder einer quietschenden Luftpumpe ähnelt und nur selten mit einem »ah« endet, lässt mich vor Freude strahlen! Nachdem ich ihn ausgiebig gestriegelt habe, führe ich ihn entschlossen geradewegs auf die Einstiegsrampe zu, auf der ich wegen Rutschgefahr noch mehrere kleine Holzsprossen aufgeschraubt habe. Er spitzt die Ohren und folgt mir aufmerksam. Vor dem ersten Schritt auf das Holz bleibt er jedoch stehen. »Ja, das hält. Probier's aus.«

Kaum hat Jonny den ersten Huf abgesetzt, lässt er sogleich die anderen folgen und steigt ganz lässig ein. Was für ein Glück! Ich gebe ihm ein Stückchen trockenes Brot und lobe ihn. Um sicherzugehen, dass Jonny auf der neuen Matte gut steht, befestige ich noch die Kamera am Küchenblock, denn so kann ich während der Fahrt nicht nur seinen Kopf durchs Gitter sehen, sondern auch seine Hufe und seinen Stand aufzeichnen. Dann nehme ich auf dem Fahrersitz Platz, schnalle mich an und atme tief durch. Los geht's!

Eselhufe sollten regelmäßig bearbeitet werden, damit es zu keiner Fehlstellung kommt.

TEIL 2

UNERWARTETE ABENTEUER

ESEL AN BORD

Tag 1 | Von Starnberg bis in die Nähe von Freiburg

Gespannt lege ich den ersten Gang ein, und so sanft, wie es nur geht, rollen wir vom Hof. Die ersten paar Hundert Meter zuckeln wir einen mit Schlaglöchern gespickten Feldweg entlang, bis wir auf die geteerte Hauptstraße kommen. Auf demselben Weg in dieselbe Richtung haben Jonny und ich 2018 für unsere erste Reise völlig ahnungslos zu Fuß den Hof verlassen. Diesmal sind wir motorisiert. Was wir wohl erleben werden? Ich drehe mich zu Jonny um, der sich mit dem leicht schwingenden Stall ausgleichend mitbewegt. Doch er scheint stabil zu stehen. Er sieht mich zwar etwas fragend, jedoch keineswegs Hilfe suchend oder gar verzweifelt an. Vor der Hauptstraße halte ich, um mir das Video auf der Kamera anzuschauen. Jonnys Hufe stehen fest auf dem Untergrund, und auch die Matte selbst bleibt an ihrem Platz. »Jonny, das sieht gut aus. Wie fühlst du dich? Wir werden ein Stück weiterfahren, und ich beobachte dich dabei, okay?«

Langsam, damit Jonny gut ausbalancieren kann, lenke ich unser Gefährt auf die Hauptstraße. So behutsam bin ich in meinem ganzen Leben noch nie gefahren. An der Hecktür habe ich ein Schild angebracht mit einem Bild von Jonny und der Aufschrift *Slow Down! Donkey on Board.* Das sollte als Erklärung für ungeduldige Autofahrer genügen.

Kurz darauf sind wir bereits auf der Autobahn, und Jonny scheint sich schnell an die Situation zu gewöhnen, denn nach noch nicht einmal zehn Minuten beginnt er genüsslich, Heu aus seinem Heunetz zu zupfen. Ich fühle mich vorne am Steuer gleich entspannter und werfe alle paar Sekunden einen Blick in den Rückspiegel. Was für eine Verantwortung! Ich fahre und habe meinen kleinen, Heu mampfenden Esel dabei. Ich kann es kaum glauben. Ab und an wende ich mich an meinen langohrigen Beifahrer: »Hey, Jonny, alles gut da hinten?« Sobald Jonny seinen Namen hört, spitzt er die Ohren und lauscht meiner Stimme.

Nach etwa einer Stunde fahren wir an einem kleinen Rastplatz raus. Jonny wirkt nicht angestrengt oder gestresst durch die Fahrt. Er sieht entspannt aus und lässt sich weiterhin das Heu schmecken. Ich bin erleichtert, denn nun kann ich dem Pferdestall bei Freiburg Bescheid geben, dass wir kommen. Dort hat ein guter Freund von mir, der ebenfalls Stefan heißt, für Jonny und mich eine Übernachtung organisiert.

Mit ein paar Päuschen und in gemütlichem Tempo erreichen wir am Nachmittag den Pferdestall, neben den sich gleich weitere Gestüte reihen. Welches ist nun der richtige? Ich wähle die Nummer der Besitzerin Susanne. Eine angenehme Stimme antwortet: »Hallo, Lotta, park einfach den Bus auf dem Schotterplatz, bevor der Feldweg beginnt. Ich komm gleich.« Ich parke ein, steige aus und schaue mich um. Jonny hat mich durch das Seitenfenster beobachtet und scharrt nun ungeduldig mit dem Vorderhuf, weil er ebenfalls aussteigen möchte. Eine sportliche Frau in Stallklamotten biegt um die Ecke. Ich winke ihr. »Du bist Susanne, richtig? Danke, dass wir hierbleiben dürfen. Ich lass Jonny gleich aussteigen.« Susanne rechnet eigentlich damit, dass ich die Hintertüren öffne, doch stattdessen ziehe ich die seitliche Schiebetür auf. Jonny streckt uns seinen Kopf entgegen und schaut aufgedreht wie ein kleines Kind, das keine Geduld kennt, nach draußen. Ich binde das Heunetz ab, das neben seinem Kopf herumbaumelt, löse die Pferdeknoten an seinen Anbindestricken und schraube die Bruststange locker.

Wie Jonny nun aussteigen wird, war allein seine Idee. Er selbst hat mir gezeigt, dass er diese Art des Aussteigens bevorzugt. Es passierte, als ich im Sommer gerade am Küchenschrank schraubte, während Jonny hinter Eddy stand und neugierig schnuppernd seinen Kopf in sein bereits bekanntes Reiseabteil streckte. Auf einmal machte er, ohne dass die Rampe überhaupt ausgeklappt war, einen großen Satz nach oben, und schwupps, stand er in seiner Box und schaute verschmitzt.

»Also, Jonny! Hätte ich das gewusst, hätte ich die Rampe gleich weglassen können. Aber wie kommst du denn nun wieder raus? Rückwärts über die hohe Stufe ohne Rampe ist das jetzt echt schlecht.« Bisher war Jonny beim Üben immer vorsichtig rückwärts ausgestiegen. Diesmal jedoch war die Bruststange vorne nicht eingefädelt, was Jonny zu seinem Vorteil nutzte und einfach vorwärts durch die Schiebetür wieder hinaushüpfte. So beschloss ich, die Bruststange flexibel zu befestigen, damit Jonny stets vorwärts aussteigen kann, wie es ihm offensichtlich lieber ist.

Auch jetzt macht Jonny gekonnt einen Satz nach draußen und lässt seinen Schwung in drei trabenden Schritten auslaufen. Susanne macht große Augen. »Der ist ja cool. Komm mit, ich zeige dir seinen Stall. Ich glaube, die Pferde freuen sich über einen Esel als Nachbarn. Ich hoffe, die Aufmerksamkeit macht ihm nichts aus.«

Wir laufen über einen matschigen Feldweg zu einer Hütte, deren Auslauf an den der Pferde grenzt. Jonny hat die halb offene Hütte ganz für sich allein. Ruckzuck sind alle anderen Vierbeiner nahe am Zaun versammelt, spitzen die Ohren und recken die Hälse. Gespannt beobachten wir, wie Jonny und seine Pferdenachbarn sich verhalten. Sie wirken neugierig, aber auch nervös und starren angespannt hinüber zu diesem seltsamen kleinen »Nicht-Pferd«. Würde Jonny jetzt eine hektische Bewegung machen, würden sicher alle sogleich Reißaus nehmen. Doch Jonny lässt sich von seinen Begutachtern nicht beirren. Er trottet am Rand des Zaunes entlang und zupft genügsam einzelne Grashalme aus, die er auf dem erdigen Boden findet.

Heute Nacht werde ich in unserem Stall schlafen, während Jonny es sich in seinem Stall gemütlich macht. Als ich ihn nach dem Abendessen besuche, hat er sich bereits im Stroh zur Ruhe gelegt. Sicher ist er müde von dem aufregenden und ungewöhnlichen Tag – so wie ich auch. Ich wünsche ihm eine gute Nacht und lasse ihn weiterdösen.

IN DER SCHUSSBAHN DES MILITÄRS

Tag 2–3 | Von Freiburg bis in die Nähe von Chalon-sur-Saône

Selbstverständlich hätten wir noch länger bei Susanne rasten können, doch es wird immer kälter, und es wäre schön, bald in wärmere Regionen zu kommen.

In Frankreich, noch ein ganzes Stück nördlich von Lyon, erspähe ich über die App park4night einen Waldparkplatz mit Wiese an einem See gleich in der Nähe der Autobahn. Über diese App werden Park- und Übernachtungsplätze auf einer Karte angezeigt. Eine tolle Reiseunterstützung. Wir biegen auf Höhe von Chalon-sur-Saône ab und folgen schließlich einer geraden Asphaltstraße bis zu einem kreisrunden Parkplatz auf einer Waldlichtung an einem Weiher mit Picknicktischen, Wandertafel und Wiese.

Dieser Platz scheint wie gemacht für uns. Ich lasse Jonny ins Freie hüpfen. Aufmerksam stakst er durch die feuchte Wiese und lässt sich das saftige Gras schmecken, während ich seine Weide neben unserem Stall abstecke. Wir unternehmen einen Spaziergang am Seeufer und scheinen hier völlig allein zu sein.

Bei unserer Rückkehr ist die Stimmung auf unserem Waldplätzchen kühl und dämmrig. Der völlig still daliegende See wird von mystischen Nebelschwaden überzogen, und ab und an beginnt es, kurz zu tröpfeln, sodass ich Jonny seine Regendecke überziehe. Es ist ganz still um uns. Es wirkt fast wie die Ruhe vor einem großen Sturm. Jedes Knacken ist zu hören, und kaum habe ich alles aufgebaut, dämmert es bereits. Es ist erst 17:30 Uhr, aber wir haben ja auch Dezember. Das habe ich zuvor nicht bedacht. Jonny und ich müssen uns jeden Tag bereits gegen 16 Uhr einen Übernachtungsplatz suchen, weil wir sonst nichts mehr sehen können, um uns zu orientieren.

Kurz darauf ist es stockdunkel, der Himmel ist düster bedeckt, und wieder beginnt es zu nieseln. Etwas gruselig wirkt dieser Platz schon. Hastig husche ich mit der Stirnlampe aus dem Stall und versorge meinen vierbeinigen Freund. Viel Heu kann ich ihm nicht rauslegen, da es schon wieder regnet und die Halme sonst durchweichen. Eigentlich habe ich extra eine Plane mitgenommen und eine Vorzeltschiene einmal über die komplette Stallseite genietet, doch bei den momentan herrschenden Windböen fliegt mir bei dem Versuch, das alles aufzubauen, immer wieder die Plane um die Ohren. Klamotten, Gesicht und Hände werden matschig und nass. Also klemme ich Jonny regelmäßig kleinere Portionen Heu zwischen zwei Holzpfosten, damit es nicht wegfliegt. Brrr, ist das Wetter ekelig!

Mucksmäuschenstill sitze ich auf meinem Bett und lausche nach draußen. Moment, da war was! Hat da nicht etwas geklappert? Jonny ist allein, ich muss nachsehen! Wieder schlüpfe ich in meine feuchten Schuhe und spähe ins Dunkel. Ach Mist, Jonnys Wasserschüssel ist leer, und Jonny hat auffordernd dagegen gestupst. Also flott rausklettern, Schüssel holen, drinnen aus meinem 60-Liter-Tank auffüllen, wieder raus, dabei frieren und bibbern, schnell noch Jonny streicheln, ihm eine gute Nacht wünschen, noch mal rein, Heu holen und rauslegen, wieder zurück und Tür zu. Mir selbst koche ich Nudeln mit Pesto und verkrieche mich anschließend zuerst in meinen Schlafsack, dann mit diesem in Stefans Schlafsack, und darauf lege ich noch eine dicke Bettdecke. Schließlich habe ich weder einen vernünftigen Winterschlafsack noch eine Heizung in unserem Stall, und es fröstelt mich unangenehm. Da hat Jonny es mit seinem dicken Fell wesentlich leichter. Trotzdem würde ich ihn am liebsten zu mir ins Bett holen.

Ich liege wach und lausche. Durch die dicke Autowand kann ich Jonnys Malmen nicht hören, so wie sonst im Zelt. Das hat mich auf unserer letzten langen Reise in der Nacht immer beruhigt. Sein genüssliches und gleichmäßiges Mampfen war für mich das Zeichen, dass alles in bester Ordnung ist. Also kurble ich das Dachfenster einen Spalt auf, damit ich besser lauschen kann. Es ist totenstill. Doch was war das? Sind das Schritte? Kommt da etwa jemand? Nein, Blödsinn! Jetzt hat etwas geklappert. Ach, wird schon nichts sein. Eine Böe pfeift vorbei und rüttelt am Stall. Dann ist es wieder still. Kaum bin ich fast eingeschlafen, höre ich ein Auto auf den Parkplatz fahren. Wer das wohl ist? Ein anderer Camper oder gar die Polizei? Ob ich hier überhaupt stehen darf in der Nacht? Ich lausche angespannt, versuche, keinen Mucks von mir zu geben, und halte den Atem an. Ich bin wie versteinert. Das Auto scheint gehalten zu haben, mit rockiger Musik beschallt ein Radio den Wald, eine Tür knallt, doch der Motor läuft weiter. Außer dem entsetzlich lauten Brummen und dem Beat direkt neben uns kann ich nichts hören.

Da war ein Männerlachen, oder? Was geht da draußen vor sich? Verdammt, mir war nicht bewusst, wie gruselig das sein kann, allein im Bus zu liegen und nicht zu wissen, was außerhalb dieses Raums geschieht. Weil mein Liebling draußen vor der Tür grast, habe ich nicht das Gefühl, dass es mir etwas nutzt, die Tür abzuschließen. Ich höre Schritte, die an meinen Hecktüren vorbeigehen und … wieder Türenknallen. Es brummt. Das Auto verlässt schallend den Parkplatz. Ich atme erleichtert auf.

Trotzdem möchte ich nach Jonny sehen. Ich robbe in meinem Kokon aus mehreren Schichten Stoff zur Scheibe der Schiebetür und leuchte mit der Stirnlampe nach draußen, doch ich kann nichts erkennen. Der Lampenstrahl funktioniert durch die getönte Spiegelfolie nicht. Die habe ich extra für Jonny angebracht, damit sein Kopf beim Fahren vor direkter Sonneneinstrahlung geschützt ist, doch nun sehe ich nichts außer pechschwarzer Nacht. Das heißt, dass ich, immer wenn ich bei Dunkelheit raus möchte, die Tür völlig ins Schwarze hinein öffnen muss. Wie gruselig ist das denn bitte?

Ich klettere aus meinen Schlafsäcken und ziehe mit einem mulmigen Bauchgefühl die Schiebetür auf. Mein Herz pocht. Ich leuchte in die Dunkelheit. Jonny grast genüsslich und hebt erstaunt den Kopf, um nach dem Licht zu sehen. Hier scheint alles in bester Ordnung zu sein. Erleichtert klettere ich zurück ins Bett, doch kaum habe ich das Licht ausgeknipst, fährt erneut ein Auto auf den Parkplatz. Genervt lausche ich. Diesmal höre ich keine Türen knallen, der Motor läuft weiter, und wenig später rauscht der Wagen wieder ab. Das passiert innerhalb der nächsten Stunde noch drei Mal. Was ist hier nur los? Wer fährt denn mitten in der Nacht tief in einen Wald, um ein paar Minuten später wieder abzudüsen? Ob wir auf dem Straßenstrich geparkt haben? Vielleicht ist das auch ein Übergabeort für Drogen? Und Jonny und ich stehen mittendrin. Was auch immer hier vor sich geht, ich liege völlig angespannt im Bett und mache bis vier Uhr kein Auge zu.

Bereits um 6:50 Uhr klopft es plötzlich so heftig gegen die Außenwand, dass der ganze Stall wackelt. Ich schrecke auf, schaue mich verwundert um und zucke zusammen, als ich die Silhouette eines Mannes erkenne, der an meiner Tür steht und bereits ein drittes Mal dagegenhämmert. »Moment! Ich komme!«, rufe ich auf Englisch nach draußen, während ich meine Brille suche, denn ohne sie oder meine Kontaktlinsen bin ich maulwurfsblind. Als ich sie auf die Nase setze, erschrecke ich erneut. Zwei bewaffnete Soldaten in voller Montur stehen direkt vor dem Fenster meiner Schiebetür und sehen ungeduldig und nicht besonders vergnügt aus.

Mit zerzausten Haaren, einem verschlafenen Blick und in Schlabberklamotten öffne ich hektisch die Tür: *»Bonjour.«* Der ältere der beiden Männer begrüßt mich in – nach diesem heftigen Klopfen – überraschend freundlichem Ton: *»Bonjour.«* Anschließend erzählt er etwas auf Französisch, dem ich mit meinem popeligen Schulfranzösisch leider nicht folgen kann. »Entschuldigung, ich verstehe nicht. Sprechen Sie auch Englisch?«

Der Mann dreht sich um und schiebt den jüngeren Soldaten vor. »Sie müssen verschwinden hier, jetzt. Wir machen militärische Schießübungen hier im Wald.« Ich reiße die Augen weit auf: »Schießübungen? Jetzt? Hier?« Ich blicke nervös zu Jonny.

Der junge Soldat nickt: »Ja, jetzt. Sie müssen fahren. Der Wald ist abgesperrt in diese Richtung. Sie können nur noch in der anderen

Richtung rauskommen. In fünf Minuten wir beginnen mit Übung. Gehört Esel Ihnen?«

Ich bin völlig überrannt von dieser Nachricht nach meinem viel zu kurzen und unruhigen Schlaf: »Das schaffe ich nicht! Ich muss zuerst den Bus umbauen und meinen Esel einladen. Ja, das ist mein Esel. Er heißt Jonny.«

Der ältere Soldat wedelt dem jüngeren mit einer hastigen Handbewegung zu, dass wir uns beeilen müssen. Ja, aber wohin nur, und das auch noch so schnell? »Es tut mir sehr leid, aber fünf Minuten, das ist nicht möglich.«

»Okay, wie lange brauchen Sie?« Der junge Soldat schaut mich immerhin noch freundlich an, während der ältere mir genervte Blicke zuwirft. »Wenn ich mich beeile, schaffe ich es in fünfzehn bis zwanzig Minuten.« Dies übersetzt der junge Soldat sogleich dem älteren. Dieser brabbelt daraufhin etwas, das nach aufgewühlt geschimpftem Französisch klingt. »Es tut mir wirklich leid. Ich wusste nicht, dass hier geschossen wird.«

»Ist okay«, beruhigt mich der junge Mann. »Wir müssen kurz sprechen mit jemandem.« Während die Soldaten ein besorgtes Telefongespräch führen und immer wieder entgeistert zu Jonny blicken, der ihnen ganz unbefangen seine Nüstern entgegenstreckt, versuche ich zu sortieren, welche Schritte ich zu machen habe, damit wir hier schnellstmöglich wegkommen. Eine Matratze auf die andere schichten. Nein, zuerst Platz für das Bettzeug finden. Die Küche, oje! Alles steht noch von gestern herum. Tee, der Topf mit Nudeln, die Soße, mein schmutziges Geschirr. Ich habe noch keine Packroutine.

Hastig beginne ich ohne jeglichen Plan, ein paar Dinge in die Ecken zu werfen, als der junge Soldat wieder zur Tür schaut: »Es ist okay. Sie können hierbleiben. Aber Sie müssen versprechen, Sie bleiben genau hier.« Er deutet mit dem Zeigefinger mahnend auf den Boden unter sich. »Nicht für Pipi in Busch, nicht spazieren, nur an diesem Fleck. Wir haben Ihren Spot auf der Karte markiert. Niemand wird hier schießen. In ein paar Stunden, wenn wir fertig sind, ich komme zurück. Sie dürfen sich erst wieder bewegen, wenn ich wieder da bin. Haben Sie das verstanden?« Ich nicke aufgeregt und wiederhole seine Anweisung. Er steigt ins Auto, und die beiden verschwinden in den Tiefen des Waldes.

Nun sitzen wir also für die nächsten Stunden fest. Ob wir wirklich sicher sind?

Immerhin habe ich Zeit, um meine Küche zu sortieren. Das lenkt mich aber nicht von meiner Sorge wegen der Schüsse ab, die gleich um uns herum fallen sollen. Hoffentlich sind sie nicht zu laut, und hoffentlich erschrickt Jonny dabei nicht. Da ich absolut nicht einschätzen kann, was gleich um uns herum passiert, ziehe ich mir Schuhe und Jacke an und steige in Jonnys Gehege. Sicherheitshalber lege ich ihm sein Halfter um, damit ich ihn halten kann, falls er einen Schreck bekommt. Er stupst mich an und lässt sich anschließend auf eine beruhigende Gesichtsmassage ein.

Die ersten Minuten passiert nichts. Es ist mucksmäuschenstill um uns. Ich kraule Jonnys Kopf und spreche mit ihm: »Hast du auch so unruhig geschlafen? Es hat mich ganz wahnsinnig gemacht, dass du draußen warst und ich dich nicht einfach schrumpfen und mit ins Bett stecken konnte. In deiner Box willst du sicher nicht die ganze Nacht stehen, lieber herumlaufen und grasen. Da haben wir aber Glück, dass …«

Peng!

Sofort stoppe ich meinen Monolog, denn in der Ferne ist der erste Schuss gefallen. »Keine Sorge, Jonny. Ich bleib bei dir. Ich beschütz dich«, beruhige ich meinen grauen Kumpel, der mir zuerst gespannt zuhört, schließlich aber unbeeindruckt den Riemen des Halfters aus meiner Hand zieht, um zu grasen. Ein weiterer Schuss fällt. Und noch einer.

Zum Glück werden sie tief im Wald abgefeuert, und wir hören nur ihren dumpfen Widerhall, sodass keiner von uns einen richtigen Schrecken bekommt. Ich atme erleichtert auf. Ich hatte mir schon ausgemalt, dass das Militär mit Gewehren direkt neben uns über die Wiese kriechen und es am See wenige Meter weiter knallen lassen würde. Die Soldaten scheinen aber weit genug entfernt zu sein. Noch mal Glück gehabt! Hoffentlich kommen sie nicht näher.

Jonny scheinen sie nicht zu stören. Ich lege mich ins Bett und schaue ratlos vor mich hin. Wie lange deren Übung wohl gehen wird? Noch eine Nacht können wir hier offensichtlich nicht bleiben. Wie weit wir es heute noch schaffen werden? Das hängt ganz davon ab, wann wir loskommen.

Am frühen Nachmittag fährt wieder das Auto vor. Der junge Soldat, der nun völlig verdreckt ist, steigt aus: »Hallo! Wir sind fertig.« Ich bedanke mich noch einmal herzlich, indem ich ihm eine Tüte voll Lebkuchen, Mandarinen, Ritter Sport und Keksen in die Hand drücke. Süßigkeiten mag sicher jeder gern: *»J'ai un petit merci pour vous.«* Was wortwörtlich übersetzt so viel heißt wie: Ich habe ein kleines Danke für Sie. Vermutlich würde ein Franzose das anders ausdrücken, aber immerhin scheint der Soldat mich zu verstehen. Zuerst möchte er mein *»petit merci«* nicht annehmen, doch ich bestehe darauf. Noch schnell erkundige ich mich: »Üben Sie morgen wieder?« Er schüttelt den Kopf. »Dürfen wir dann bis morgen bleiben? Wenn wir so spät losfahren, schaffen wir es nicht mehr weit, bevor es dunkel wird.« Er bespricht sich wieder kurz mit dem älteren Soldaten, der im Auto sitzen geblieben ist: »Kein Problem. *Au revoir*, auf Wiedersehen!«, antwortet er kurz. Und weg sind sie.

EIN BRETT VORM KOPF

Tag 3 | Bei Chalon-sur-Saône

Seit die Soldaten verschwunden und wir hier sogar noch eine weitere Nacht geduldet sind, beginne ich, mich von dem aufwühlenden Morgen zu entspannen. »Wie wär's, Jonny, wollen wir uns hier ein bisschen umsehen?« Jonny scheint sich offensichtlich über einen Spaziergang zu freuen, denn er ist kaum zu stoppen, als ich ihn ohne Strick auf dem geraden Schotterweg durch den Wald vorauslaufen lasse.

Hoffentlich hat keiner der Soldaten das Ende der Übung verpasst, geht es mir durch den Kopf, während wir geradewegs durch den dichten Laubwald ziehen. Als sich der Weg mit einem anderen kreuzt, entdecke ich einen weißen Lieferwagen, an dessen Steuer ein Mann sitzt und eine Zigarette raucht. Worauf der wohl mitten im Wald wartet? Freundlich winke ich ihm zu, doch von ihm kommt keine Reaktion. Ich erinnere mich an die Autos, die in der vergangenen Nacht auf unserem Parkplatz aufgetaucht sind. Das Mädel mit dem Esel haben hier sicher schon alle aus welchem Grund auch immer Anwesenden bemerkt. Keiner hat jedoch bisher mit mir gesprochen. Mir ist ein wenig unwohl bei dem Gedanken, dass wir noch eine weitere Nacht an diesem unruhigen Ort mitten im dunklen Wald verbringen werden. Doch mit Jonny jetzt noch weiterzuziehen und womöglich erst bei Dämmerung einen neuen Platz mit Weidemöglichkeit zu finden kommt nicht infrage. »Es wird schon niemand etwas Böses im Schilde führen«, rede ich mir ein und bin heilfroh, dass ich nicht mehr mit diesen Angstzuständen zu kämpfen habe, mit denen ich bei unserer ersten Reise aufgebrochen bin. Die habe ich damals überwunden und im Gegenzug ein besonderes Vertrauen in die Welt gewonnen.

Mit diesem Vertrauen ins Gute und einer Portion bewusst unterstrichener Naivität setzen wir unsere Waldwanderung fort, und ich besinne mich auf das Schöne. Es ist ein kühler und verregneter Wintertag, der Boden ist noch feucht vom letzten Regen und bedeckt mit bunten Blättern. Unsere Silhouetten spiegeln sich in den Pfützen, und ich helfe einer Nacktschnecke auf die andere Seite. Wir genießen es, endlich mal wieder auf einer völlig unbekannten Route unterwegs zu sein.

Fast anderthalb Stunden folgen wir gelassen und im Gleichschritt dem Waldweg. Ich beginne, vor mich hin zu summen: »Weißt du, wo die Soldaten sind, wo sind sie geblie-ieben?« Anschließend fällt mir ein weiteres Lied ein, das ich von Papas leider viel zu seltenen Gitarrenabenden kenne. »Heute hier, morgen dort, bin kaum da, muss ich fort. Hab mich niemals deswegen beklagt…« Bei dem Lied »Großvater« von S.T.S. ersetze ich den »Großvater« mit: »Hey, Papa, kannst du net obakumman auf an schn'n Kaffee?«, schaue zwischen den Baumkronen in den Himmel und stelle mir vor, wie er lächeln würde, könnte er uns jetzt sehen. Was in den vergangenen fast fünf Jahren seit seinem Tod alles passiert ist – Wahnsinn! So gerne würde ich ihm davon berichten. Und wie viel ich ihn seither gefragt hätte. Aber vielleicht, nur vielleicht, wenn mein Papa nicht gestorben wäre, wären Jonny und ich jetzt gar nicht hier…

Wir haben es bereits in weitem Bogen fast einmal um den See herum geschafft. Nur ein enger und schnurgerader Trampelpfad von etwa zwei Kilometern trennt uns noch von unserem Rundweg zurück zu Eddy. Der Pfad ist von einer dicken Laubschicht überdeckt, und kaum sind wir eingebogen, kann ich rings um uns herum nur noch Bäume, Büsche, wild durcheinanderliegende Äste und den grauen Himmel über uns sehen. Wir sind völlig allein. Unsere Schritte rascheln im Laub. Mitten im Wald am Wegesrand, wenn man diesen zugewucherten Pfad überhaupt noch einen Weg nennen kann, stoßen wir auf ein Schild. *»Zone dangereuse! Accès interdit pendant les tirs. Danger de mort!«*

Lebensgefahr! Ich mache halt. Jonny stoppt ebenfalls augenblicklich und sieht mich fragend an. »Hätte ich das gestern mal gesehen … Hatten wir heute ein Glück, was? Ist echt gruselig hier.« Sollen wir weitergehen? Ich habe ja bereits mit dem Militär gesprochen. Die Übungen sind für heute vorbei. Und so steht es auch auf dem Schild, denn es gibt präzise Uhrzeiten und Tage an. Wir können also getrost unseren Weg fortsetzen. Ob wir uns trotzdem sicherheitshalber bemerkbar machen sollten? Vielleicht sollte ich etwas singen oder laut mit Jonny sprechen. Mir ist aber gerade nach beidem nicht zumute, also ziehen wir stillschweigend weiter.

Mit einem Mal kreuzt ein ausgetrocknetes Bachbett unseren Weg. Eine Holzlatte ist darübergelegt. Sie ist feucht, rutschig und mit Moos bewachsen. Für Jonny ist das keine Option. Das Bachbett jedoch ist nur etwa einen Meter tief. »Wenn wir jetzt umkehren, kommen wir sicher nicht mehr zurück, bevor es dunkel ist. Meinst du, wir kriegen das hin?«, wende ich mich an meinen treuherzigen Begleiter, der sich an einem Buchenast zu schaffen macht und einzelne Blätter abzupft.

Vorsichtig klettere ich hinunter und rutsche erst einmal im Schlamm aus. Bei uns zu Hause gibt es ein Bachbett, in dem angeblich einmal ein ganzes Pferd im Schlamm versunken ist. Jonnys Gewicht von 187 Kilo ist nicht zu unterschätzen. Die Erde drum herum ist feucht und matschig, doch am Boden sinke ich zum Glück nicht ein. Ich suche eine Stelle, die schräg nach unten führt, und leite Jonny dort hinunter. Nun stehen wir beide im Graben.

Nur dumm, dass ich nicht bedacht habe, vorher auf der anderen Seite zu schauen, ob Jonny dort auch wieder hinaufkommt. Ich schaffe es mit einem großen Schritt und einem Griff an den nächsten Ast und ziehe am Führstrick: »Komm, Jonny! Nur ein Hops. Auf geht's!« Doch Jonny steht mit fragendem Blick wie angewurzelt in der Kuhle und denkt nicht daran, sich wieder hinaufzukämpfen. Ich rutsche zu ihm hinunter und beschließe, dem Bachbett eine Weile zu folgen, bis wir eine geeignetere Stelle finden. Die Wände um uns herum bleiben jedoch steil, schlammig, und niedriger werden sie auch nicht.

Stattdessen stehen wir schon bald vor dem nächsten Hindernis. Wieder ist ein Holzbalken über die kleine Schlucht gelegt worden. Diesmal ist er aber dick, vermoost und liegt knapp unter Jonnys Rückenhöhe von 1,11 Metern auf. Dass Jonny ohne eine für ihn erkennbare Not die Beine einknickt, um darunter hindurchzukriechen, kann ich mir nun wirklich abschminken. Jonny hat im wahrsten Sinne des Wortes ein Brett vor dem Kopf. Die Sache ist aussichtslos. »Dann müssen wir vorher wieder aus der Kuhle raus. Jonny, bitte streng dich an.« Doch die Wand von über einem Meter ist steil, und eine Stufe oder eine Schräge ist nicht in Sicht. Ich beschließe, den Balken beiseitezuräumen. Mein Eselchen sieht mich Hilfe suchend an, als hoffte auch er, dass ich unsere Situation bald wieder im Griff habe.

Voller Tatendrang drücke ich von unten gegen den Balken, doch der bewegt sich nicht vom Fleck. Er ist an beiden Enden unter Moos in der Erde eingewachsen. Ich nehme erneut all meine Kraft zusammen. Minimal bekomme ich ihn zum Wackeln, doch drehen oder herausziehen lässt er sich nicht. Jonny hat sich ein Büschel Gras gesucht und zupft vergnügt daran herum, während ich Schwerstarbeit leiste. Da es bereits zu dämmern beginnt, werde ich ein klein wenig nervös. Ich klettere nach oben und trete mit voller Wucht auf den Rand des Balkens ein in der Hoffnung, ihn dadurch zu lockern. Es hilft alles nichts. Angestrengt beginne ich, seine Enden auszubuddeln und drum herum zu graben, während Jonny sich gelassen ein weiteres Grasbüschel, das ins Bachbett ragt, schmecken lässt. »Du könntest mich wenigstens mental ein bisschen unterstützen, du Frechdachs.«

Wieder trete ich auf den Balken ein, und endlich bekomme ich die vordere Seite frei. Ich klettere zurück zu Jonny, klemme mir den Balken auf die linke Schulter und drehe ihn wie einen Hebel nach rechts, sodass sich auch das andere Ende lockert. Schließlich rutscht das fette Ungetüm mit einem dumpfen »Wuuum« von meiner Schulter und steht nun schräg in der Kuhle – zum Glück so, dass Jonny passieren kann. Ich schnappe mir meinen Kumpel, und wir besinnen uns wieder auf das eigentliche Problem: hier rauszukommen. Einige Meter weiter fällt die Wand tatsächlich leicht schräg ab, und die Stufe, die Jonny überwinden müsste, ist nur noch halb so hoch. »Wenn du das jetzt nicht schaffst, dann wird's echt eng. Das ist unsere Chance. Also hopp! Hoch mit dir!« Nach einigen vergeblichen Anläufen wirft mir Jonny leicht verzweifelte Blicke zu. Er möchte offensichtlich meinem Wunsch gerecht werden, doch so richtig traut er sich nicht.

Ich komme auf die Idee, seinen linken Vorderhuf anzuheben und auf der Schräge abzustellen, wie beim Einsteigen in seine Box. Und siehe da, es funktioniert. Mit zwei kräftigen Zügen ist Jonny oben. »Mega! Klasse gemacht, mein Großer. Da siehst du mal, was du alles kannst!« Durch mein überaus freudiges Loben scheinen sich auch bei Jonny wieder die Wogen zu glätten, und er sieht mit einem Mal ganz stolz aus.

Der Pfad ist fast verschwunden, und wir schieben uns weiter geradeaus. Irgendwo hier müssten wir bald an die Schotterstraße in Richtung Parkplatz gelangen. Wenige Minuten später kann ich sie bereits zwischen den Büschen erkennen und bin erleichtert. Doch wir haben uns deutlich zu früh gefreut. Nur etwa drei Meter, bevor unser mit Blättern bedeckter Trampelpfad auf der Straße endet, stehen wir erneut vor einem Abgrund. Diesmal ist es ein munter vor sich hin plätschernder Bach, der sich in etwa zwei Metern Tiefe durch eine Schlucht schlängelt. Darüber führt mal wieder nur ein Brett. »Das darf doch nicht wahr sein! Jetzt sind wir so kurz vorm Ziel. So ein Mist! Jonny, was machen wir denn jetzt? Das hier ist definitiv keine Eselsbrücke.«

Jonny steht ebenfalls ratlos vor dem Abgrund und macht vorsichtshalber ein paar Schritte rückwärts, weil ihm das plätschernde Wasser unheimlich ist. »Nein, keine Angst. Da musst du nicht drüber. Wir finden einen anderen Weg.«

Etwa zwanzig Minuten nachdem wir uns durchs Dickicht geschlagen und ich Jonny sämtliche Äste aus dem Gesicht gehalten und dafür selbst einen zurückschnalzenden Hieb kassiert habe, entdecken wir zum Glück eine sichere Überquerungsmöglichkeit. Erschöpft, aber vor allem erleichtert befinden wir uns wieder auf dem

Schotterweg. Nicht weit von unserem Stall entfernt parkt ein runtergerockter weißer Renault Kangoo am Straßenrand. In dessen Nähe erspähen wir einen grauhaarigen Herrn im Blaumann, der gerade das Gebüsch stutzt.

Er hat uns sofort bemerkt, kommt freundlich auf uns zu, und wir beginnen ein Gespräch. Zumindest versuchen wir es, denn er spricht nur Französisch, und ich verstehe nur einzelne Wörter oder meine zumindest, sie zu verstehen. Er stellt sich als Jean vor und erzählt dann: »*J'avais des chevaux. Trois chevaux.*« Er geht auf Jonny zu und streichelt seine Nüstern. Jonny schnuppert interessiert.

Soweit ich mich erinnere, bedeutet *chevaux* »Pferde«. »*Ah, vous avez les chevaux.* Sie haben Pferde. *C'est fantastique*«, antworte ich, weil mir außer »fantastisch« nur »gut« einfällt. Der Herr jedoch schüttelt den Kopf: »*Non. J'avais des chevaux. Ils sont morts.*« Was eigentlich bedeutet: »Nein, ich hatte Pferde. Sie sind gestorben.« Doch ich verstehe nur, dass der Mann Pferde hat und eines oder jemand gestorben ist. Oder doch mehrere?

Der Mann brabbelt weiter, und alles, was ich raushören kann, ist, dass alle Pferde gestern gestorben sind. Bein gebrochen. Wirklich alle drei? Nein, das kann nicht richtig sein. Verwirrt, doch trotzdem betroffen, dass jemand gestorben ist, entgegne ich: »*Désolée.* Das tut mir leid.« Doch der Mann winkt freundlich ab. Ich versuche, das Thema zu wechseln: »Wir reisen nach Portugal. Wir sind aus Deutschland. Ich habe Freunde, die auch Pferde haben.« Trotz meiner mangelnden Sprachkenntnisse unterhalten Jean und ich uns noch eine ganze Zeit. Dabei verstehen wir sicherlich allenfalls die Hälfte dessen, was wir uns erzählen, und bei der anderen Hälfte lächeln wir einfach zustimmend. Die nette Konversation tut mir nach der stillen Zeit im Wald wahrlich gut.

Nachdem Jean seine Arbeit beendet hat und es bereits fast dunkel ist, fährt er bei uns am Platz vorbei und fragt, ob ich irgendetwas bräuchte. Er komme gleich noch mal zurück, weil er ein Foto vom Pferd machen möchte. Sicher hat er Jonny gemeint, doch für ein Foto ist es nun schon viel zu dunkel. Habe ich richtig verstanden, dass er noch mal wiederkommt? Ich warte im Stall, während Jonny sich Wiese und Heu schmecken lässt. Es hat nur ekelige vier Grad Celsius, und die Luft ist nasskalt und ungemütlich. Zum Glück scheint es Jonny nichts auszumachen.

Etwa eine halbe Stunde später biegt ein Auto auf den Parkplatz ein. Ich kann nur die hellen Scheinwerfer erkennen, doch sogleich steigt Jean aus, und ich bin erleichtert. Er trägt eine Tüte mit sich und drückt sie mir in die Hand. Ich spitze hinein. Er hat für mich zwei Kekspackungen, Sandwiches, Schokolade und zwei Becher Vanillepudding eingepackt und besteht darauf, dass ich sein Geschenk annehme. Wie lieb! Erst heute Morgen habe ich selbst eine Tasche mit Essen verschenkt. Es scheint zu mir zurückzukommen.

Es stellt sich heraus, dass Jean gar kein Foto mit Jonny machen wollte, sondern dass er selbst alte Fotos mitgebracht hat. Sie sind in einem Sepiaton gedruckt, nicht größer als meine Handinnenfläche, haben einen hübschen geriffelten Rahmen, und darauf sind verschiedene Pferde und ein Garten zu erkennen. Auf der Rückseite entdecke ich in ausgeblichener Tinte die Jahresangabe »1916«. Jeans Vater hat mit seinen Pferden viele Jahre auf dem Feld gearbeitet, auch als Jean noch ein Kind war. Jean berichtet stolz, dass später seine eigenen Pferde bei ihm im Garten leben durften, und zeigt mir eine Kutschfahrt und einen Haflinger, der bei der Waldarbeit Baumstämme abtransportiert.

»Und haben Sie auch Kinder?«, erkundige ich mich. Doch Jean senkt den Kopf: *»Non, je suis seul.«* Er ist allein. Er lebe hier und arbeite viel. Wie schade, dass ich nicht mehr verstehe. Er erklärt mir noch kurz, was der Unterschied zwischen »ein Pferd« und »mehrere Pferde« auf Französisch ist, aber dass es für »Esel«, also *âne*, keinen Unterschied in der Aussprache gibt. Warum das so ist, weiß er nicht, er zuckt mit den Schultern, und wir schmunzeln.

HANDYSUCHT UND SCHNEECHAOS

Tag 4 | Von Chalon-sur-Saône bis in die Nähe von Tulle

Immerhin habe ich ein bisschen besser geschlafen als in der Nacht zuvor. Trotzdem wurde ich dreimal von Autos geweckt, die aus irgendeinem Grund mitten in der Nacht auf unseren runden Kiesplatz einbogen. Was da auch immer vor sich ging, für uns schien sich zum Glück niemand zu interessieren.

Mein Körper beginnt schlagartig zu bibbern, sobald ich mich aus dem Schlafsack geschält habe. Die Scheiben im Führerhaus sind gefroren. Schnell schlüpfe ich in mein warmes Zwiebelsystem von Jacken und Hosen.

Als ich die Schiebetür öffne, hebt Jonny den Kopf, trabt begeistert auf mich zu und begrüßt mich mit seinem schallenden »Iiiii-h!«.

»Guten Morgen, mein Großer! Hast du gut geschlafen?« Ich nehme ein Büschel Heu mit und kraule seinen Hals. An seiner Mähne hängen Eiskristalle. Der gefrorene Tau auf der Wiese knirscht bei jedem Schritt. »Oje, wie geht's dir? Ist dir kalt?« Besorgt schiebe ich meine Hand unter seine gefütterte Decke und atme erleichtert auf. Sein Körper darunter ist wohlig warm. Als ich Stefan am Handy von Jonnys Eismähne berichte, beruhigt er mich: »Ach, bei Skitouren hab ich auch ab und an Eis im Bart hängen. Trotzdem ist mir warm.« Da hat er wohl recht.

Auch auf dem Wasser in Jonnys Schüssel hat sich eine dünne Eisschicht gebildet, die ich sofort aufklopfe. Anschließend koche ich einen Topf Wasser auf und mische das heiße mit dem kalten.

So bekommt Jonny eine lauwarme Aufmunterung. »Wir müssen schauen, dass wir schleunigst Richtung Süden kommen. Ich kann dieses nasskalte Wetter nicht mehr ertragen. Und ich will mir keine Sorgen um dich machen müssen.« Doch Jonny stupst mich aufmunternd an und macht sich sogleich über den frischen Heuhaufen her.

Als ich zusammenpacke und mein Doppelbett wieder zu Jonnys Box umbaue, schaut Jean mit einer Thermoskanne Kaffee und frischen Croissants vorbei. »Eine gute Reise wünsche ich euch. Ich schreibe dir meine Adresse und Telefonnummer auf, falls du etwas brauchst.«

Ich winke Jean zum Abschied, und er ist verblüfft, wie lässig Jonny hinten im Bus steht und aus dem Fenster sieht.

Auf der Landkarte meiner App habe ich einen Parkplatz an einem Waldrand auf unserer Strecke auserkoren. Doch bereits auf der Autobahn werden wir von unserer nächsten Hürde geblendet. Sie ist grell und weiß. Der Platz, den ich ausgesucht habe, liegt in der höher gelegenen Region Millevaches en Limousin. »Hier können wir nicht bleiben. Hier herrscht ja tiefster Winter!«

Ich fahre am nächsten Rastplatz raus, gönne uns eine Pause und grüble über den nächsten Schritt. »Kannst du das glauben, Jonny? Da wollen wir in die Wärme fahren und landen erst einmal im tiefsten Schneechaos.« Die Parkplätze sind geräumt, doch auf den Grünflächen dazwischen liegen über zehn Zentimeter Neuschnee. Ich geselle mich nach hinten zu meinem Begleiter und setze mich auf den Küchenblock. Jonny bekommt eine Ohrmassage und widmet sich anschließend wieder seinem Heu.

»Wie sieht's denn bei dir aus? Laut Karte müssten wir noch etwa vierzig Minuten fahren bis zur nächsten Schlafmöglichkeit. Ich hab einen Parkplatz entdeckt, der sich neben einem Canyon befinden soll.« Dass Jonny nicht aussteigen will, sondern sich immer noch konzentriert seinem Heu widmet, werte ich als Zustimmung. Ich strecke mich vor Eddy noch mal so richtig, bevor ich wieder einsteige.

Die Aussicht von der Hochebene, die wir gerade überqueren, ist malerisch. Der Schnee glitzert, die Sonne blitzt endlich mal durch die dicke, löchrige Wolkendecke, und es muss die Region Auvergne-Rhône-Alpes sein, deren Bergpanorama ich zu unserer Linken in der Ferne erkennen kann. Ich habe Frankreich noch nie zuvor mit dem Auto durchquert und bin fasziniert, wie vielfältig dieses Land ist.

Auf der Karte sah die Strecke zum Canyon allerdings weniger kurvig aus. »Immerhin liegt hier kein Schnee mehr, Jonny.« Sobald ich seinen Namen sage, unterbricht Jonny das Futtern, hebt den Kopf, spitzt die Ohren und sieht mich aufmerksam an. »Alles gut bei dir da hinten? Wir sind gleich da.« In Schrittgeschwindigkeit lenke ich einige Serpentinen hinauf. Wir tuckern durch ein Dörfchen am Hang, das bei schönem Wetter sicherlich eine wunderbare Aussicht bietet. Die kleinen Häuser sind aus Natursteinen gemauert und wirklich putzig.

Unser Platz befindet sich in einer Sackgasse auf der Spitze eines Hügels, von dem aus wir nun sogar eine wirklich schöne Aussicht haben. Die Nebelsuppe hat sich verzogen. Nur wenige Meter weiter befindet sich ein Felsvorsprung. Dieser ist zum Glück mit einem Geländer von einer gigantischen Schlucht abgesichert, sodass wir den Ausblick unbesorgt genießen können. Rostrote Felsen ragen in eine tiefe Schlucht, durch die sich am Fuß ein tosender Fluss schlängelt. Es ist zwar trüb, doch immerhin regnet es nicht.

Da fällt mir ein, dass ich Stefan unseren Standpunkt noch gar nicht geschickt und mich überhaupt den Tag über noch nicht zurückgemeldet habe. Aber wo ist eigentlich mein Handy? Ich durchsuche meine Jackentaschen. Doch außer ein paar Bröseln von Jonnys trockenem Brot bekomme ich nichts zu greifen. Ich klettere über mein Bett und suche die Ritzen zwischen den Matratzen ab. Moment! Vielleicht ist es noch vorne im Führerhaus. Zum Navigieren bis hierher hatte ich es noch. Auf dem Beifahrersitz liegt jede Menge Krams, mein Handy aber nicht. Wo habe ich es zum letzten Mal gesehen? Im Auto, als wir angekommen sind. Oder? Nein! Ich habe ein Foto von der Schlucht geknipst.

Ich eile zu der nur wenige Meter entfernten Aussichtsplattform. Ich kann kaum noch etwas sehen. Mit der Stirnlampe gehe ich den Weg auf und ab – kein Handy. »Jonny, hast du mein Handy gesehen?

Hilf doch bitte mal mit suchen!« Jonny hebt den Kopf, trottet auf mich zu, wirft mir einen völlig unbesorgten Blick zu und scheint sich zu wundern, warum ich derart verwirrt durch die Gegend irre.

Angespannt gehe ich an Jonnys Zaun entlang. Vielleicht ist es mir beim Aufbau aus der Tasche gerutscht? Wie ein Blitz schießt mir plötzlich ein beunruhigender Einfall durch den Kopf. Es wird doch nicht etwa in die Schlucht gefallen sein? Zurück am Aussichtsplateau, leuchte ich hinunter in die Dunkelheit. Sollte es mir hier aus der Tasche gerutscht und hinuntergeplumpst sein, habe ich keine Chance. Aber das hätte ich doch bestimmt gemerkt. Es muss hier irgendwo sein. Ich leuchte noch einmal den Weg ab, wühle in meiner Klamottenkiste, schaue in der Spüle, zwischen den Wasserkanistern, bei den Gasflaschen, im Küchenschrank, unter den Matratzen, in jeder Kiste und nochmals auf und unter Beifahrer- und Fahrersitz. Mein Handy ist unauffindbar.

Erschöpft setze ich mich in die geöffnete Schiebetür. Auf dem doofen Ding sind all meine Kontakte. Ich weiß keine Telefonnummer auswendig. Warum habe ich mir nicht längst mal eine notiert? Wie soll ich mich jetzt bei Stefan melden? Das Handy ist auch mein Navi. Ich habe nicht einmal eine Straßenkarte dabei. Oje, bin ich unvorbereitet auf so eine Situation! Wie kann man nur so unfassbar abhängig von diesem kleinen Gerät sein? Unglaublich, dass ich durch halb Asien mit einem alten Nokia statt einem Smartphone gereist bin. Jetzt aber bin ich vollkommen aufgeschmissen.

Ich fühle mich mit einem Mal furchtbar einsam und kämpfe mit den Tränen. Nicht nur wegen des Handys, sondern besonders weil ich mir all das irgendwie viel leichter und schöner vorgestellt habe. Es regnet und windet in einer Tour, es ist kalt und feucht, es ist dunkel und ungemütlich, und es passt mir nicht, dass Jonny bei so einem Wetter keinen Stall hat. Ihm scheint das nichts auszumachen, aber ich fühle mich jede Nacht schlecht, dass ich drinnen im warmen Schlafsack liege und er draußen vorm Bus steht. Der Mix aus Müdigkeit und Verzweiflung macht mich gerade fertig.

Jonny kommt zu mir und schmust seinen Kopf auf meinen Schoß. Dann bittet er mit einer Kopfbewegung um mehr Heu. Ich greife in die Laubtonne unter meinem Bett, in der ich das Heu gelagert habe, und plötzlich trifft mich ein Gedankenblitz. »Jonny, das ist es! Du bist mein Held!« Hektisch wühle ich in dem Heuhaufen, und was liegt am Boden der Tonne? Natürlich mein Handy! Erleichtert atme ich auf. Alles wieder gut. Sogleich suche ich wichtige Nummern heraus, die ich mir in mein Tagebuch notiere. So etwas passiert mir kein zweites Mal!

WILDE HUNDE

Tag 5 | Von Tulle bis in die Nähe von Arcachon

Auf der Suche nach Heu für Jonny halten wir an einem Haus, das offensichtlich zu dem Kuhstall daneben gehört, den ich von der Straße aus erspäht habe. Ein Bauer auf einem Traktor kommt mir entgegen. Aufgeregt springe ich vom Fahrersitz und bitte mit meinem Google-Translator-Französisch: *»Bonjour. Puis-je acheter un peu du foin?«* Der Mann sieht mich fragend an: *»Quoi?«* Ich öffne die Schiebetür, Jonny streckt munter seinen Kopf hinaus. Ich zeige auf das fast leere Heunetz und wiederhole meine Frage, ob ich ein wenig Heu kaufen könne. Der Bauer schaut irritiert, schüttelt den Kopf und erklärt, dass er das Heu selbst für seine Kühe brauche.

»Auch kein kleines bisschen?«, bitte ich und zeige auf das Heunetz. Der Mann verneint und geht zurück zum Traktor. Ich bin geknickt. Tapfer steige ich wieder in den Bus. »Schade, das war wohl nichts, Jonny. Wir finden auf jeden Fall was für dich. Das verspreche ich.«

Am Nachmittag tut sich die nächste Frage auf: Wo übernachten wir heute? Gerne würde ich ein paar Tage Pause einlegen und wandern gehen. Wir peilen die gigantische Dune du Pilat an. »Ich sehe uns schon in der Abendsonne bei magischer Aussicht mitten auf dieser Sanddüne unsere zwei ungleichen Spuren hinterlassen«, teile ich meine Vorfreude mit Jonny.

Die Realität sieht leider anders aus, denn nirgends finde ich einen geeigneten Platz zum Parken samt Fläche für Jonny. Links und rechts der Straße befinden sich nur dichter Wald oder eingezäunte Privatgrundstücke. Und mit Jonny einfach am Straßenrand oder in der nächsten Ortschaft zu parken ist unmöglich. Ich will, dass Jonny seine Weide bekommt, und suche weiter.

Als ich vor einer Abzweigung halte und überlege, kommt uns ein Jeep mit vier Männern entgegen. Sie scheinen Bauarbeiter zu sein. Ich stoppe sie und frage nach einem Platz zum Übernachten. Zusätzlich öffne ich die Schiebetür, um zu erklären, dass auch Jonny Platz braucht. In dem Moment, als der graue, wuschelige und lieb dreinblickende Eselskopf neugierig aus der Tür spitzt, brechen die Herren in schallendes Gelächter aus. Auch ich lächle, denn diese Heiterkeit tut mir gerade wirklich gut. Einer der Männer nuschelt schließlich mit einem Französisch-Englisch-Mix: »Es gibt einen Waldparkplatz nur zwei, drei Kilometer in diese Richtung.« Er zeigt auf der Hauptstraße weiter geradeaus. Ich bedanke mich und schließe die Schiebetür. »Gleich kannst du raushüpfen, und wir gehen spazieren.«

Wir biegen auf den Waldparkplatz ein, der sich direkt am Meer befindet. Dort steht zwar ein Schild, dass Campen verboten sei, jedoch ist auch eine Saisonaufschrift zu erkennen. Also ist es im Winter wohl erlaubt, über Nacht hier zu stehen. Ich suche einen geeigneten Platz. Der sandige und erdige Boden wäre eigentlich perfekt für einen Esel, doch das Heu wird knapp, und ich habe auf eine hohe Wiese gehofft, auf der Jonny grasen kann. Aber wir müssen nehmen, was da ist.

Jonny freut sich über unseren Abendspaziergang. Wir laufen über den riesigen Waldplatz zwischen Pinien, ein paar Büschen und einzelnen Autos hindurch. Es duftet nach Piniennadeln und salziger Meeresluft. Die Abendsonne strahlt durch die Lücken der Wolken, und es ist deutlich wärmer als bisher auf unserer Reise.

Ich kann die Wellen schon rauschen hören, bevor sich hinter einer Sanddüne der gigantische Atlantische Ozean auftut. In einem tiefen Dunkelblau liegt er direkt vor uns. Die Wellen schwappen an den Strand, und der Wind pfeift uns um die Ohren. Wir halten inne und lassen diesen Anblick auf uns wirken. »Jonny, wir sind am Meer! Kannst du dich noch daran erinnern, als wir das letzte Mal am Meer waren? Das war vor zweieinhalb Jahren am Mittelmeer. Und jetzt sind wir am Atlantik. Du bist echt der coolste Esel auf der ganzen Welt, dass du so mit mir reisen gehst. Da hast du den anderen Eseln zu Hause wieder viel zu erzählen.« Ich kraule Jonnys Kopf, während er mir aufmerksam zuhört. Hier können wir es für ein paar Tage aushalten. Nur Heu muss ich noch organisieren.

Ein sandiger Weg führt zwischen zwei Dünen zum Meer hinunter. Jonny macht große Schritte durch den weichen Sand, in dem seine Hufe bis zum Fellansatz versinken. »Langsam, mein Lieber«, halte ich ihn zurück, denn es geht steil nach unten. Der Strand scheint kilometerlang zu sein, ich kann kein Ende erkennen. Noch dazu ist er ziemlich breit. Mit angenehmem Sicherheitsabstand zum für Jonny gruseligen Rauschen des Meeres spazieren wir am Fuß der Düne entlang. Der Strand ist wild und naturbelassen mit feinem, fast schon weißem, glitzerndem Sand. Etwa auf der Hälfte der Strecke zum Meer bahnen sich einzelne Halme von trockenem Dünengras den Weg Richtung Himmel. Sie knistern, als wir darauf steigen, ihre Kanten sind scharf und spitz und kratzen an meiner Cordhose entlang.

Auf den Dünen reiht sich Pinie an Pinie, die sich mit den Windböen hin und her bewegen. In der Ferne entdecke ich einige bunte Schirme im Wasser. Kitesurfer nutzen den rauen Atlantikwind, und mir wird wehmütig ums Herz. Wie schön es doch wäre, wenn Stefan auch hier sein könnte. Wir würden abwechselnd auf Jonny aufpassen und draußen übers Wasser zischen. Als ich Stefan gerade zu vermissen beginne, stupst mich Jonny an, um mir zu signalisieren, dass er weitergehen möchte. »Ja, du hast ja recht. Du bist hier. Ich hab dich so lieb, mein kleines Eselchen.« Liebevoll rubble ich Jonny über die Stirn.

Auf dem völlig unberührten und vom Wind begradigten Sand hinterlassen wir unsere Fußspuren, als wären wir die ersten Lebewesen, die jemals hier unterwegs waren. Die salzige und kühle Meeresluft sauge ich tief in meine Lungenflügel und atme anschließend entspannt aus. Der starke Wind hebt Jonnys Wanderdecke samt Gepäcktaschen aus Stoff an und klappt sie über seinen Rücken. Jonny sieht mit einem Mal etwas chaotisch und hilfsbedürftig aus. »Komm her. Ich richte das.« Geduldig ziehe ich immer wieder die Decke und die darauf liegenden Taschen gerade.

Auf dem Weg zurück zum Stall entdecke ich eine Parkfläche, die perfekt für uns wäre. Zwischen dem teils erdigen und teils sandigen Boden befindet sich ein Fleckchen mit hohem Gras. Die einzige Grünfläche weit und breit. Hier müssen wir unser Lager aufschlagen! Ich erspähe zwei Herren, die sich am Wegesrand unterhalten, und unterbreche sie. »Entschuldigung! Würden Sie kurz auf meinen Esel aufpassen? Ich möchte mein Auto von der anderen Seite des Platzes holen.« Ich zeige auf Eddy, der in der Ferne hinter einem Busch hervorblitzt. Die Männer verstehen meine Worte zwar nicht, doch mein pantomimisches Spiel ist wohl deutlich genug. Sie lachen und nicken.

Als ich wenige Minuten später mit Eddy vorfahre, hat Jonny die Chance genutzt, um seine unerfahrenen Aufpasser von einem Gang auf die Wiesenfläche zu überzeugen. Zufrieden steht er mitten zwischen den hohen Halmen und kaut genüsslich vor sich hin. »Danke schön fürs Aufpassen!« Die Herren schmunzeln vergnügt und führen ihre Unterhaltung fort, während sie immer wieder einen interessierten Blick auf uns werfen. Ich parke und stecke Jonnys Weide ab.

Es beginnt zu dämmern. Kaum habe ich alles aufgebaut und Jonny, der sich ausgelassen in einer Erdkuhle wälzt, versorgt, zuckelt einer der Herren mit dem Auto vorbei. Er hält und kurbelt das Fahrerfenster runter: »Willst du hier wirklich übernachten? Dieser Wald ist sehr gefährlich.«

Habe ich das richtig verstanden? Ich winke ab und lächle. Ich möchte nicht, dass dieser fremde Mann merkt, dass ich mich schlagartig unsicher fühle. »Nicht für dich. Aber für ihn.« Er deutet auf Jonny. »Hier sind viele wilde Hunde unterwegs. Kann sein, dass sie kommen. Kann auch nicht sein. Sie reißen dein Tier. Fünf, sechs, sieben Hunde gleichzeitig.« Nun hat er es doch geschafft, mich sichtlich zu verunsichern. Ich schaue mich angespannt um. Die dichten Büsche und Bäume, die mir bis eben noch ein vertrautes und geschütztes Gefühl gegeben haben, verwandeln sich schlagartig in potenzielle Verstecke dieser wilden Hunderudel.

Hätte ich nicht schon einmal Bekanntschaft mit wilden Hunden gemacht, würde ich mir sicherlich weniger Sorgen machen. Allerdings schießen mir blitzschnell Erinnerungen an die zähnefletschenden Dingos auf Fraser Island in Australien durch den Kopf. Sie wichen nicht einmal zurück, als wir mit einem Spaten schreiend auf sie zusprangen, um unser Abendessen zu verteidigen.

Wenn die wilden Hunde hier ähnlich wenig Respekt vor Menschen zeigen, möchte ich auf keinen Fall ihren Weg kreuzen, und mit Jonny erst recht nicht. Andererseits werden Esel nicht umsonst zum Schafehüten eingesetzt. Wenn ein Esel einen Wolf vertreiben kann, warum dann nicht ein Rudel wilder Hunde? Es ist fast stockdunkel, und ich gehe besorgt zu meinem treuen Begleiter: »Was meinst du, Jonny? Ich hab keine Ahnung, wo wir jetzt noch hinkönnten für die Nacht. Ich hab ja gehofft, dass wir morgen noch hierbleiben und wandern gehen können. Aber ganz ehrlich: Jetzt bin ich einfach nur froh, wenn wir hier wieder weg sind.« Besorgt scanne ich den Waldrand.

Diese Rastlosigkeit raubt mir in der Nacht viel Kraft. Doch noch viel schlimmer ist die Sorge um Jonny. Auf jedes Szenario vorbereitet, drapiere ich eine Holzlatte, Pfefferspray, Messer und meine Stirnlampe direkt neben mir. Ich bin so angespannt, dass ich mich schwertue, in meine Schlafsäcke zu kriechen. Mein Puls rast bei jedem Mucks, den ich von draußen höre, und noch schlimmer wird es, als der Regen aufs Dach prasselt und ich nichts anderem mehr lauschen kann.

Immer wieder öffne ich die Tür und sehe nach Jonny. Stefan beruhigt mich am Telefon. Es tut gut, ihn zu hören und das Gefühl zu haben, nicht ganz allein mit Jonny zu sein. Ich habe so eine Angst, dass ich ihn sicherheitshalber am Telefon behalte, um ein letztes Mal vorm Schlafengehen nach Jonny zu sehen. Dieser hebt jedes Mal überrascht den Kopf vom Grasen und trottet treuherzig zu mir.

»Wenn du heute Nacht irgendetwas bemerkst, dann rufst du, so laut du kannst. Wenn diese Hunde kommen und dich anfallen, ich schwöre dir, ich werde zur Wildschweinmutter und prügle auf die ein, dass die nicht mehr wissen, wie ihnen geschieht. Das verspreche ich dir! Du bist der beste Esel auf der ganzen Welt, und ich hab dich so sehr lieb.« Den letzten Satz flüstere ich Jonny jeden Abend ins Ohr, bevor ich ihm ein Bussi auf die weichen Nüstern gebe. Mit mulmigem Gefühl wünsche ich meinen beiden Männern eine gute Nacht.

Esel sind keine Lastentiere! Sie sollten maximal 20 Prozent ihres Körpergewichts tragen.

TEIL 3

NICHTS KANN UNS UNTERKRIEGEN!

DAS HEUVERBRECHEN

Tag 6 | Von Arcachon bis Zarautz

In dieser Nacht schlafe ich kaum. Jedes Rascheln, jedes Klopfen, das Prasseln des Regens, der Wind und die Sorge um Jonny lassen mich aufschrecken. Das zehrt an meiner Kraft und meinen Nerven.

In der Morgendämmerung schiebe ich den Vorhang ein Stück beiseite und sehe mich nach Jonny um, der mir zum Glück quietschvergnügt um Heu bettelnd entgegeneilt. Ich geselle mich zu ihm an die frische Morgenluft: »Du scheinst besser geschlafen zu haben. Hier, dein Frühstück.« Ich werfe Jonny das letzte Heu hin und spendiere ihm zusätzlich ein paar Stückchen trockenes Brot. »Ausnahmsweise, weil wir kein Heu mehr haben. Heute müssen wir etwas auftreiben.«

Wieder unterwegs, entdecke ich von der Schnellstraße aus hinter den Leitplanken eine Pferdefarm. »Das ist es! Dort bekommen wir sicher etwas Heu.« Ich fahre die nächste Ausfahrt ab, und wir schlängeln uns im ersten Gang über ein paar holprige Feldwege, bis ich hinter einer Stahlketten-Absperrung die Farm wiedererkenne. Während ich das Netz und die Laubtonne fürs Heu auslade, verspreche ich Jonny: »Gleich haben wir wieder Heu. Du wartest hier brav. Bin bald zurück.«

Rufend bleibe ich vor der Kette stehen, die eindeutig das Privatgelände von der Straße trennt. Niemand reagiert. Ich steige über die Absperrung hinweg und gehe rufend auf die Stallungen zu. Immer noch sehe ich keine Menschenseele. Nur ein paar Pferde beobachten mich neugierig von ihrer Weide aus. Es scheint keiner da zu sein. Einige Meter weiter lugen unter einer Plane lockend die

Halme dreier Heuballen hervor. Noch einmal sehe ich mich um. Links, rechts, hinter mir. Zurück zur Einfahrt. Niemand in Sicht. Wie vom Blitz getroffen, erkenne ich unsere Chance, haste zu dem Haufen und stopfe hektisch meine Beutel voll. Ich knie am Boden und strecke immer wieder meinen Hals spähend nach oben, als wäre ich eine Gazelle, die eventuelle Löwen in der Nähe des so selten gefüllten Wasserlochs erahnt. Gleichzeitig kann ich es nicht fassen. Ich klaue doch nicht etwa gerade Heu? Mein Plus rast, mein Herz pocht gegen meinen Brustkorb. Was ich nicht alles für meinen Jonny tue. Jetzt aber schnell! Immer wieder springe ich auf und stopfe dann doch eilig weiter. Es sind sicherlich nur wenige Minuten, doch mir kommt es wie eine Ewigkeit vor, in der mein Heunetz einfach nicht voller zu werden scheint.

»Jetzt ist's genug«, beschließe ich und mache mich auf den Weg zurück. Weil ich ja eigentlich nicht vorhatte, hier Heu zu klauen, sondern welches zu kaufen, rolle ich den Zehneuroschein aus meiner Hosentasche zu einem Strohhalm und stecke diesen in den Spalt der Stalltür. Das hat auch den Vorteil, dass ich, falls mir auf dem Weg zurück nun doch noch jemand entgegenkommt, auf das Geld zeigen kann. Trotzdem möchte ich niemandem mehr begegnen und renne wie eine Schwerverbrecherin im Schweinsgalopp den matschigen Pfad zurück zu Jonny. Der freut sich wie ein Schnitzel, als ich ihm ein volles Netz mit leckerem Heu vor die Nase hänge.

Und wieder ist ein Problem gelöst. Ich fühle mich gleich viel besser.

Auf der A 63 überqueren wir den Fluss Bidasoa, der Südfrankreich von Nordspanien trennt. Genauer gesagt geht es ins Baskenland. Endlich kann ich auch die Heizung, die ich auf volle Stärke eingestellt hatte, Schritt für Schritt runterdrehen. »Eine Stufe niedriger, ein Stück weiter im Süden«, murmle ich lächelnd. Zum ersten Mal auf unserer Reise schalte ich das Radio ein, summe mit und lasse spanische Konversationen auf mich einprasseln. Zuvor habe ich die Ruhe und Konzentration beim Fahren ganz für Jonny gebraucht, doch er ist bisher so vorbildlich mitgefahren, dass ich mir immer weniger unnötige Gedanken mache. Ab und zu werfe ich einen Blick nach hinten und kann es kaum glauben, dass Jonny neben meinem Bett steht. Ich grinse wie ein Honigkuchenpferd ein paar durch die Wolkendecke funkelnden Sonnenstrahlen entgegen und bin ziemlich stolz.

In einer Pause habe ich beim Gran Camping Zarautz angerufen. Sie erwarten uns bereits. Ob sie verstanden haben, dass ich mit einem Esel einchecken möchte? Den Campingplatz kenne ich schon, denn im September 2019 habe ich dort meinen Kumpel Noah besucht, der in der Sommersaison als Surflehrer arbeitet. Der Platzwart weist mich auf einem rechteckigen Stück Rasen mit Meerblick hinter einer dichten, brusthohen Hecke ein. Dass ich einen Esel dabeihabe, hat er wohl nicht verstanden. Es scheint ihm aber auch egal zu sein, um welches Tier es sich handelt: »Wenn Tier passt in Auto, ist es okay.« Vielleicht meinte er auch »Wenn Tier bleibt im Auto, ist es okay.« Doch gleich darauf ist er verschwunden, und ich lasse Jonny hinaushüpfen. Nur ein deutsches Rentnerpaar steht unweit von uns. Der damals im Sommer noch so blühende, voll Leben sprudelnde Campingplatz ist wie ausgestorben.

Zuerst wird Jonny versorgt. Anschließend spanne ich seine Weide großzügig über unsere und die danebenliegende Parzelle. Es ist ja ohnehin sonst niemand hier. Ich streichle Jonny über den Rücken und richte meinen Blick zum Horizont: »Wir haben es echt bis Spanien geschafft, Jonny! Ich möchte jetzt so gerne mit dir wandern gehen.«

Doch aus einer Wanderung wird vorerst nichts. Schon wieder beginnt es zu regnen, obwohl der Boden vom letzten Schauer noch nicht getrocknet ist. Eilig krame ich die Plane heraus und fädle sie nach ein paar vergeblichen Versuchen in die Vorzeltschiene ein. Ich muss auf den Beifahrersitz klettern, damit ich an den Anfang der Halterung komme. Kaum habe ich die Plane ein Stück weit durch die Rinne gezogen, wird sie mir von einem heftigen Windstoß entrissen. Ich brauche einige Anläufe, doch auch die Zeltstangen halten nicht. Ich spanne sie mit seitlichen Streben und Heringen am Boden fest. Der Boden zur Rechten ist matschig und locker, und die Heringe rutschen immer wieder heraus und katapultieren mir den

Schlamm mitten ins Gesicht. Zur Linken ist so viel Schotter aufgeschüttet, dass ich den Hering kaum hineinbekomme. Mit meinem Akkubohrer aus der Werkzeugkiste bohre ich die Löcher im Boden vor. Noch einmal festzurren … endlich! Die Konstruktion steht.

Erschöpft, verdreckt, müde und hungrig setze ich mich in den Rahmen der Schiebetür. Habe ich heute eigentlich schon etwas gegessen? Ich kümmere mich fortwährend um Jonny und vergesse mich selbst dabei. Ich sollte mir dringend eine Dusche gönnen und mich ausruhen.

Es ist zwar kalt draußen, aber lange nicht mehr so frostig. Barfuß und im Surfponcho kann ich, ohne Gänsehaut zu bekommen, zum Waschhaus laufen und freue mich auf eine heiße Dusche. Der beige Fliesenboden jedoch ist eiskalt, und frischer Wind zieht durch die geöffneten Fenster. Ich muss das Wasser eine Ewigkeit laufen lassen, bis es immerhin lauwarm wird. Während ich versuche, meine Körperteile einzeln unters Wasser zu halten und diese vom Matsch zu befreien, höre ich Jonny bereits lauthals nach mir rufen: »Iiii-h!« Ich rufe zurück: »Jonny, Jonny, ich bin nur ums Eck! Bin gleich wieder da!«

Ich beeile mich, und als ich zurückkomme, hat der Wind wieder zwei Heringe meiner Vorzeltkonstruktion aus dem Boden gezogen. »Es tut mir leid, Jonny. Es hält leider nicht. Dieser ständige Wind … Willkommen am Atlantik!« Ich falte das verdreckte Vorzelt wieder zusammen. Jonny trottet indes Schrittchen für Schrittchen über die kurze Wiese und sieht mit seiner dunkelroten Regendecke wirklich drollig aus. Er zupft sich Grashalme ab, manche zieht er sogar samt Wurzel aus der Erde, während er sich von diesem doofen Wetter nicht aus der Ruhe bringen lässt. »Du bist so cool, mein Großer.«

Endlich habe ich die Ruhe, etwas zu essen, und koche mir ein paar Nudeln mit Zwiebeln, Zucchini und Tomatensoße.

Da ich schon lange Spanisch lernen will, schreibe ich die mir am wichtigsten erscheinenden Sätze aus dem Internet in mein Tagebuch, zum Beispiel »*Mi nombre es Lotta y su nombre es Jonny* – Ich heiße Lotta und er heißt Jonny«, »*¿Quiero comprar heno prara mi burro?* – Kann ich Heu für meinen Esel kaufen?«, »*Viajo con mi* *burro* – Ich reise mit meinem Esel«, *»¿Puero quedarme aqui con mi burro?* – Darf ich hier mit meinem Esel übernachten?« oder *»Estoy consado* – Ich bin müde«.

Estoy wirklich *consado.* Ich stochere mit meiner Gabel in den übrigen Nudeln herum, wünsche Jonny liebevoll eine gute Nacht und falle hundemüde in die Federn. Heute Nacht fühle ich mich endlich einmal sicher und kann getrost die Augen schließen.

STURMCAMPING

Tag 7 | Zarautz

Gegen ein Uhr werde ich von heftigen Windböen geweckt, die gegen Eddys Wand donnern. Draußen scheint sich ein Sturm zusammengebraut zu haben. Mein erster Gedanke gilt Jonny. Ich robbe zum Fenster der Schiebetür. Da der Platz über eine Nachtbeleuchtung verfügt, kann ich trotz abgedunkelter Scheibe erkennen, wie Jonny seinen Hintern in Richtung Wind gedreht hat, den Kopf gesenkt hält und stocksteif an einem Fleck steht. Besonders glücklich sieht er dabei nicht aus. Ich beobachte ihn eine Weile. Er rührt sich nicht. Vielleicht schläft er? Wumm! Erneut donnert eine Böe gegen die Breitseite und lässt den Bus wackeln. Wie gern ich Jonny wieder einmal schrumpfen und in mein Bett packen würde. Mit einem unbehaglichen Gefühl versuche ich, wieder einzuschlafen.

Kurz darauf weckt mich ein stetig anhaltendes Geräusch. »Plopp – plopp – plopp«, macht es in einem Abstand von etwa fünf Sekunden. Woher kommt das nur? Natürlich – mein höchst professionell eingebautes Dachfenster leckt. Dicke Tropfen haben bereits eine Wasserlache am Boden und quer über dem hölzernen Küchenblock gebildet. Ich verteile Klopapier und meinen Spüllappen darüber, um das Wasser aufzusaugen. Als Auffangbecken drapiere ich eine Müslischale unter der Tropfbahn und krieche zurück ins Bett.

Ich bin noch nicht einmal wieder bei meinem Kopfkissen angekommen, da lassen drei unvergleichbar heftige Böen mein Schneckenhaus erbeben. Rastlos krabble ich wieder zum Fenster, um nach Jonny zu sehen. Seine Regendecke biegt sich mit dem Wind, doch er steht weiterhin stocksteif an seinem Platz. Es stürmt und schüttet nun aus Eimern, und der Abstand des »Plopp – plopp – plopp«-Geräuschs hat sich von fünf Sekunden auf drei Sekunden verringert. Das geht so einfach nicht. Wie in aller Welt soll ich denn so schlafen? Außerdem kann ich nicht seelenruhig hier liegen und träumen, während mein bester Freund allein draußen im Regen steht. Ich beschließe, meine Regenjacke anzuziehen und mich zu Jonny zu gesellen.

Als ich die Schiebetür öffne, wirft Jonny mir einen fragenden Blick zu. Er begrüßt mich nicht. Er kommt nicht zu mir. Er bleibt stocksteif stehen und scheint sich nur zu fragen, was in Gottes Namen ich mitten in der Nacht bei ihm verloren habe. Der Wind pfeift mir unter die Klamotten bis auf die Knochen. Ich muss meine Kapuze festhalten, damit sie über meinen Ohren bleibt. Durch den strömenden Regen bin ich in wenigen Minuten völlig durchgeweicht. Ich nähere mich Jonny langsam an: »Hey, wie geht's dir? So ein Mistwetter! Bist du okay da draußen?« Doch Jonny dreht sich weg und sucht sich einen anderen Platz, wo er wieder stocksteif stehen bleibt. Entweder habe ich ihn gerade aus dem Schlaf gerissen, oder er ist zutiefst beleidigt, dass ich ihn überhaupt mitgenommen habe, und ebenfalls total genervt von diesem Wetter. Der Gedanke daran, dass es ihm nicht gut geht, bricht mir das Herz.

Ich laufe zum Heck des Stalls und möchte die Türen öffnen und mein Bett zu Jonnys Box umbauen, damit er den Sturm mit mir im trockenen, warmen Stall ausharren kann. Vergeblich versuche ich mein Glück, zu stark lässt der Wind die Türflügel flattern. Ich hätte keine Chance, Jonny hineinzuführen. Ich kann ihn aber auch nicht allein draußen stehen lassen. Der Wind ist wenigstens nicht ganz so heftig, wie er sich im Bus angefühlt hat. Eddys große und hohe Angriffsfläche reagiert nur sehr stark darauf, sodass man von innen glaubt, alles, was nicht niet- und nagelfest ist, müsste durch die Luft wirbeln – inklusive Jonny.

Jonny ist aber zum Glück ein schlauer Esel, der sich mit dem Hintern zum Wind direkt hinter der dichten Hecke platziert hat. Ich stelle mich neben Jonny und beuge mich vor, damit ich etwa seine Höhe erreiche und mir vorstellen kann, wie die Böen auf ihn wirken. Hinter der Hecke ist es tatsächlich nicht so wild. Seine Decke aber muss mittlerweile völlig durchgeweicht sein. Er duldet, dass ich ihm näher komme, sie vorsichtig anhebe und daruntertaste. Zum Glück ist sein Rücken warm und trocken. Fürsorglich hänge ich ihm zusätzlich meine Regenjacke über sein freies Halsstück und schlüpfe selbst in meine Winterjacke.

Ich bleibe noch eine ganze Zeit draußen bei Jonny. In etwa einem Meter Abstand zueinander verweilen wir schweigend hinter der Hecke. Jonny steht, und ich habe eine Hockstellung eingenommen. Ich will ihn bei diesem Unwetter nicht allein lassen. Vor Müdigkeit und aus Verzweiflung kommen mir die Tränen. So habe ich mir das wirklich nicht vorgestellt. Ich wusste nicht, dass das »freie und sorglose« Busleben so anstrengend sein kann. Wenn es so weitergeht, müssen wir abbrechen. Was mache ich jetzt nur?

Wenn ich mich an die Bilder von unseren früheren Familienüberwinterungen in Spanien erinnere, könnte ich laut losschreien. Auf den Fotos saß ich nackt in einer Wanne draußen in der Sonne. Bunte Farben, helle Tage, Wärme und Freude. Niemals hätte ich mit dauerhaft nasskalten Unwettern gerechnet. Was ist das hier?

Ich hocke neben Jonny, und da er mir keine Beachtung schenkt, muss ich wieder weinen. Ich muss irgendetwas unternehmen, um diese Situation zu verbessern! Es *muss* jetzt eine Wende geben!

Weil ich ohnehin nicht schlafen kann, schleiche ich mit der Stirnlampe über das gesamte Gelände und suche nach einem wind- und regengeschützteren Örtchen.

Der dritte Platz, den ich abgehe und wo ich mich in alle Ecken stelle, um Wind- und Regeneinfluss zu beurteilen, überzeugt mich. Der Morgen dämmert bereits, als ich unser fahrbares Zuhause auf das auserkorene Örtchen umsiedle. Allerdings stehen hier die Vorderreifen in der triefend nassen Wiese, aus der bei jedem Schritt Wasser und Matsch quillen. Beim Auftreten erzeuge ich ein »Pflatsch«- und, als ich meinen Fuß wieder anhebe, ein »Quiek«-Geräusch. Ich lege zwei Gummimatten vor die Reifen und fahre direkt darauf, sodass unser Stall nicht völlig versinkt. Sobald ich ihn geparkt habe, dient er als perfekter Windfang. Direkt im 90-Grad-Winkel grenzt daran nun eine mannshohe Hecke. Darüber ragt ein Baum mit weitreichendem und dichtem Blätterdach. »Das ist unser Platz, Jonny. Hier hast du ein Dach über dem Kopf, und du bist vor dem wilden Atlantikwind geschützt.«

Gegen Mittag rufe ich völlig übermüdet Stefan an, der nur schwer glauben kann, was bei uns schon wieder alles passiert ist. »Wilde Hunde? Heuklau? Sturm? Das Dach ist undicht? Ihr macht ja was mit! Halte noch ein paar Tage durch. Dann bin ich auch da – und wenn wir nur gemeinsam zurückfahren.« Stefan hat eine Woche früher freibekommen und nun für den 12.12., also genau zehn Tage nach unserer Abreise, einen Flug in die portugiesische Stadt Porto gebucht. Hoffentlich schaffen wir es überhaupt bis dorthin.

Als Regen und Wind nachlassen und Jonny zum Glück wieder halbwegs normal mit mir kommuniziert, gehen wir eine Runde zu einem Aussichtspunkt spazieren. Dieser ist leider in tiefen Nebel gehüllt. Außer der Wiese, auf der wir stehen und die ins endlose Nichts führt, können wir nichts erkennen. Also kehren wir um, und ich versorge meinen grauen Kumpel mit einer Extraportion Heu. Anschließend lege ich mich mitten am Tag endlich ins Bett, um mich auszuruhen.

Als ich wieder aufwache, habe ich neue Kraft gesammelt und einen klareren Kopf. In einem Telefonat mit meiner Tante Alli filtern wir die Fakten heraus. Wir haben nur zwei Möglichkeiten: Entweder wir treten tatsächlich die Heimreise an und machen noch einmal eine Woche schlechtes Wetter durch, oder ich reiße mich zusammen, wir suchen Heu und einen trockeneren und wärmeren Ort. Richtung Süden sollte es nun wirklich besser werden! Dank radikal sortiertem Kopf spüre ich neue Energie. Los geht's!

GEFÄHRLICHER BULLE

Tag 8 | Von Zarautz bis in die Nähe von Orduña

Ich werde bereits von den ersten Sonnenstrahlen geweckt. Die Nacht war zum Glück ruhig, sodass ich das erste Mal auf dieser Reise in einen tiefen Schlaf gefallen bin. Kein Militär, keine wilden Hunde, kein Regen und keine Böen, die am Bus gerüttelt haben. Nur leichter Nieselregen und lauer Wind. Unser Platz war absolut richtig gewählt, denn als ich die Seitentür aufschiebe, läuft mir Jonny endlich wieder freudig entgegen, lässt sich kraulen und bettelt sogleich um Frühstück.

Noch einmal nutze ich die lauwarme Campingplatzdusche und beginne danach, aufgeregt unsere Sachen zusammenzupacken, Eddy zum Stall umzubauen, Jonnys Weide aufzurollen und diese abzumisten. Nach etwa einer Stunde sind wir abfahrbereit.

Heute haben wir nur eine kurze Strecke vor uns. Da unser Heubestand bereits wieder recht mau aussieht, steuere ich einen Kuhbauern an. Stefan hat die Nummer eines Bekannten seines Arbeitskollegen an mich weitergeleitet, der in einem Bergdörfchen des Baskenlandes lebt. Bestimmt können wir dort auch übernachten. Es freut mich, dass wir bereits erwartet werden.

Nach etwa einer Stunde Fahrt folgen wir steilen und kurvigen Serpentinen über einen Pass in ein kleines Tal in felsigem Gebirge. Jede Kurve durchzuckeln wir in einer unschlagbaren Geschwindigkeit von maximal 25 Stundenkilometern. Ich möchte jonnygerecht fahren, denn was ich im Sitzen bequem ausgleichen kann, meistert Jonny im Stehen. Gekonnt legt er sich wie ein Motorradfahrer in

Slow Motion in die Kurven. Wie gut, dass ich auch die Seitenwände abgepolstert habe. Langsam wechselt sein Körper von einer Links- zu einer Rechtskurve. Als wir unten ankommen, pausieren wir, und ich bin unglaublich stolz auf meinen Begleiter, der mich erwartungsvoll durchs Gitter hindurch anschaut.

Wenige Minuten später erreichen wir das Dörfchen. Doch wo genau sollen wir eigentlich hinfahren? Ich halte auf einem Parkplatz am Straßenrand und tippe die Nummer, die ich von Stefan habe, ins Handy, als uns ein klappriger Geländejeep entgegenkommt, in dem zwei junge Männer sitzen. Sie winken aufgeregt, wenden und halten hinter uns. Ich steige aus und gehe auf sie zu: *»Hey, I am Lotta. Do you know Ixai?«*

Sie springen ebenfalls aus ihrem Wagen, und ich bekomme einen Handschlag und gleich darauf eine herzliche Umarmung. »*Yes, that's me.* Das ist mein Freund Terreño. Willkommen! Du bist die Deutsche mit dem Esel?«

Ich habe mir einen Kuhbauern im hinteren Baskenland wesentlich älter, korpulenter und robuster vorgestellt und vor allem nicht so offen und redselig. Überrascht erwidere ich seine Umarmung, als er fragt: »Wie kann ich dir helfen?«

Ich dachte, das wäre ihm bereits aus Deutschland erzählt worden. Doch offensichtlich wusste er nur, dass ich komme. Also schiebe ich die Stalltür auf, und zur Überraschung der Jungs streckt Jonny seinen Kopf heraus. »Du hast ja wirklich einen Esel dabei!« Sie brechen in lautes Gelächter aus und wuscheln Jonny über den Kopf.

»Kann ich etwas Heu für meinen Esel kaufen?«

»Sicher.« Ixai lacht. »Wie viel brauchst du? Ich kann dir etwas holen.«

Er scheint wohl auch nicht über meine Hoffnung auf einen Übernachtungsplatz informiert zu sein. Ich bin verunsichert. Doch eins nach dem anderen. Ich deute auf Jonnys Heusack und die Laubtonne.

»Am besten kommst du mit. Folge uns einfach.« Ixai winkt mir mit einer einladenden Handbewegung.

Auf der mit Schlaglöchern gespickten Straße rasen die beiden uns beinahe davon, doch als sie bemerken, dass ich langsam und vorsichtig um die Löcher herumlenke, warten sie an jeder Abzweigung, bis wir aufgeschlossen haben.

Wir verlassen das Dorf und fahren zu einer großen, frei stehenden Scheune. Drum herum sind Wiesen und Felder. Das muss der Kuhstall sein. Wir halten auf einem Platz vor dem großen Scheunentor, und bereits im Bus rieche ich die »gute Landluft«.

Man sollte ja meinen, dass ich diese mit einem Esel im Wohnmobil gewohnt bin, doch dem ist tatsächlich nicht so. Als ich meiner Familie meine Ausbaupläne zur Wohnmobil-Eselbox vorstellte, meinte meine Mama: »Dein ganzes Auto und alle deine Sachen werden durchweg nach Stall stinken. Und was, wenn er reinmacht?« Doch Jonny frisst ausschließlich Gras, Heu und trinkt Wasser. Dementsprechend riechen seine Eselsäpfel nur, wenn sie ganz frisch sind, kurz ein bisschen. Kaum liegen sie ein paar Minuten, ist der Geruch voll und ganz verflogen. Ich habe sogar einmal vergessen, nach unserer Ankunft auszumisten, und so mit einem Eselshaufen unterm Bett geschlafen, ohne es zu merken. Und ich habe keine schlechte Nase.

Sie funktioniert auch hier am Kuhstall gerade ziemlich gut, und ich rümpfe sie ein wenig, als ich die Tür öffne und aussteige. Ixai schiebt vergnügt das vier Meter hohe Scheunentor zur Seite und eröffnet mir ein goldenes Paradies. Eine Schatzkammer aus Heu und Stroh! Ein paar Kühe stehen im Stall, und als wir eintreten, beginnt ein aufmerksames Gemuhe. Während ich das Heunetz bis zum Anschlag vollstopfe, haben die Jungs sich die Laubtonne geschnappt. Die beiden sind lustig und aufgeschlossen. Obwohl wir nur jedes dritte Wort voneinander verstehen, haben wir Spaß und tollen im Heu herum wie die Kinder.

Nun, da sich unser Heuproblem gelöst hat, drängt sich meine zweite Sorge in den Mittelpunkt. »Dürfen wir vielleicht hier auf eurer Wiese übernachten?«

Daraufhin wählt Ixai eine Nummer. Die Kühe scheinen ihm also gar nicht selbst zu gehören. Er wechselt ein paar für mich unverständliche schwungvolle Worte, wohl mit dem Besitzer, während Terreño Jonny frisches Heu zum Knabbern reicht. Ich gehe ein paar Schritte über die Wiese und schaue mich um. Sie ist als Weide abgesteckt und erstreckt sich über das Tal bis zu einem Dörfchen und dem Fuß der Berge. Wie einen Kesselrand umrunden uns die grünen Bergketten mit teils weißen Spitzen. Der Himmel ist von einer dicken Wolkenschicht bedeckt, doch es regnet nicht.

Ixai hat sein Telefonat beendet und zeigt mit dem Daumen nach oben und dann über die Wiese: »Kein Problem. Du kannst dich hinstellen, wo du magst. Wir müssen jetzt leider los, aber wir kommen später noch mal vorbei. Hier am Hahn bekommst du Wasser.«

Da die Wiese so matschig ist, dass ich mit den Schuhen tief versinke, bleibe ich mit Eddy auf dem geteerten Platz und montiere von dort die Weide für Jonny zwischen der Scheune und einem bereits abgesteckten Gehege für die Kühe. Beim Errichten unseres Lagers summe ich munter vor mich hin. »Jonny, ich bin ja so froh! Die Jungs sind ultrawitzig, und du hast wieder ultraviel Heu, und wir haben einen ultraschönen Platz, sogar mit fließend Wasser. Das ist einfach ultragut!!!«

Jonny mampft genüsslich und macht einen zufriedenen Eindruck. Ich strahle ihn an: »Zum Glück sind wir doch weitergefahren!«

Mittlerweile haben uns die Kühe von der Weide gegenüber bemerkt und nähern sich vorsichtig. Neugierig versammeln sie sich am Zaun, der ihre Weide von Jonnys abtrennt, und starren herüber. Jonny lässt sich von unseren Nachbarn nicht beirren und wühlt weiter mit seinem weichen Mehlmaul im Heuhaufen. Erst als ein nervöser Bulle nahe an den Zaun kommt, schenkt Jonny der Herde seine offensichtlich geschätzte Aufmerksamkeit. Beide stehen sich gegenüber, der große rothaarige Bulle und der kleine graue Esel, und starren sich angespannt an. Man könnte glatt meinen, dass sie gerade einen »Wer als Erstes blinzelt«-Contest veranstalten.

Plötzlich eilt ein Mann herbei und vertreibt den Bullen, hastig mit einem Stock wedelnd, vom Zaun. *»¡Vamos! ¡Piérdase! ¿Habla español?«* Er schaut mich mit fragender Miene an, doch ich zucke die Schultern: *»No español.«*

»Gefährlich! Böse«, erwidert der besorgte Mann in schmutziger Latzhose und matschigen Gummistiefeln. Angestrengt gestikuliert er, dass der Bulle mit einem Hops über den Zaun springen und Jonny angreifen könnte. Er habe ihn bereits anvisiert. Wir sollten besser nicht hierbleiben.

Was ist das nur für eine Reise, frage ich mich kopfschüttelnd. Der Bulle gehört gar nicht zu Ixais Bekanntem, sondern zu einem Nachbarsbauern. Immerhin kann ich mit einem Englisch-Spanisch-Pantomime-Mix herausfinden, dass der Bauer die Herde am Abend in den Stall holt und erst um zehn Uhr am nächsten Morgen wieder rauslässt.

»Jonny, es tut mir wirklich leid, aber wir werden hier wohl nicht länger bleiben können. Morgen müssen wir vor zehn Uhr weg sein, sonst haben wir den ganzen Tag keine Ruhe.« Bedauernd streichle ich meinen gutmütigen Kumpel, der sich wieder seinem Heuhaufen zugewandt hat. Der Bulle steht nun mit etwas mehr Abstand auf seiner Weide, beobachtet Jonny jedoch noch immer bedrohlich. Ich traue mich nicht, meinen Blick von ihm abzuwenden. Dann habe ich eine Idee: »Am besten machen wir noch eine schöne Abendwanderung, bis er im Stall ist.«

Die Abendsonne hat sich durch die dicke Wolkendecke gekämpft und lässt das Tal in einem warmen und angenehmen Licht erstrahlen. Wir folgen dem Feldweg, der an der großen Scheunenhalle vorbeiführt. Jonny läuft in einem ungewohnt zügigen Tempo – wohl auch, um Abstand vom Bullen zu gewinnen – aufmerksam neben mir und scheint unsere Zweisamkeit zu Fuß zu genießen. Ebenso geht es mir. Ich atme die frische Winterluft tief ein und bewundere die Bergketten, die von einzelnen Sonnenstrahlen fleckenweise angeleuchtet werden und deren Schneedecken von oben herabglitzern. Entspannt ziehen wir unseres Weges und bestaunen die Aussicht. Die angenehm milde Temperatur und das ruhige Tal geben uns ein gutes Gefühl, ich mache ein paar freudige Hopser. Die gemeinsame Bewegung tut unbeschreiblich gut, und ich bin glücklich, hier zu sein!

Was für ein wundervoller Abend auf unserer Reise! So habe ich mir das schon eher vorgestellt. Ein kleines bisschen fahren und dann wieder wandern, die Umgebung zu Fuß erkunden und unsere gemeinsame Zeit tief in mich aufnehmen.

Nach einer Weile gemütlichen Dahinschlenderns erreichen wir die kleine Ortschaft Délika. Die engen Gässchen zwischen den aus Naturstein gemauerten Häuschen sind wie ausgestorben. Kein Mensch ist zu sehen. Selbst auf dem Dorfplatz mit Brunnen, plätscherndem Bächlein, Kirche und Rathaus begegnen wir keiner Menschenseele. Nur unsere Schritte höre ich klacken. Dafür entdecken wir Gesellschaft für Jonny. Hinter einer Hecke gegenüber einer Häuserreihe erspähen wir eine brünette Eseldame. Am Gatter machen wir halt. »Da scheint jemand an dir interessiert zu sein, Jonny. Sag doch mal Hallo.« Jonny hebt nur kurz seinen Kopf und blickt in die Richtung der Eselin, die aus etwa dreißig Metern Entfernung aufmerksam zu uns herüberstarrt und ihren Blick offensichtlich nicht mehr abwenden möchte. Doch Jonny senkt seinen Kopf sogleich wieder und widmet sich dem nächsten Grasbüschel. »Jetzt sei doch nicht so ignorant. Sie scheint dich zu mögen.«

Jonny lebt zu Hause zwar in einer Eselherde, interessiert sich aber trotzdem nicht groß für andere Esel, er ist eher ein Einzelgänger. Besondere Freude über einen Artgenossen hat er jedenfalls noch nie gezeigt, obwohl ich auch auf unseren Reisen immer wieder Kollegen ansteuere. Sein Verhalten ähnelt eher einem Hund, der bei seinem Frauchen sein möchte, am liebsten überall seine Nase hineinsteckt, alles ganz genau wissen will und winselt wie ein ausgesetzter Welpe, wenn man ihn allein lässt. Hauptsache, er darf dabei sein.

Die Eseldame scheint Jonnys Verhalten jedoch nicht abzuschrecken. Freundlich humpelt sie auf uns zu. »Oje, sie scheint schon sehr alt zu sein. Doch nichts für dich, was? Lieb sieht sie aus, aber ihre Hufe…« Während ich mich frage, wie man einem Esel eine solche Hufverwachsung antun kann, trottet sie ans Gatter und schiebt nun ihren Kopf zwischen den waagrechten Balken hindurch, spitzt die Ohren und macht ihren Hals so lang, wie sie kann. Als sie Jonny ihre Nüstern entgegenreckt, fasst er sich ein Herz, stoppt seine Zwischenmahlzeit, hebt den Kopf und geht nun doch auf den freundlich dreinblickenden Eselskopf im Zaun zu. Ein wahrlich netter Eselsmoment. In sicherer Entfernung hält er an und streckt seinen Hals vorsichtig so weit nach vorne, wie es geht, bis sich die beiden Nüstern berühren und sie sich gegenseitig zärtlich anschnauben können. Abwechselnd weicht einer der beiden zurück, worauf der andere ebenfalls zuerst zurückzuckt, um anschließend aber doch noch ein Stückchen weiter auf sein Gegenüber zuzukommen.

»Die Arme scheint hier ganz allein zu leben. Ihr beiden Flirtesel. Okay, okay, ich schau ja schon weg.« Ich drehe mich respektvoll zur Seite.

Doch Jonny ist schon wieder fertig mit Flirten, denn er wendet sich ab, um an den Ästen einer Buche zu knabbern. Ich kraule die Ohren der freundlichen Esellady, bevor wir uns verabschieden.

Auf unserem Spaziergang rund ums Dorf kommen wir völlig unerwartet auf einem engen Trampelpfad an der Weide der Kühe und des Bullen vorbei. Sofort macht sich die gesamte Herde auf den Weg zu den interessanten Gästen ihres Territoriums. Auch der Bulle muss nachsehen, was seine Damen entdeckt haben, scheint jedoch ganz und gar nicht erfreut über unseren Besuch zu sein. Er ist viel nervöser als bei unserer ersten Begegnung und sucht hastig nach einem Weg durch den spärlich befestigten Maschendrahtzaun. Mit seinem nervösen Hin-und-her-Getrabe bringt er auch die Frauenschaft auf. Jonny weicht ängstlich zurück. Ich wedle mit einem Stock, um die Tiere vom Zaun fernzuhalten. »Schhhh! Weg von meinem Jonny!«, fauche ich, während ich versuche, Jonny vom flotten Weitergehen zu überzeugen. Doch er ist im wahrsten Sinne des Wortes vor Angst erstarrt; mein Ziehen am Führstrick beeindruckt ihn nicht im Geringsten. »Los jetzt! Jonny, schnell! Wir müssen schleunigst weiter.« Ich stelle mich zwischen Jonny und den mit dem Kopf hin und her wackelnden Bullen. Mit meinem Leben würde ich meinen kleinen Esel verteidigen!

Ich ziehe noch einmal kräftig am Führstrick. Endlich beschließt Jonny, mir zu folgen, und setzt aus dem Stand heraus zum Trab an. So sind wir blitzschnell wieder in Sicherheit. Puh! Das war knapp. »Das hat der Bauer vorhin wohl gemeint. Da hatten wir an unserem Platz ja noch richtiges Glück. Holla, die Waldfee, Jonny, bin ich aus der Puste!« Ich stemme meine Hände auf die Oberschenkel und schnaufe, während sich Jonny sogleich wieder entspannt seiner Lieblingsbeschäftigung widmet: Grasen.

Als wir an unseren Übernachtungsplatz zurückkehren, hat die Herde bereits ihre Weide verlassen und ist für die Nacht im Stall. Wäre dem nicht so, hätten wir mit Sicherheit noch einmal umziehen müssen. Doch stattdessen genießen wir einen rosaroten Sonnenuntergang hinter den Berggipfeln und zehren von den schönen Momenten unserer kleinen Wanderung.

Manche Esel haben Streifen an den Beinen, da sie mit dem afrikanischen Bergzebra verwandt sind.

TEIL 4

BIS DIE SONNE ENDLICH SCHEINT

Eselsohr

EINMAL KURZ NICHT AUFGEPASST

Tag 9 | Von Orduña bis in die Nähe von Valencia de Don Juan

Eigentlich sollten die Campingplätze in Spanien geöffnet sein, doch am nächsten Tag stehen wir bei Valencia de Don Juan vor verschlossenen Toren. »Winterruhe«, besagt ein Schild. Ich wende mich Jonny zu: »Auf unserer letzten Tour musste ich lernen, nichts zu planen und nur im Moment mit dir zu leben. Ich habe das Gefühl, dass es diesmal genau anders herum ist. Vielleicht sollte ich etwas mehr planen.« Zu Fuß mit Esel ist es wirklich einfacher, einen geeigneten Übernachtungsplatz zu finden als mit einem Bus. Jonny sieht mich unbeeindruckt an und drängt darauf, draußen herumzulaufen.

Über die park4night-App finde ich einen Platz gleich in der Nähe, der passen sollte. »Noch fünf Minuten, dann sind wir da«, verspreche ich Jonny, der sogleich den Kopf hebt, seine Ohren spitzt und mir seine ungeteilte Aufmerksamkeit schenkt, als hätte er mich genau verstanden.

Auf einer lang gezogenen Wiese außerhalb der Ortschaft direkt am Fluss Esla richten wir uns ein. Hier gibt es sogar Grillplätze und Sitzgelegenheiten. Jedoch scheinen Jonny und ich, bis auf einen dicken, durchs Gestrüpp hüpfenden Vogel, die einzigen Lebewesen weit und breit zu sein. Ein perfekt angeordnetes Birkenwäldchen grenzt an unsere Wiese, an deren Ende sich etwa hundert Meter weiter ein großer Haufen Holzhackschnitzel befindet. Das Flussufer ist von hohem Gestrüpp und teils kahlen Baumgerippen verdeckt.

Jonny freut sich über seinen grenzenlosen Auslauf und erkundet von Neugier gepackt die Gegend, während ich den Zaun in einem großen Rechteck spanne und die Enden jeweils an der Haube und der Hecktür unseres Stalls befestige. So kann Jonny seinen Kopf in die Schiebetür strecken und direkt aus dem Heulager unter meinem Bett futtern. Und falls es regnet, wird es nicht nass. Schließlich müssen wir sparsam damit umgehen.

Kaum habe ich mal zwei Minuten nicht nach Jonny geschaut, ist er aus meinem Sichtfeld verschwunden – und plötzlich fällt im Wald ein Schuss. Ich zucke zusammen. »Jonny! Jonny, komm schnell her!«

Leicht panisch eile ich in Richtung der Bäume. Kein Jonny. Auf einem dicht bewachsenen Trampelpfad schreitet mir mit großen Schritten ein Mann mit Hund und Gewehr über der Schulter entgegen. Mein Herz pocht wie verrückt. Wo ist Jonny?

Da! Nur einen Augenblick später entdecke ich meinen Esel – der seelenruhig im hohen Gestrüpp steht und sich über eine leckere kleine Buche hermacht. Ich atme auf. Sofort eile ich zu ihm und nehme ihn beschützend an meine Seite. Der Jäger will gerade wieder im Geäst Richtung Fluss verschwinden, als ich ihm zuwinke: »*¡Hola!* Schießen Sie hier heute? Ich bin da vorne mit meinem Esel.« Ich deute besorgt auf Jonny und meinen Bus. Der Jäger gibt nur ein grummelndes »Okay. *Nada.* Keine Sorge« von sich und lässt sich nicht weiter aufhalten.

»Na, hoffentlich hat er gecheckt, dass wir hierbleiben. Jonny, du darfst nie wieder allein weglaufen«, schimpfe ich erleichtert. »Ich hab mir die größten Sorgen gemacht, du kleiner Schlawiner. So, auf geht's, heim. Ich mache Nudelwasser für dich.«

Nudelwasser ist auf unserer Reise zu Jonnys Leibspeise geworden. Er liebt es so sehr, dass ich es ihm einfach nicht verwehren kann. Als ich das Wasser beim ersten Mal in die Wiese gekippt habe, hat sich Jonny wie über einen Salzleckstein darüber hergemacht und es bis zum letzten Tropfen aufgeschlabbert. Also verdünne ich das heiße, salzige Wasser mit frischem, kaltem in seiner Trinkschüssel. Obwohl die Schüssel groß ist, ist sie auch heute nach wenigen Sekunden bis auf den letzten Tropfen leer.

An diesem Abend verspüre ich Gelassenheit und Ruhe. Es ist kein einziger Schuss mehr gefallen, und ich fühle mich an diesem

Ort wohl und sicher. Das scheint sich auf Jonny zu übertragen, denn er hat sich mitten auf der Weide gewälzt und liegt nun relaxed da. Ich geselle mich zu ihm und kraule Ohren, Kopf und Hals, mit meinen Fingerspitzen fahre ich in kräftigen kleinen Kreisen über seine Stirn. Jonny scheint das sehr zu gefallen, er lässt die Unterlippe entspannt hängen und schaut mich bittend an, sobald ich aufhöre. Nach einer ganzen Weile gönne ich ihm trotzdem ein wenig Zeit allein und lasse auch für mich den Abend ausklingen. »Schlaf gut, mein Schatz. Träum was Schönes«, flüstere ich Jonny zu, bevor ich ihm ein Gutenachtbussi auf die weichen Nüstern drücke.

EINE WAHRE SCHLAMMSCHLACHT

Tag 10 | Bei Valencia de Don Juan

Ein »Plopp«-Geräusch lässt mich meine Augen öffnen. Immerhin habe ich gestern Abend vorsorglich eine Plastikschüssel unter die leider immer noch undichte Dachluke gestellt. Bereits zweimal auf der Reise bin ich aufs Dach gestiegen, um das Leck mit Silikon abzudichten. Bisher mit mäßigem Erfolg. Draußen herrscht ein unangenehmer Nieselregen, die Luft ist feucht, und eine kilometerdicke graue Wolkendecke rundet das triste Bild ab.

Jonny hat sich bereits ein relativ dickes Herbstfell zugelegt, das im deutschen Winter nun Tag für Tag noch plüschiger geworden wäre. Jetzt ist es gerade so lang, dass die oberen Fellhaare neben der Mähne etwas abstehen und so die Regentropfen von der Unterseite des Halses fernhalten. Also sind nur die Oberseite seines Halses und seine Stirn nass. Sein Plüsch leitet die an der Stirn herunterrinnenden Regentropfen wie eine Schanze über seine Augen hinweg. Wenn es stärker regnet, nutzt er sogar seine großen Ohren als Überdach für die Augen und klappt sie nach vorne. Sein restlicher Körper ist warm und trocken. Ein Wunder, dass diese gefütterte Regendecke noch nicht durchgeweicht ist. Sie war wirklich ihr Geld wert! Ich bin erleichtert, dass es Jonny gut geht, der mir entgegenquietscht, sobald ich die Tür geöffnet habe, und seinen Kopf unters Bett steckt, um Heu zu erhaschen.

Der Dauernieselregen hat die trockene Wiese aufgeweicht, und ich habe das Gefühl, dass ich besser ausparken sollte, bevor der Regen stärker wird. Mit einem Seufzer mache ich tapfer unseren Stall fahrbereit. Da ich zum Herausfahren Gewicht einsparen möchte, binde ich Jonny an einen Baum und lege ihm einen Haufen Heu zur Ablenkung hin. Sobald ich zu Eddy zurückkehren möchte, jammert Jonny aber wie ein ausgesetzter Welpe. Ich mache auf dem Absatz kehrt und wuschle ihm über die Stirn: »Ich fahre doch nicht ohne dich, du Knalltüte. Ich muss nur von der nassen Wiese runter, damit wir nicht stecken bleiben!«

Meine Sorge war nicht unbegründet, denn schon beim Rückwärtsanfahren merke ich, wie Eddy sich schwertut. Leider muss ich zuerst rückwärts von einem Baum weg, dann anhalten und vorwärts weiter, um von der Wiese auf den etwa dreißig Meter entfernten Schotterweg zu gelangen. Als ich den Vorwärtsgang einlege und vorsichtig Gas gebe, drehen sofort die Vorderreifen durch. Mist! Ich wusste es! Noch einmal versuche ich mein Glück und schuckle den Wagen leicht nach vorne und wieder zurück. Doch die Reifen haben in dem matschigen Untergrund absolut keinen Grip. Stattdessen graben sie sich nur tiefer hinein.

Als ich aussteige und um unseren Stall herumlaufe, wird mir erst bewusst, wie nass die Wiese wirklich ist. Direkt unter der dünnen Grasschicht ist nur noch Schlamm. Ich schnappe mir die Schaufel, mit der ich sonst Jonnys Äpfel ausmiste und grabe um die festgefahrenen Vorderreifen herum. Anschließend nehme ich die Gummimatten aus dem Fußraum der Fahrerkabine und stecke sie schräg unter die Reifen. Gefühlvoll starte ich einen neuen Versuch. Keine Chance! Ich buddle weiter eine seichte Schräge. Der Regen nieselt auf mich herab, während ich im Schlamm wühle. Nach kurzer Zeit bin ich völlig verdreckt und sehe aus wie ein Matschmonster.

Doch irgendetwas ist anders verglichen mit den Missgeschicken zuvor. Es fühlt sich einfach nicht mehr schlimm an. Ich bin erstaunlich ausgeglichen. »Ja, es ist Mist, aber wir haben schon so viel gemeistert. Eddy wird hier nicht für immer stecken. Wir kommen sicher raus«, versuche ich, mich in zuversichtliche Stimmung zu versetzen. Ich lege Jonny ein weiteres Büschel Heu hin und marschiere mit angriffslustigem Schritt auf den Haufen Holzhackschnitzel zu. Ich lade meinen Eimer voll und stopfe anschließend die Holzstückchen unter die Reifen. »Die müssen wieder Grip bekommen. Dann geht es«, murmle ich entschlossen, während ich den schlammigen Untergrund fleißig durch Hackschnitzel ersetze.

Nach weiteren dreißig Minuten stehen wir leider noch immer am selben Fleck. Meine Mühen haben keine Früchte getragen. Im Gegenteil. Mittlerweile haben sich die Vorderreifen so tief in die Erde gewühlt, dass die gesamte vordere Radachse nahezu auf dem Boden aufsitzt. Weitere Versuche sind zwecklos. Ich lasse Jonny frei grasen, während ich meine Optionen durchgehe. Alleine komme ich nicht raus. Hier ist keine Menschenseele weit und breit, die mir helfen könnte.

Immerhin hat sich mittlerweile die Sonne blicken lassen. Ich wende ihr mein Gesicht zu und sauge die warmen Strahlen auf wie eine Sonnenblume. Auch auf Jonny scheint das Wetter positiv abzufärben, denn sogleich nutzt er die Gelegenheit, um sich ausgelassen auf der Wiese zu wälzen. »Dir geht's gut. Das ist das Wichtigste.« Lächelnd beobachte ich mein wuscheliges Langohr, bis mein Blick in Richtung Dorf fällt. »Wir werden jetzt Hilfe holen, Jonny. Komm!«

Einen genauen Plan habe ich nicht, jedoch fühlt sich Handeln in jedem Fall besser an, als hilflos auf bessere Zeiten zu warten. Gemeinsam machen wir uns entschlossen auf den Weg Richtung Dorf. Am Flussufer halten wir kurz. Ich nehme mir Zeit, um die fließenden Stromschnellen zu beobachten und die Birken, die sich im Wind wiegen. Ich habe frei, wir sind gemeinsam unterwegs, und die Sonne scheint. Alles andere ist nebensächlich. Es wird sich sicher eine Lösung finden.

Auf einem schmalen Weg läuft uns ein kleiner, fuchsroter Hund entgegen. Ich beobachte, wie er und Jonny miteinander kommunizieren. Meist gibt es da gleich zu Beginn Verständigungsschwierigkeiten, denn Hunde begrüßen sich für gewöhnlich, indem sie dem jeweils anderen am Hintern schnuppern. Esel jedoch pusten sich sanft in die Nüstern. Jonny möchte also einen Hund stets vorne mit der Schnauze, ein Hund Jonny jedoch am Hintern begrüßen.

Der kleine Terrier-Mischling schleicht verwundert um das große graue Wesen herum. Kurz darauf steht auch sein Herrchen vor uns und blickt Jonny mit einem ebenso fragenden Runzeln auf der Stirn an. Ich stelle uns vor und bitte in gebrochenem Spanisch um Hilfe.

Der ältere Mann mit weißem Schnauzer und eckiger Brille entdeckt die deutsche Übersetzung auf meinem Handy. »Bist du Deutsche?« Nun mustert er mich noch verwunderter als zuvor.

»Sie sprechen Deutsch? Was für ein Glück! Ja, wir sind aus München. Mein Auto ist im Matsch festgefahren. Kennen Sie jemanden, der uns helfen kann?«

Der Mann hebt seine Cap und kratzt sich am Kopf: »Wo steht dein Auto?« Ich zeige in Richtung des Birkenwaldes. »Komm. Ich sehe mir das an. Ich bin Valentin.«

Erleichtert zeige ich Valentin den Weg. »Wie kommt es, dass du so gut Deutsch sprichst?« Trotz Akzent verstehe ich fast jedes Wort.

Valentin kramt eine Zigarette aus seiner Jackentasche. »Ich habe viele Jahre in Frankfurt in einer Fabrik gearbeitet. Musste Geld verdienen. War ein guter Job am Fließband, weil es hier keine Arbeit für mich gab.« Während wir spazieren, schaut mich Valentin immer wieder fragend an und lässt schließlich durchblicken: »Du lebst im Auto. Du hast keinen Job, oder? Du bist ein Hippie.«

Ich lache laut auf. Bis wir unseren Stall erreichen, gelingt es mir, Valentin unsere Geschichte zu erzählen und von dem Sanddünenfoto aus meiner Kindheit zu berichten, von diesem Ort, an den ich zu gerne noch mal zurückmöchte. Das heitere Gespräch muntert mich auf. Am Platz angekommen, mustert Valentin mein Gefährt neugierig. »Oh ja, der steckt fest«, beurteilt er die Situation. Etwas ratlos stehen wir beide im feuchten Gras neben dem bis zur Radachse versunkenen Eddy. Jonny grast in der Nähe und meidet den Kontakt zu Valentins rothaariger Hundedame, die er »Franziska« ruft.

Gelassen zündet Valentin sich noch eine Zigarette an, doch ich möchte eigentlich gerne vorwärtskommen: »Kennst du hier jemanden, der uns helfen könnte? Vielleicht mit einem Traktor oder einem Geländewagen?«

Valentin überlegt: »Mein Bruder hat einen Traktor. Aber er wohnt weit weg. Sechs Kilometer von hier.« Ich möchte nicht aufdringlich sein, doch ich frage trotzdem: »Meinst du, er würde mir helfen? Ich bezahle ihn auch dafür.«

Verlegen kramt Valentin eine weitere Zigarette aus seiner Jackentasche: »Es ist so: Der Traktor funktioniert nicht richtig. Er darf damit nicht auf der Straße fahren. Wenn die Polizei ihn anhält, ist das nicht gut.«

Ich senke den Kopf: »Ach so. Okay. Ja, verständlich.« Eine ratlose Stille steht nun zwischen uns. Plötzlich schaut Valentin auf: »Ach, was solls! Ich frage ihn.« Er wählt eine Nummer, und die nächsten Minuten scheint er auf Spanisch mit seinem Bruder zu diskutieren. Ich verstehe leider kaum etwas. Es wirkt auf mich, als würde Valentin mit aller Kraft versuchen, seinen Bruder zum Helfen zu überreden. Ein unbehagliches Gefühl macht sich in meiner Brust breit. Hoffentlich streiten sie nicht meinetwegen.

Als Valentin auflegt, lächelt er mich freudig an: »Es ist kein Problem. Mein Bruder kommt in zwanzig Minuten. Ich gehe vor zur Straße, um ihm den Platz zu zeigen.« Wir bekommen Hilfe. Mega! Und das schon in zwanzig Minuten. Einfach grandios!

Überglücklich springe ich von dem großen Stein in der Sonne auf, auf dem ich gewartet habe, und laufe zu Jonny. Kurz darauf ertönt Traktorgeratter in der Ferne. »Jonny, schau! Da kommen sie. Der Traktor zieht unseren Stall jetzt raus. Wie mein Onkel Manni immer sagt: Dumm kann man sein, zu helfen muss man sich nur wissen.«

Ruckzuck hat Valentins Bruder den Traktor rückwärts an Eddys Schnauze gesetzt und diese mit einem Stahlseil angekettet. Ich sitze am Steuer und gebe vorsichtig Gas, als der Traktor losfährt und sich das Seil spannt. Mit einem Ruck ist Eddy frei. Der Mann springt direkt wieder vom Traktor und löst das Seil. Ich befürchte aber, dass ich mich gleich wieder festfahren werde, so nass, wie es hier ist. Und tatsächlich: Als ich vorsichtig anfahre, drehen sofort die Fronträder durch. Ohne den Traktor bin ich aufgeschmissen. Wir ketten Eddy erneut an, und diesmal darf ich unserem starken Frontungetüm bis zum Schotterweg am Seil folgen.

Als ich wieder festen Boden unter den Reifen spüre, fällt mir ein Stein vom Herzen. Was hätte ich nur ohne die beiden Helfer gemacht? *»Muchas, muchas gracias!«* Ich hüpfe vor Valentins Bruder auf und ab und falte dankend meine Hände. Doch Geld möchte er für seine Hilfe nicht. Immerhin schaffe ich es, ihm ein Bier, eine Schokolade und zwanzig Euro als »Trink- oder Spritgeld« in die Hand zu drücken, und nehme es nicht mehr zurück. *»Muchas gracias!«*, rufe ich dem Traktor nach, der gleich darauf laut brummend davonzuckelt.

Valentin bleibt zurück, sieht Jonny noch höchst interessiert beim Einsteigen zu und gibt mir seine Handynummer: »Falls du mal etwas brauchst auf deiner Reise, melde dich.« Dankend und winkend rollen auch wir endlich los. Es ist bereits 14 Uhr, und ich hoffe, es noch ein Stück Richtung Porto zu schaffen, wo Stefan schon morgen am Flughafen ankommen wird und uns für einen Monat begleiten möchte. »Bald haben wir Unterstützung, Jonny.«

Dass Stefan zu uns fliegt, obwohl er die ganzen Strapazen der letzten Tage mitbekommen hat, rechne ich ihm hoch an. »Du könntest deinen Urlaub vermutlich relaxter gestalten. Hier ist ganz schön viel los. Ich weiß nicht, ob dir das wirklich gefällt«, gebe ich zerknirscht am Telefon zu. Doch Stefan ist sich sicher: »Wie soll ich denn meinen Urlaub schöner verbringen als mit dir und Jonny? Also bis morgen, mein Sonnenschein!«

IRRFAHRT NACH PORTUGAL

Tag 10 | Von Valencia de Don Juan bis in die Nähe von Porto

Bis auf ein paar vereinzelte Lkws sind wir die Einzigen auf dieser Autobahn. Sie ist deutlich schlechter asphaltiert als weiter im Norden, und unser Stall ruckelt und zuckelt vor sich hin. Auch die Landschaft hat sich verändert. Ich genieße eine weite Sicht über trockenes Land mit rotbrauner Erde, bröckeligem Gestein und ein paar grünen Büschen, denen die Hitze im Sommer nichts auszumachen scheint. Dazwischen ragen vereinzelt kahle Laubbäume empor.

Wenn wir schon eine Weile unterwegs sind und Jonny aufgehört hat, Heu in sich hineinzumampfen, beginnt er meist zu dösen und lässt den Kopf und die Ohren hängen. Verwandelt sich jedoch sein Blick von relaxed auf leicht genervt, sehe ich ihm das sofort an. Seine Augen und die Körperhaltung ändern sich und zeigen mir, dass er keine Lust mehr aufs Fahren hat. Spätestens dann suche ich den nächstgelegenen Übernachtungsplatz und versuche bis dahin, Jonny von seinem Unbehagen abzulenken. Ich drehe mich zu ihm um und rufe aus heiterem Himmel: »Hullibuuu!« Dann richtet sich Jonny auf und schaut mich erwartungsvoll an. Er steht aufmerksam da, hat den Hals nach oben gestreckt und die Ohren mit Schwung aufgestellt und mir zugedreht. »Jonny, Jonny! Wir sind gleich da!«, werfe ich nach hinten, sobald sein Blick wieder von neugierig zu leicht genervt wechselt, und erneut hebt Jonny seinen Kopf in die Höhe, und seine Augen leuchten erwartungsvoll. Ich komme mir dann ein wenig vor, als hätte ich ein Kleinkind auf der Rückbank sitzen, das immer wieder fragt, wann wir denn *endlich* da sind. Jonny schaut gleich ganz anders drein, sobald ich durchs Gitter mit ihm kommuniziere. Ihm ist nicht mehr so langweilig, und ich verschaffe mir ein paar Minuten sorglose Weiterfahrt, um ein geeignetes Plätzchen für uns zu finden.

Zum Glück ist Jonny heute fast durchgehend mit Heumampfen abgelenkt, ihm scheint die Fahrt nichts auszumachen. Nach etwa zwei Stunden auf der A 52 in Richtung Chaves erreichen wir schließlich die Grenze zu Portugal. Zwischen zwei aufgeschütteten Erdwällen führt die zweispurige Autobahn mit leichtem Gefälle bergab, und ich kann das blaue Schild mit den zwölf Europasternen und »Portugal« in der Mitte erspähen: »Jonny! Achtung … und jetzt sind wir in Portugal. Wie aufregend! Ich wollte schon immer mal nach Portugal, und nun auch noch mit dir!« Jonny hebt ebenfalls neugierig den Kopf. Die Stimmung in unserem rollenden Stall ist ausgelassen und voller Vorfreude. Es läuft spanische Musik im Radio, und ein Kribbeln macht sich in meinem Bauch breit. Dazu grinse ich übers ganze Gesicht.

Gerne würde ich auf dem Weg nach Porto mit Jonny irgendwo rasten, damit wir Stefan morgen in aller Frische in Empfang nehmen können. Doch es tut sich einfach kein geeigneter Schlafplatz auf, oder ich finde den Weg dorthin nicht. Ein Campingplatz, der im Internet als geöffnet angezeigt wird, hat leider doch geschlossen – und auf dem Weg dahin landen Jonny und ich in einer engen Sackgasse, die mir den letzten Nerv raubt. Hoch konzentriert wende ich in Millimeterarbeit und jage Eddy dann den steilen, rutschigen Pflastersteinweg wieder hoch. »Komm schon! Na los, hoch mit dir!«, feuere ich unseren Stall in höchster Anspannung an, da die Reifen immer wieder kurz durchdrehen. Erschöpft sind wir gerade oben angekommen, als Stefan anruft: »Hallo, na, wie geht's dir? Habt ihr schon euer Nachtlager aufgebaut?« In diesem Moment bin ich völlig am Ende mit meiner Kraft und muss mit den Tränen kämpfen. »Es dämmert bereits. Wie soll ich denn im Dunkeln einen Platz finden?«

Wir beschließen, weiter Richtung Porto zu fahren, während Stefan von zu Hause Campingplätze, die auf dem Weg liegen, durchtelefoniert. Einer würde uns aufnehmen, sofern Jonny an der »Leine« bliebe, ein Gehege abzustecken sei nicht erlaubt. Seufzend lehne ich ab, das ist keine Option für uns. Wir sind schon kurz vor Porto, als Stefan zum Glück einen Campingplatz findet, der noch offen hat und uns erwartet. Na ja, zumindest mich …

Es ist stockdunkel, als wir in der Einfahrt halten – endlich angekommen. Ich atme erleichtert auf. Der Platzwart macht mir mit einer winkenden Bewegung klar, wo ich stoppen darf, um einzuchecken. Hundemüde schleppe ich mich zur Rezeption. Eine rundliche Dame in dunkler Campingplatz-Uniform bittet mich mit einer Handbewegung, auf dem weißen Plastikstuhl vor ihrem Schreibtisch Platz zu nehmen.

»*Welcome to Vila Chã Camping*«, begrüßt sie mich freundlich auf Englisch mit starkem Akzent. Ich krame meinen Pass hervor und erkläre, dass ich für zwei Nächte zahlen möchte. »Zwei Nächte. Eine Person und ein Tier«, diktiere ich ihr, sie macht Kreuze auf ihr Multiple-Choice-Anmeldeformular. »Haben Sie eine Katze oder einen Hund dabei?«, nuschelt sie routiniert, während sie auf ihr Blatt starrt und abwartet, wo sie ihr nächstes Kreuzchen setzen kann.

»Ich habe einen Esel«, entgegne ich auf Englisch. Sie hebt den Kopf und sieht mich fragend an. »Ich habe einen Esel«, wiederhole ich und ergänze: *»un burro«*, das spanische Wort für »Esel«, denn die portugiesische Bezeichnung kenne ich noch nicht. Der fragende Gesichtsausdruck der Dame löst sich sofort wieder, sie gibt ein erkennendes »Aaaaa-h« von sich und kreuzt die Zeichnung des Hundes auf dem Anmeldebogen an.

»Ja, so ähnlich wie ein Hund, nur ein kleines bisschen größer.« Ich drehe meine rechte Hand hin und her, um eine »Ungefähr richtig«-Bewegung anzudeuten. Die Dame kopiert meinen Ausweis, steckt die Kopie zu dem ausgefüllten Fragebogen und legt mir eine Quittung vor: *»Twelve Euro and twelve Cents, please.«* Hastig, weil ich Jonny nicht zu lange allein lassen möchte, krame ich in meiner Umhängetasche, lege den genannten Betrag auf den Tisch und stecke die Quittung ein. »Der Mann draußen wird Ihnen zeigen Ihren Platz«, erklärt sie mir und winkt.

Der Platzwart wartet bereits am Bus. Ich gehe freundlich auf ihn zu: »Wäre es möglich, dass wir einen Platz ganz am Rand bekommen können, wegen meines *burro?«* Der Platzwart nickt und zeigt mir an, dass ich seinem Roller folgen solle. »Gleich haben wir's geschafft«, wende ich mich beim Einsteigen an meinen geduldigen Mitfahrer, der hinter dem Beifahrersitz in seiner Box steht und mich aufmerksam beobachtet.

Der Campingplatz sieht völlig verlassen aus. An jeder Ecke wartet der Platzwart geduldig, bis wir schleichend nachgezuckelt sind, und winkt mir mit einer Lampe, in welche Richtung es weitergeht. Links, rechts, wieder links. Nur bei zwei der zahlreichen Feststellplätze sehe ich Licht im Wohnwagen leuchten. Der gepflasterte Weg endet, doch der Platzwart fährt weiter geradeaus auf eine Wiese, wo wir schließlich an einem Zaun das Ende des Grundstücks erreichen. Er scheint meinen Wunsch verstanden zu haben. Hier darf ich parken.

Der Mann, dessen Gesicht im Dunkeln und durch das helle Leuchten seiner Taschenlampe nur schwer zu erkennen ist, möchte mir noch die Duschen zeigen. Also lasse ich den Bus noch einmal kurz stehen und folge ihm schnell. »Duschen Sie können zwei Minuten, wenn Sie drücken den richtigen Knopf.« Er zeigt auf eine Armatur neben der Eingangstür zu den Duschkabinen, an der sechs Knöpfe jeweils mit den Zahlen 1 bis 6 beschriftet sind. »Wenn Sie drücken 1, dann Sie benutzen Duschkabine eins. Wenn Sie drücken 2, dann Sie duschen in Duschkabine 2. Einfach! Und Sie haben zwei Minuten warmes Wasser. Wenn zu kurz, Sie wechseln einfach die Kabine«, fügt er hinter hervorgehaltener Hand verschmitzt hinzu und wünscht mir ein gutes Ankommen.

ENDLICH SONNENSCHEIN

Tag 11 | Bei Porto

Ein quietschendes und durchdringendes Guten-Morgen-Iiiiiii-h weckt mich. Liebevoll versorge ich meinen wuscheligen Wecker. Da es gestern bereits dunkel war, ist es spannend, den Platz bei Tageslicht zu sehen. Ein verlassenes Wohnwagendörfchen mit hübsch angelegten Blumen und kleinen Bäumchen in Blumentöpfen am Wegrand. Hinter dem Zaun, vor dem wir stehen, liegt ein wild wuchernder Wald. Eine tolle Aussicht.

Es ist fast neun Uhr. Mein Bauch kribbelt vor Aufregung. Gemeinsam laufen mein Lieblingswecker und ich zur Pforte. »Wir holen jetzt Stefan am Eingang ab, Jonny.« Er muss vor etwa einer halben Stunde in Porto gelandet sein und ist nun mit dem Taxi auf dem Weg zu uns.

Als wir zuerst an der Rezeption und anschließend an der Pforte vorbeischlendern, ernten wir verblüffte Blicke. Auf der Straße, direkt außerhalb des eisernen Eingangstors, stoppen wir, und ich halte Ausschau nach einem portugiesischen Taxi. Mein Herz pocht. Ich freue mich so sehr auf Stefans einmonatige Begleitung. Es kommt mir wie eine Ewigkeit vor, dass wir uns nicht gesehen haben, und ich bin gespannt, ob die Stimmung zwischen uns noch so sein wird wie vor meiner Abreise. Immerhin sind wir noch nicht einmal drei Monate zusammen …

Mehr Zeit bleibt mir nicht, um darüber nachzudenken, denn ein Taxi hält direkt vor uns, und Stefan steigt aus. »Hey, hey! Na, Jonny, hast du gut auf die Lotta aufgepasst?« Strahlend läuft er ums Auto, und wir fallen uns in die Arme. Einige Minuten stehen wir eng umschlungen auf dem Gehsteig, bis wir plötzlich den neugierig dreinblickenden Platzwart bemerken, der hinter einem Torpfosten hervorspäht. »*Meu amigo da Alemanha,* Stefan. Mein Freund aus Deutschland.«

Doch der Platzwart ist an jemand ganz anderem interessiert. Verdutzt hält er unserem vierbeinigen Begleiter die Hand hin. Dieser geht auf den schlaksigen Mann zu und schnuppert behutsam an dessen Jacke. »Das ist Ihr Esel?« Er schaut uns ungläubig an.

»Ja, das ist unser *burro.* Er heißt Jonny.«

Doch unserem Gegenüber scheint die Situation seltsam vorzukommen: »Ist portugiesischer Esel? Von hier?«

Ich lache: »Nein, Jonny ist aus Deutschland. *Burro da Alemanha.«*

Nun ist der Arme endgültig verwirrt: »Ah, du haben mitgebracht aus Deutschland. Mit dem Flugzeug?« Er zeigt auf Stefan und macht große Augen. Jonny sucht sich währenddessen ein vertrocknetes Grasbüschel, das zwischen den Pflastersteinen des Gehsteigs hervorragt.

»Nein. Stefan ist alleine geflogen. Ich habe gestern mit Jonny eingecheckt. Ich habe gesagt: eine Person und ein Tier. Ein *burro.*« Dabei klopfe ich Jonny auf den Rücken. Der Mann beobachtet Jonny, der mit gesenktem Kopf munter nach den nächsten essbaren Büscheln schnuppert. »Ah, *burro.«* Weiter nuschelt der Herr irgendetwas auf Portugiesisch, wovon ich nur das Wort *»perro«* verstehe. *Burro* und *perro.* Er zeigt auf ein Schild mit einem Hund, *»perro«.*

Da verstehe ich plötzlich: »Ach so, *perro* heißt ›Hund‹!« Sie dachten gestern wohl, dass ich die Wörter verwechselt hätte, da es doch recht ungewöhnlich wäre, mit einem *burro* einzuchecken. »Nein, ich reise wirklich mit einem *burro«*, lache ich ihn an. »Ich hoffe, das ist in Ordnung.« Obwohl der Platzwart unser Reisetrio noch nicht ganz zu begreifen scheint, zuckt er schließlich amüsiert mit den Schultern: *»Porque não?* Warum nicht?«, und macht eine einladende Handbewegung Richtung Pforte. Was für ein Glück! Nun können wir alle gemeinsam erst einmal ankommen.

Als wir auf dem Bett im Stall sitzen, uns Kaffee gekocht haben und ausgelassen mit Obst, Müsli und frischen Semmeln vom Minimarkt des Platzes frühstücken, lichtet sich mit einem Mal sogar die Wolkendecke. Wir öffnen die Hecktüren, und die Sonne strahlt uns direkt auf den Frühstückstisch, der aus einem einzelnen Schneidebrett besteht, das Stefan als Abdeckung für das Spülbecken und gleichzeitige Arbeitsfläche zum Kochen gebaut hat. Nehmen wir es ab und legen es aufs Bett, haben wir einen kleinen Tisch gezaubert.

Jonny scheint die warmen Sonnenstrahlen ebenfalls zu feiern, denn er gräbt erdige Löcher in den fein säuberlich gepflegten Rasen und wälzt sich ausgelassen darin.

Wir lassen Musik laufen und kuscheln uns in sommerlichen Klamotten auf dem Bett in der warmen Sonne nebeneinander. Mit einem Mal sind all die Anstrengungen der letzten beiden Wochen verflogen. Einfach vom Winde verweht, wie die eben noch dicke Wolkendecke. Durch die warme Meeresluft weht feiner Sandstaub. Plötzlich ist die Reise genau so, wie ich sie mir gewünscht habe. All die Strapazen haben sich gelohnt, denn nun sind wir hier. Wir sind in Portugal angekommen und haben noch über zwei Monate Zeit. Ich kuschle mich fest in Stefans Arm. »Du kannst dir nicht vorstellen, wie viel es mir bedeutet, dass du hier bist.«

Stefan lächelt. »Wo soll ich denn sonst sein? Und es ist doch wunderschön. Was hattest du nur die letzten Tage?« Er lacht verschmitzt und will mich wohl ein wenig veräppeln. Dafür erntet er mein freches Grinsegesicht mit Zunge raus, bevor ich mich erneut an ihn drücke: »Danke, dass du da bist.«

Die ersten Stunden verbringen wir damit, uns wieder aneinander zu gewöhnen, und Stefan schaut sich erstaunt an, wie der Bus in kurzer Zeit tatsächlich zu einem Stall geworden ist. »Hier liegt ja überall Heu. Das wird so sein wie mit Sand, vermutlich wird es für immer drinbleiben.«

Ich muss ihm recht geben, denn wie oft ich auch ausfege, ein bisschen Heu bleibt immer in irgendeiner Ritze zurück. »Selten dämlich ist nur, dass mir, seit wir unterwegs sind, immer wieder die Augen jucken. Heuschnupfen. Ich dachte, das wäre nur bei frischem

Heu und blühenden Gräsern so. Tja, ich hypersensibilisiere mich gerade hardcore.« Ich verdrehe die Augen und lache.

Den wundervollen Sonnentag wollen wir nutzen, um mit Jonny eine Wanderung an der Küste zu machen. Wie wohl das Meer und der Strand hier aussehen?

Bis zum Atlantik ist es nicht weit. Nachdem wir die Straße überquert haben, folgen wir einem breiten, sandigen Weg, über den wie ein rundes Tor Schilf und trockene Palmenblätter ragen. Stefan führt Jonny hindurch. Ich bleibe kurz zurück und genieße den idyllischen Anblick, wie die beiden farblich Ton in Ton eins mit ihrer Umgebung sind. Wir können bereits die Wellen laut rauschen hören und nähern uns diesem wunderbaren Geräusch in Jonnys gemächlichem Schritttempo von etwa zwei bis drei Stundenkilometern. Für mich klingt dieses Rauschen nach Freiheit, salziger Luft zum Atmen, Weitsicht und meditativem Ausgleich.

Ein langer Holzsteg führt parallel zur Küste über die mit Dünengras bewachsenen, mächtigen Sanddünen. Hier und da gibt es eine Abzweigung. Mit einem Mal taucht der Atlantische Ozean direkt vor uns auf. Rau, wild, tosend und unendlich weit. Die Sonne wird im Wasser reflektiert, und Schaumkronen bilden sich auf dem Peak der Wellen. Die letzten Meter bis zum Strand ist das Wasser durch die gebrochenen Wellen fast ausschließlich von weißer Gischt überspült. Weiter hinten erscheint das Meer in einem tiefen Grünblau. Der breite Sandstrand leuchtet in der Sonne, und die Dünen zum Festland runden das zauberhafte Naturbild ab.

»Wow! Kannst du das glauben? Es ist wunderschön hier.« Ich atme tief ein, schließe die Augen und versuche, das Bild in meinem Herzen zu speichern.

Wir folgen dem Holzsteg, der in der Ferne im Sandstaub zu verschwinden scheint. Bei jedem Schritt klackt das Holz unter unseren Füßen und noch viel lauter unter Jonnys Hufen. Das scheint unser liebes Langohr jedoch nicht zu stören, denn abenteuerlustig folgt er uns, ohne zu zögern. Als wir an eine Holztreppe geraten, die mit vier Stufen zum Strand hinunterführt, überlegt Jonny es sich jedoch anders. Er bleibt stocksteif vor dem Hindernis stehen.

»Ich weiß ja, dass du keine Treppen magst, aber wir haben schon ganz anderes gemeistert. Komm! Es sind nur ein paar Schrittchen.« Bestimmt ziehe ich am Führstrick und laufe selbst ein paarmal rauf und runter, um Jonny die Sorge zu nehmen. Ich gehe zu ihm, rede ihm gut zu, mache ein paar Schritte hinunter in den Sand und feuere ihn an. Immerhin schaffe ich es, seine Vorderhufe per Hand eine Stufe weiter unten abzustellen. Nun steht Jonny schräg, den Po in die Höhe gestreckt, mit den Vorderhufen auf der ersten Stufe von oben und mit den Hinterhufen etwas unbeholfen noch auf dem Steg. »Du kannst das, mein Großer.«

Stefan beobachtet das Schauspiel amüsiert. »Wir können noch ein Stück weiterlaufen und schauen, ob wir woanders leichter an den Strand kommen«, schlägt er fürsorglich vor, doch ich winke ab: »Jonny schafft das schon. Er mag keine Stufen, und zusätzlich rauscht das Meer recht laut. Er braucht einfach etwas Zeit.«

Fünf Minuten später dreht Jonny auf einmal seinen Kopf zur Seite. Ein Mann taucht auf dem Steg rechts von uns auf. Kurz darauf wird er von drei kleinen kläffenden Hunden überholt, die wild herumtollen. Jonny beobachtet die Lage mit wachem Blick, angespannter Haltung, gerecktem Hals und gespitzten Ohren. In dem Augenblick, als einer der Hunde in seine Richtung hüpft, hüpft auch Jonny mit zwei großen, gekonnten Galoppsprüngen die Treppe hinunter in den Sand.

Stefan und ich müssen lachen: »Na, schau mal einer an, du Frechdachs wolltest uns wohl veräppeln.« Während wir noch schmunzeln, dreht Jonny sich um und behält angespannt die Hunde im Visier, die zum Glück an uns vorbeiziehen: »Na komm, wir gehen weiter, dorthin, wo die Hunde nicht sind.«

Ich wende Jonny am Führstrick, und wir genießen einen bezaubernden Strandspaziergang. Dabei bleiben wir immer nahe den Dünen, denn vor den tosenden Wellen hat Jonny verständlicherweise Respekt. Unsere Schuhe haben wir in Jonnys Satteltasche gestopft. Der Sand rinnt uns durch die Zehen, die bei jedem Schritt erneut darin versinken. Auch Jonnys Hufe tauchen zur Hälfte in den Sand ein, und er muss seinen Schritt ebenso wie wir dem weichen Boden anpassen.

Stunden könnte ich hier entlangschlendern. Der Sand ist warm, die Luft ebenso. Der Himmel ist strahlend blau. Wir tragen T-Shirts und Stefan sogar eine kurze Hose. Die Sonne taut mich wahrhaftig auf. Egal, welche Anstrengungen hinter uns liegen, vor uns wartet das absolute Paradies. Der Strand ist menschenleer, rechts von uns die vom Meereswind glatt gefegten Dünen und links der endlose Ozean. Ich fühle mich wahnsinnig frei und geborgen zugleich, denn ich bin mit meinem absoluten Lieblingsmenschen und meinem allerliebsten tierisch-besten Freund hier. Was könnte schöner sein, als solch magische Momente mit meinen Liebsten zu teilen!

Sobald wir haltmachen, nutzt Jonny die Gelegenheit, um im Sand zu schnüffeln. Er scharrt mit dem rechten Vorderhuf, schnüffelt erneut und dreht sich schließlich auf genau diesem Fleck mehrmals im Kreis. »Warte kurz, Jonny! Noch nicht!« Ich eile zu ihm. »Ich nehme dir schnell deine Decke ab. So, jetzt kannst du dich austoben.« Das lässt sich Jonny nicht zweimal sagen und plumpst in den Sand.

Mit der Decke und den beiden kleinen Satteltaschen aus Stoff in der Hand geselle ich mich zurück zu Stefan, der mich beeindruckt angrinst. »Wie hast du das jetzt so schnell gesehen, dass Jonny sich wälzen will?« Während Jonny sich ausgelassen im Sand hin und her dreht und diesen dabei in alle Richtungen fliegen lässt, erkläre ich Stefan die Anzeichen. Ich freue mich, dass sich die beiden auf unserem gemeinsamen Trip nun so richtig kennenlernen können.

Wir sind weit und breit die Einzigen an diesem naturbelassenen, wundervollen Ort – bis auf ein weiteres Pärchen. Die beiden sind Portugiesen und wohnen gleich um die Ecke. Begeistert knipsen sie ein paar Fotos. »Das glauben uns unsere Freunde sonst nie«, schmunzelt Gabriela.

Ich ergreife unsere Chance: »Wenn ihr hier wohnt, kennt ihr zufällig einen Bauern, der Heu für Jonny haben könnte?« Gabriela und ihr Mann schauen sich an, lächeln stolz und nicken.

Am Abend, als es bereits dunkel ist, fährt Gabriela mit ihrem Auto an der Campingplatzpforte vor. Im Kofferraum befindet sich ein riesiger Sack Heu. »Oh, danke schön! Das ist einfach großartig.« Als ich ihn jedoch rausheben möchte, erschrecke ich. »Hoppla! Wieso ist der denn so schwer?«

Gabriela hilft mir beim Anheben: »Der Bauer hatte nur dieses Heu. Es riecht schrecklich. Er sagt, seine Kühe fressen es, dann ist es sicher auch für einen Esel gut. Ich helfe dir beim Tragen.« Während wir den schweren Müllsack zum Stall schleppen, in dem Stefan bereits ein Nickerchen wegen des frühen Fluges nach Porto macht, bezweifle ich, dass Gabriela diesen abnormen Gestank jemals wieder aus ihrem Wagen bekommen wird. Was in aller Welt ist das?

Am Platz angekommen, öffne ich den mit einer Kordel verschlossenen Sack. »Puh! Das stinkt erbärmlich nach faulen Eiern.« Ich wedle verlegen grinsend mit der Handfläche vor meiner Nase, bedanke mich bei Gabriela und begleite sie zurück zum Auto.

Stefan ist aus seinem Schlafsack gekrochen, und obwohl der Heusack draußen steht, fragt er verwundert: »Was in aller Welt riecht hier so komisch?«

Ich zucke mit den Schultern: »Das sollte eigentlich das Heu für Jonny sein, aber ich glaube, es ist Heulage.« Stefan schaut mich fragend an. Ich bezweifle, dass Jonny dieses feuchte, vergorene Zeug verträgt, also google ich. Bei »... und der pH-Wert nicht so tief sinkt, wodurch sich gesundheitsschädliche Keime bilden können ...« ist mir klar, dass Jonny das wirklich nicht fressen sollte. »Auch wenn es Kühen und Pferden bekommt, heißt das nicht, dass es für Esel gut ist. Und um ehrlich zu sein, das riecht echt erbärmlich. Ich würde es nicht essen wollen und hab kein gutes Gefühl dabei.« Obwohl sich Jonny gierig einen Happs aus dem Sack gezogen hat, verwehre ich ihm sein Heulage-Abendbrot und gebe ihm lieber von unserem letzten trockenen und gut riechenden Heu. »Tut mir leid, Großer. Wir finden sicher woanders gutes Heu für dich. Es war ja lieb gemeint.«

Esel sind nicht stur. Vielmehr denken sie eigenständig und analysieren eine Situation, bevor sie handeln.

TEIL 5

AUCH EIN ESEL DARF MAL URLAUB MACHEN

EINE GOLDWERTE IDEE

Tag 12 | Von Porto bis Aveiro

Als wir am nächsten Morgen zusammenpacken, wird deutlich, dass Jonny und ich ein eingespieltes Team sind, während Stefan noch mit fragender Miene danebensteht. »Wo soll das denn hin? Wie macht ihr das? Kann ich dir dabei helfen?«, erkundigt er sich. Während ich bereits eine Routine entwickelt habe, ist für Stefan all das neu.

Eifrig weise ich ihn ein: »Zuerst müssen wir die Küche aufräumen, das Geschirr spülen und das ganze Zeug in den Fächern verstauen.« Ich zeige auf den Schrank, der sich in der Ecke direkt hinter dem Fahrersitz befindet. »Die Fächer habe ich dummerweise zu tief gebaut, sodass man an die hinteren Sachen nur schwer rankommt und am besten mit einer Stirnlampe weit hineinleuchtet, um alles zu finden. Immerhin ist das mein erster selbst gebauter Schrank – aus Abfallholz von meinem Nachbarn Toni.«

Ich hänge die Stirnlampe an einen Aststumpf des Birkenstamms, der meine Regale trägt. »Ganz unten steht die Kühlbox, und dahinter findest du Besele und Schäufele.«

Stefan lacht. »Was finde ich da bitte?«

Ich wiederhole: »Na, Besele und Schäufele zum Ausfegen.«

Stefan prustet wieder los. »Dein Fränkisch ist manchmal einfach himmlisch süß.«

Ich fege ihm mit meinem »Besele« über den Kopf und fahre fort: »Dann müssen wir das Bett umbauen. Ich schlage das Betttuch einmal über die eine der beiden Matratzen und schiebe diese dann auf die andere. Du kannst hinten am Heck mit anpacken, dann geht es leichter.« Mit vereinten Kräften haben wir die beiden Matratzen ruckzuck auf die rechte Seite des Bettes gewuchtet.

»Nun wird die linke Bettseite hochgekippt, sodass Jonnys Box entsteht, und jetzt können wir seine Einstiegsrampe aus dem Boden ausklappen. Dann ist die Wanne frei, und wir haben Platz zum Auskehren mit *Besele und Schäufele*«, betone ich grinsend.

»Okay, dann wirf mir mal das Besele rüber«, entgegnet Stefan verschmitzt.

Jonny hinterlässt indes noch einen netten Haufen Eselsäpfel, damit sich das Abmisten seiner Weide auch lohnt. »Eigentlich sammle ich sie in dieser alten Waschmaschinentrommel, die wir übrigens auch mal als Feuerschale nutzen können. Aber hier ist ja gleich ein dichter Wald hinterm Zaun. Ein wenig Naturdünger schadet den Pflanzen sicher nicht.« Mit einer Drehung des Handgelenks lade ich Jonnys Hinterlassenschaften auf meine kleine Schaufel und pfeffere sie mit Schwung über den Zaun. Es ist ja schließlich nur Wasser, Gras und Heu.

Stefan hat abgespült und ausgekehrt und ist nun dabei, für sämtliches Kleinzeugs wie Handyladekabel, Zahnbürste, ein Buch und ein paar Klamotten ein geeignetes Plätzchen auszuwählen. »Die Klamotten können wir oben in die Fächer über der Fahrerkabine legen. Ich hab eines für dich freigeräumt«, weise ich Stefan an, der dankbar für meine Koordination ist.

Zu guter Letzt wird Jonnys Zaun aufgewickelt, die Pfosten aus der Erde gezogen und eingepackt und die Buddellöcher gestopft, so gut es geht. Besonders beim Füllen des Wassertanks bin ich dankbar für meinen starken Mann, denn die beiden 30-Liter-Kanister sind so hoch, dass sie bei meiner Arm- und Beinlänge immer auf dem Boden schleifen, selbst wenn ich versuche, sie anzuheben.

»Nun fehlt nur noch Jonny, dann können wir losdüsen.« Hierbei bestehe ich allerdings darauf, den Beladevorgang allein mit Jonny zu machen, da ich vermeiden möchte, dass er sich an Stefans Hilfe gewöhnt und ich ihn wieder umgewöhnen muss, sobald wir zu zweit sind. Dafür hält Stefan lockend ein Stückchen hartes Brot bereit, als Jonny mit nur einem Anlauf direkt in der Box steht.

»Das klappt ja schon super«, bewundert Stefan unseren Einsteigeprozess, worauf auch ich ziemlich stolz bin. Jonny scheint das Fahren nichts auszumachen, sonst wären wir nicht so weit gekommen, und vor allem würde er dann nicht immer wieder so brav einsteigen. Dieser Punkt ist mir auf unserem gemeinsamen Trip besonders wichtig.

Winkend verlassen wir den Campingplatz und sind wieder *on the road*. Während ich fahre, kommt Stefan auf eine wunderbare Idee: »Wir brauchen doch Heu für Jonny. Ich werde mal ›Reitschule‹ googeln. Die findet man sicher leichter im Internet als irgendeinen Bauern, und Heu haben sie auch.«

Ich strahle Stefan an: »Das ist genial! Wieso bin ich nicht selbst darauf gekommen? Du bist mein Held.« Und damit behalte ich recht, denn nur dreißig Minuten später halten wir vor einem großen Reiterhof.

Aufgeregt schnappe ich mir Laubtonne und Heunetz und betrete das Gelände. Stefan und Jonny warten gemeinsam am Bus. Ich entdecke einen jungen Mann, der gerade die Stallungen ausmistet, gehe entschlossen lächelnd auf ihn zu und zücke mein Handy, um den passenden Text in Portugiesisch abzulesen: *»Olá. Meu nome é Lotta. Eu sou da Alemanha e estou viajando com meu burro. Posso comprar feno aqui?«* Der junge Mann in grüner Latzhose und Gummistiefeln grinst und verweist mich an Carolina, die sich gerade in der Reithalle befinden soll. Mit einer Armbewegung zeigt er mir den Weg.

Das Hallentor ist einen Spaltbreit offen, und ich luge hinein. Da steht eine Frau, und ich sage erneut meinen Text auf. Die hilfsbereite Pferdedame lächelt mich an: »Sprichst du Englisch?«

Ich atme auf: »Ja, Englisch ist kein Problem.«

Sie geht mit mir nach draußen: »Ich bin nicht Carolina. Aber sie war gerade noch hier. Sie müsste hinter der Halle sein. Sie gibt eine Reitstunde.« Ich frage mich, ob ich besser abwarten sollte, um nicht unhöflich hineinzuplatzen, doch die schüchterne Frau mit schwarzen Locken, die wild unter ihrem Helm hervorstehen, begleitet mich: »Da vorne, neben dem Schimmel, das ist sie. Das mit dem Heu ist sicher kein Problem.«

Sie behält recht, denn nur wenige Minuten später darf ich im Heulager meine Säcke bis zum Anschlag vollstopfen. Ab und an muss ich heftig niesen, doch trotzdem komme ich mir vor wie in einer Goldgrube. So viel frisches Heu, da wird Jonny sich freuen. Nicht einmal Geld möchte Carolina für unsere Ausbeute, und mit beladenem Rücken kehre ich freudestrahlend zu Stefan und Jonny zurück.

Wenige Minuten später steht Jonny mehr als zufrieden in seiner Box und ist von Heu umringt. »Aber nicht alles auf einmal futtern, versprochen, du kleiner Goldesel?«, ermahne ich ihn freundlich, als er bereits seinen halben Kopf im frisch duftenden Heu vergraben hat.

»Jetzt geht's runter nach Aveiro zum Kiten, yeah!« Ich lache Stefan vom Steuer aus an.

»Die Sonne kommt auch gerade raus«, freut sich Stefan mit mir, obwohl die graue und mit Schallschutzwänden zugemauerte Autobahn noch nicht besonders einladend aussieht. Ein blaues Autobahnschild zeigt die A 1 in Richtung Lisboa, Lissabon, an. Wir folgen ihr und freuen uns wie zwei Honigkuchenpferde darüber, gemeinsam in Portugal unterwegs zu sein.

Es entspannt mich ungemein, nun auch Stefan an meiner Seite zu haben und die Verantwortung für Jonny, die Fahrt, die Schlafplatzsuche, den Einkauf, die Navigation und unsere Abenteuer mit ihm teilen zu können. Ein befreiendes Gefühl macht sich in meiner Brust breit, und ich strahle meine beiden Beifahrer abwechselnd an.

An einer Tankstelle kurz vor Aveiro bekommt auch Eddy seine Futterration. Als wir von der Zapfsäule wegfahren wollen, kommt winkend ein blonder Mann mit grauer Mütze im chilligen Surferstyle auf uns zu: »Hey, seid ihr Lotta und Jonny?« Vergnügt lugt er durchs offene Beifahrerfenster nach hinten in den Bus. »Ich bin Matthias von der Kiteschule. Was für ein Zufall, dass wir uns hier treffen!«

Auch für uns ist das ein großes Glück, denn gerade haben wir gerätselt, wie wir wohl weiterfahren müssen. Matthias' Kontakt habe ich über meine Freundin und Nachbarin Sandra. Er hat hier in Aveiro eine Kiteschule eröffnet und uns einen Platz zum Bleiben angeboten, sogar mit Wiese für Jonny. Um einen sicheren Anlaufpunkt in Portugal zu haben, wo wir eine Weile bleiben können, haben wir bereits Wochen zuvor ein paar WhatsApp-Nachrichten ausgetauscht.

Und da stehen wir plötzlich voreinander, und Matthias versucht gespannt, Jonny im Laderaum zu erspähen. »Ihr könnt mir folgen, ich zeig euch den Weg zu eurem Platz. Herzlich willkommen in Portugal!« Matthias lacht und winkt uns mit einer »Mir nach«-Bewegung.

Über eine gut ausgebaute Straße folgen wir Mattias' grauem Wagen. Rechts von uns taucht der Hafen auf, und auf der linken Seite entdecken wir bunte Häuschen, die sich dicht an dicht an einer Flussschneise entlangreihen. Zuerst ein Kreisverkehr, den ich wegen Jonny in Schrittgeschwindigkeit umfahre, und anschließend biegen wir vor einer Brücke rechts in den Hafen ein. Überall sind Container, Schiffe, Lagerhallen. Weit und breit sieht es nicht nach einer Wiese für Jonny aus. Ob wir hier wirklich richtig sind?

MATTHIAS' GRÜNE OASE

Tag 12 | Aveiro

Auf eine Grünfläche hoffend, folgen wir Matthias über das graue Hafengelände. Und tatsächlich: Als wir hinter einem Häuserblock links abbiegen, taucht eine kleine Oase mit sattgrüner Fläche, einer einzelnen, extrem hohen Palme und traditionell weiß-blauen Altbaufassaden auf. Die Gebäude stehen zu einem L angeordnet am Hauptkanal des Hafens und erschaffen zusammen mit einigen Pflanzen ein erfrischendes Flair. Matthias winkt uns zu unserem Standplatz. Eine weitere Wiesenfläche taucht zwischen drei Hausfassaden auf. Darauf dürfen wir parken, sodass Jonny direkt am Stall übernachten kann. Nicht nur Matthias empfängt uns, sondern die versammelte Crew der Kiteschule winkt uns entgegen. Was für ein herzlicher Empfang!

Als ich aussteige, hat Matthias bereits seine Frau Anna und seinen kleinen Sohn Timmy aus Deutschland per Videocall dazugeschaltet. Auch die Crewmitglieder Nico, Noah und Gigi warten gespannt darauf, dass unser langohriger Beifahrer aussteigt. Ich mache mir einen Spaß daraus und öffne mit einem »Tada!« die Stalltür wie einen Vorhang im Theater. Auch Jonny hat den Trubel draußen wahrgenommen und möchte nicht mehr im Auto sein. Ich binde ihn los, schiebe die Bruststange beiseite und lasse ihn unter staunenden »Aaaah«-Ausrufen unserer Zuschauer auf die Wiese hüpfen. Keine fünf Sekunden schaut Jonny sich um, bis er genüsslich die ersten saftigen Grashalme rupft.

Gemeinsam spannen Stefan und ich den Weidezaun, lesen einzelnen Plastikmüll von der Wiese auf, um Jonny zu schützen, und kommen erst einmal an unserem neuen Platz im Hafen an. Der Wind pfeift, doch zwischen den drei Hausfassaden ist Jonnys Weide zum Glück gut geschützt. Unser Stall bildet einen Teil der vierten Wand, der Rest ist mit dem Weidezaun verschlossen. So hat Jonny eine »Innenhofweide« und kann sich zurückziehen, wenn ihm der Trubel mal zu viel sein sollte.

Matthias nimmt Stefan und mich mit, um uns herumzuführen. Doch sobald ich außer Sichtweite bin, beginnt Jonny, jämmerlich nach mir zu rufen. Ich kehre auf dem Absatz um und eile zurück zu meinem wuscheligen Kumpel, der ganz entsetzt am Rande seiner Weide steht und wimmernd in meine Richtung schaut. »Ach, Jonny, du kleiner Angsthase. Ich würde dich niemals alleinelassen. Ich schau mir nur kurz die Kiteschule an. Du kannst hier in Ruhe grasen.«

Noah klettert zu Jonny in die Weide und gönnt ihm ein paar Streicheleinheiten, während Stefan und ich beim zweiten Anlauf nun tatsächlich eine Führung bekommen. Dabei stellt sich heraus, dass der von Ideen und Energie übersprudelnde Matthias hier nicht nur eine Kiteschule, sondern gleich noch ein Hotel, eine Bar und einen Shop eröffnet hat.

Zuerst führt er uns durch den Teil des Hotels, der bereits in Betrieb ist. Wir folgen ihm durch den offenen Eingangsbereich mit Rezeption in den Aufenthaltsraum, die Küche und durch ein paar teils bereits gemütlich eingerichtete, teils noch leer stehende Gästezimmer. Oben unterm Dach ist Matthias' Wohnung, wo er uns stolz sein aktuelles Bauprojekt, ein Baumhaus im Kinderzimmer seines Sohnes, präsentiert. »Bis Mittwoch, wenn Anna und Timmy kommen, muss es fertig sein«, kündigt er an und reibt die Handflächen eifrig aneinander, als wollte er sofort wieder loslegen.

Auf der Dachterrasse können wir den Ausblick über den Hafen genießen. »Und wo genau geht ihr kiten?«, platzt es neugierig aus mir heraus, da ich weit und breit keine Startwiese erkennen kann. »Wir haben hinterm Haus zwei Boote, mit denen wir zu den Spots fahren. Entweder zu einer atemberaubenden Lagune oder von hier direkt an den Strand und raus aufs offene Meer. Da draußen kann man sogar mit Delfinen kiten.«

Matthias schwärmt von seinem Kiteparadies, während wir weiter durch die noch renovierungsbedürftigen Räume geführt werden. In diesem Teil des Hotels sieht es nach viel Arbeit aus. Wände müssen getrocknet, ausgebessert und gestrichen, alte Tapeten entfernt und ein neuer Boden verlegt werden. An einem Eck tropft es rein. »Hier drückt eine Pfütze auf dem Dach das Regenwasser durch. Um diese Stelle müssen wir uns als Nächstes kümmern. Aber wenn ihr wüsstet, wie es hier zu Beginn ausgesehen hat. Meine Crew packt echt toll mit an.«

»Wie bist du denn eigentlich zu alldem hier gekommen?«, will ich wissen.

Matthias lacht und holt aus: »Ich bin mit drei Jahren zum ersten Mal in Portugal gewesen und hier dreisprachig aufgewachsen. Mit achtzehn hab ich begonnen, Gründungsberatung für Start-ups zu leiten. Und schwupps, war ich im Hamsterrad einer 100-Stunden-Woche – bis ich zusammengeklappt bin. Burn-out. Darauf folgten Klinik und zwei Jahre Auszeit. Eigentlich hatte ich schon seit etwa 25 Jahren den Traum von einer eigenen Kiteschule. Nach der Auszeit hab ich beschlossen, es endlich anzugehen. Also hab ich eine Ausbildung zum Kitelehrer und Stationsleiter gemacht und auf Sizilien gearbeitet. Corona war ein Rückschlag, aber dann kam ein Anruf, dass mein Wunschobjekt in Portugal zum Verkauf stehe. Ich bin noch am selben Tag hingeflogen und hab eine Woche später den Vertrag unterschrieben. Und da hatte ich plötzlich dieses riesige Anwesen. Mein Team ist mir durch die verrücktesten Zufälle über den Weg gelaufen, gemeinsam haben wir den ganzen Sommer durchrenoviert und jetzt im Oktober endlich final eröffnet.«

Stefan und ich staunen. »Wahnsinn. Hut ab! Mega, was du hier geschaffen hast.«

Matthias winkt uns mit sich: »Aber das ist ja noch lange nicht alles. Kommt mit!« Wir dürfen ihm über eine Außentreppe nach unten folgen. Einige Zimmer weiter breitet Matthias stolz die Arme aus und dreht sich zu uns um: »Das hier ist unser Kitecafé. Mit Bar, Kicker, leckerem Essen und gemütlichen Chillecken. Was haben wir hier geschuftet. Hierauf bin ich besonders stolz. Setzt euch. Wollt ihr was trinken? Das Erste geht aufs Haus.«

Aus Paletten haben Matthias und seine Crew zwei gemütliche Sitzecken gezimmert. Die Wände sind gelb-weiß gescheckt, die Decke ist blau und die Bar ebenfalls aus Holz gebaut. Inselflair macht sich breit, und wir fühlen uns pudelwohl, als Nico uns auch noch unser Willkommensbierchen bringt. Matthias setzt sich dazu: »Die Grundidee von MyWay ist eine Kite- und Surfschule mit allem, was dazugehört, und alles im Einklang mit der Natur und den lokalen Gegebenheiten. Mir geht es darum, einen Platz zu schaffen, wo Gleichgesinnte aus aller Welt sich treffen, ihre Leidenschaft teilen und einfach sie selbst sein können … Ich rede zu viel, oder? Ich bin immer noch ganz begeistert, wenn ich MyWay jemandem zeige.« Matthias lacht, und wir stoßen auf unsere Bekanntschaft und auf eine Woche bei MyWay an, denn so lange möchten wir gerne bleiben.

ESELSOHREN HINTERM TRESEN

Tag 13 | Aveiro

Jonny findet seine Weide zwar ganz nett, doch selbstverständlich möchte auch er sich die Kiteschule und die Gegend drum herum ansehen. Neugierig, wie er ist, folgt er uns, ohne dass wir den Führstrick halten müssen. Mit gehobenem Kopf und gespitzten Ohren macht er große Schritte in unsere Richtung, sobald ich seinen Weidezaun geöffnet habe. Noah und Nico begleiten uns. Die beiden sind etwa Anfang zwanzig und ebenfalls aus Deutschland. Doch bei unserem Spaziergang in Richtung Park erzählt Noah stolz: »Davor hab ich in einer Höhle an der Algarve gelebt.«

Ich staune nicht schlecht. »Wie bist du da denn hingekommen?«

Noah schmunzelt: »Bin einfach am Strand entlang, hab da ein paar Leute kennengelernt. Dort leben einige Menschen in Höhlen. Eine war grad frei und sogar noch eingerichtet, also bin ich eingezogen.«

Stefan hat sich indes Jonny geschnappt, der mittlerweile mehr an der mit dem Park beginnenden Wiese interessiert ist als am Weiterlaufen. Der Kanal des Hafens führt hinter einer knietiefen Mauer rechts von uns in Richtung Meer. Die Promenade sieht neu gepflastert aus, und der Park links daneben erscheint wie eine weitere wundervolle Oase. Ein Tante-Emma-Kiosk mit einer kleinen Schaufensterscheibe und einem runden Stehtisch davor hat geöffnet. Zwei Männer unterhalten sich bei einer Zigarette und einem Bier. Sonst wirkt der Hafen wie ausgestorben.

»Das liegt daran, dass gerade Nebensaison ist. Im Sommer lebt hier alles, und es gibt viele Feste. Wegen des kleinen Kiosks, den hier eine ältere Dame betreibt, sind Noah und ich zu Matthias gekommen.« Nico deutet zu den beiden Männern. Noah lacht und krault Jonny in den Ohren. Seine sanfte, schlaksige Art scheint Jonny zu gefallen. Er setzt sein Genießergesicht auf, indem er seinen Hals lang macht, die Ohren am Kopf anlegt, die Augen halb schließt und die Unterlippe fallen lässt. »In den Ohren mag es Jonny am liebsten. Jetzt hast du ihn.«

Im selben Moment jedoch schüttelt Jonny seinen Kopf und fährt eigenständig fort, den Weg zu erkunden. »Kommt, mal schauen, wo er hinmöchte.« Wir folgen ihm, und Noah erzählt weiter: »Ich war an dem Kiosk und hab eine Cola getrunken. Da kam Matthias und meinte, dass er gerade das Haus dort gekauft habe und eine Kiteschule mit Hotel und Bar aufbauen möchte und Hilfe brauchen könnte. Wenn ich Lust hätte, könnte ich dabei sein. Ich wusste grad eh nicht, wie es bei mir weitergeht nach der Höhlenzeit. War also perfekt. Dann habe ich noch Nico aufgegabelt, und am Nachmittag standen wir bei ihm vor der Tür. Das war diesen Sommer.«

Jonny ist den Weg an der Hafenmauer entlang weitermarschiert und macht nun unsicher vor einer nach oben gebogenen Holzbrücke halt. Ich geselle mich zu ihm, und nach dem zweiten Anlauf traut er sich, einen Huf auf die klappernde Holzbrücke zu setzen. Kaum ist dieser abgesetzt, folgen in zügigem Tempo die nächsten. Auf unserer ersten Reise mussten wir in den Alpen so viele Brücken überqueren, dass Jonny das zum Glück gewohnt ist. Damals konnte es locker zwanzig Minuten dauern, bis er sich über eine Brücke getraut hat, das geht nun wesentlich flotter. Doch er blieb nie stehen, um mich zu ärgern oder weil er einfach ein »sturer Esel« ist, sondern weil er Angst und Respekt hatte. Er stand da, hatte seine Vorderbeine in den Boden gestemmt, seinen Hals lang gemacht, sich nicht mehr von der Stelle bewegt, und seine Augen schienen mir zu sagen: »Nee, nee. Da geh ich nicht drüber. Da ist reißendes Wasser drunter, und das ist wirklich laut, und die Brücke knarzt. Außerdem bin ich viel schwerer als du. Was, wenn ich einbreche?« In solchen Momenten konnten nur besonders viel Geduld und Zusprache helfen. Durch unsere gemeinsamen Abenteuer hat sich ein großes Vertrauen zwischen uns entwickelt, und wir sind beide mutiger geworden.

Es freut mich ungemein, wie gut Jonny und ich uns mit den Jahren kennen. Wo er für andere nur ein Esel sein mag, ist er für mich ein Familienmitglied, das ich über alles liebe. Durch unsere gemeinsamen Abenteuer ist ein inniges Verhältnis entstanden, und obwohl Jonny nicht sprechen kann, kommunizieren wir ständig miteinander. Es ist toll, dass es dafür keine Worte braucht. Er spricht mit seinen Augen, seiner Körperhaltung, seiner Ausstrahlung und seinen Lauten. Ich spüre genau, was er möchte, und er zeigt mir, dass er weiß, dass ich ihm zuhöre. Natürlich verstehe ich ihn nicht immer sofort, doch wenn ich es schließlich tue, reagiert Jonny entsprechend dankbar, was wiederum mich glücklich macht. Ich möchte nicht einfach meinen Kopf durchsetzen, ich möchte Jonnys Wünsche mit einbeziehen, wie in einer menschlichen Beziehung.

Vom Hafen geht es zurück zur Kiteschule, wo auch der Shop und die Bar von Jonny nicht unentdeckt bleiben. Neugierig, dennoch vorsichtig, betritt er den Eingangsbereich. »Na, wohin willst du als Erstes gehen, Jonny? Rechts oder geradeaus?« Jonny entscheidet sich für den Shop und die Kiteschule zu seiner Rechten. Hier verkauft Matthias die neuesten Kites, Kiteboards und Surfbretter. »Gute Wahl. Vielleicht finden wir hier ein Board, auf dem auch du surfen kannst?« Amüsiert folgen uns Stefan, Noah und Nico.

Hinter dem Verkaufstresen begrüßt uns ein junger Mann mit langen, lockigen braunen Haaren, der ebenfalls Matthias heißt. »Unser« Matthias spitzt erst um die Ecke, als er das Hufklappern hört. In einem Halbkreis stehen wir um Jonny herum, beobachten ihn und kichern. »Na, welches Board darf's sein?«, lacht Matthias. »Ich würde dir ja dieses empfehlen. Ist ganz neu reingekommen.« Er deutet auf ein schickes Surfbrett. Jonny wirft einen Blick darauf und schnuppert zuerst interessiert. Dann dreht er sich weg und schlendert unbeeindruckt durch den Shop nach hinten in den Schulungsraum. Von uns, seiner Fangemeinde, wird er dabei mit freudigem Gelächter auf Schritt und Tritt begleitet.

Als wir wieder nach draußen wollen, schüttet es wie aus Kübeln, sodass wir noch eine Weile im Eingangsbereich ausharren. »Jetzt bitte nicht äpfeln, ja, Jonny?«, bittet Stefan unseren Schlingel. »Er ist sicher auch froh, noch nicht rauszumüssen.« Ganz still und brav bleibt Jonny an der geöffneten Tür stehen, beobachtet die Regenfäden und lässt sich kraulen.

Am Abend, als wir drei noch gemeinsam die Bar auskundschaften, ist die Freude riesig. Noah und Nico hinter dem Tresen winken uns, und auch die Gäste freuen sich über den langohrigen Besuch. »Hunde sind hier nicht erlaubt, aber von Eseln hat keiner was gesagt«, lacht Noah und navigiert uns mit einer einladenden Handbewegung an die Theke. »Na, was möchtest du trinken, Jonny? Einen Kaffee oder doch lieber ein Bier?« Nico betätigt die Zapfanlage und zaubert ein gut geschäumtes Helles auf den Tresen. Jonny streckt seinen Kopf, spitzt die Lippen und versucht, das Bierglas zu erhaschen. Im letzten Moment übernehme ich und tausche das Bier gegen ein Stückchen Knäckebrot. Nun sind wir beide glücklich.

Matthias stößt mit uns an. »Wir könnten Jonny gut für unsere Weihnachtskrippe brauchen, wenn ihr so lange noch hier seid«, schlägt er vor. »Er ist echt ein tolles Kerlchen. Ich hab ehrlich geglaubt, du bist einfach nur verrückt. Aber jetzt, wo ich euch kenne, kann ich's viel besser verstehen. Ihr seid eben unzertrennlich beste Freunde.«

EINE WUNDERSCHÖNE MÜLLWANDERUNG

Tag 14–16 | Aveiro

Mittlerweile haben wir uns richtig gut eingelebt. Jonny kennt sich hier aus, und jeder kennt Jonny. Während wir den Wind zum Kiten nutzen, wird Jonny zur beliebten Spaziergangsbegleitung von Matthias, Anna und ihrem dreijährigen Sohn Timmy, die inzwischen angekommen sind. Timmy hält ganz selbstbewusst Jonnys Strick und wandert los. Jonny folgt mit einer verantwortungsbewussten Haltung. Er scheint genau zu spüren, wie klein Timmy noch ist und dass er vorsichtig sein muss. Folgsam trottet er gemächlich hinterher.

Jonny aus den Augen zu lassen fällt mir nicht leicht. Das geht nur, wenn ich mir sicher bin, dass er in guter und bereits bekannter Betreuung ist. Nur so können Stefan und ich unterdessen sorglos das Kitesurfen genießen. Am Fluss gibt es einen Strand, an dem wir zum Kiten ein- und aussteigen können. Beim Abendleuchten ist dies ein sagenhaft schöner Platz, und wir kiten über das fast spiegelglatte Wasser, bis wir im Dunkeln mit der Stirnlampe zusammenpacken.

Am Mittwoch soll endlich einmal den ganzen Tag die Sonne scheinen. Als wir am Morgen auf unserem Stalldach Rührei und Toast frühstücken, beschließen wir, eine Tageswanderung zu einem naturbelassenen Strand bei einem Fischerdörfchen zu unternehmen. Zu Fuß ziehen wir drei nach dem Frühstück los. Der Hafen ist wie leer gefegt, doch irgendwo hier soll eine kleine Autofähre anlegen und uns über den Fluss zu dem Fischerörtchen Bairro dos Pescadores auf eine Halbinsel bringen.

Eine lange, geteerte Straße führt am Kanal entlang zu dem Landesteg der Fähre, wo bereits vier Autos und ein paar Fußgänger eine Schlange gebildet haben. Wir reihen uns ein und kassieren sogleich ein paar ungläubige, aber freundliche Blicke. Die Fähre ist in Sicht und legt mit lautem Getöse am Stahlsteg an. Jonny spitzt die Ohren, bleibt jedoch trotz grollenden Motors ruhig. Wir lassen zuerst alle anderen Passagiere zusteigen. Diese klappern mit großen Schritten über das durchsichtige Gitter aus Stahl, das bei jedem Schritt ordentlich scheppert, darunter sind Wasserstrudel zu sehen. Ob sich Jonny wohl traut? Stefan und ich schauen uns unsicher an.

Der Kartenkontrolleur kommt auf uns zu und möchte die Tickets lösen. Jonny steht versteckt hinter Stefan, doch als er einen Schritt beiseite macht, um zu fragen, was Jonnys Ticket kostet, macht der Kontrolleur große Augen. »Das ist ein Esel, richtig? Ich weiß nicht, ob er mitfahren darf. Einen Moment«, entschuldigt er sich, eilt zurück auf die Fähre und ist kurz darauf wieder da. Alle Passagiere sind bereits zugestiegen, nur wir fehlen noch. »Mein Chef ist sich nicht sicher. Was, wenn er … ihr wisst schon.« Der freundliche Mann deutet unsicher auf Jonnys Po. »Ah, das ist kein Problem«, stoße ich hervor und krame hastig in Jonnys Picknicktaschen. »Hier! Kein Problem!« Ich halte eine Mülltüte und meine kleine Gartenschaufel hoch. Der Mann scheint beruhigt zu sein und lacht. Er ruft seinem Chef auf der Fähre etwas zu, woraufhin dieser uns an Bord winkt. Glück gehabt!

»So, Jonny, jetzt musst du nur noch brav zusteigen.« Zielstrebig, aber auch ziemlich aufgeregt führe ich Jonny auf den klappernden Stahlsteg zu. Zuerst zögert er kurz, doch nach nur zwei Sekunden entscheidet er, dass das kein Problem für ihn darstellt, und folgt mir mit Schwung aufs Schiff. Der Steg für Autos und Fußgänger fährt nach oben. Der Kapitän gibt Gas, und der Boden vibriert. Jonny steht brav, jedoch etwas unsicher dreinblickend auf einer großen freien Fläche neben den Autos und lässt sich kraulen. »Das glaubt uns sicher niemand, dass Jonny mit uns Fähre gefahren ist!«, ruft Stefan über das Motorgetöse hinweg. Sobald wir gewendet haben, wird es ruhiger, und wir schippern innerhalb von etwa zehn Minuten zum Fährhafen São Jacinto.

Die kleinen Häuser des Fischerörtchens bilden ein farbenfrohes portugiesisches Panorama entlang der Hafenpromenade: Die Fassaden sind in Rot, Gelb, Blau, Grün, Weiß oder Beige gestrichen oder gestreift. Die Fenster sind mit farbigen Rändern umrahmt, die Pflastersteine der Straße sind knallrot, und ein paar Palmen stehen in großen Töpfen am Wegrand. Bei diesem kunterbunten Anblick möchte man glatt an eine Straße von Pippi Langstrumpf glauben. Sobald wir jedoch die Promenade am Ostufer verlassen und in eine Gasse Richtung Meer am Westufer der Halbinsel einbiegen, wird es schlagartig trist. Verfallene Häuschen und chaotische Hinterhöfe mit Hühnern, Sperrmüll, Wäscheleinen und Plastikstühlen kommen zum Vorschein. Wir entdecken abgeblätterten Putz an den Wänden und Feuchtigkeitsränder.

Jonny folgt Stefan und mir auf Schritt und Tritt, denn auch er scheint sich über unseren Tagesausflug zu freuen. In etwa dreißig Meter Entfernung stakst eine Dame in mittelhohen Schuhen und Mantel mit ihrem kleinen Foxterrier um die Ecke. Sie gehen ebenfalls in Richtung Meer, doch scheint der kleine Vierbeiner nicht ganz zu begreifen, was er da sieht. Immer wieder dreht er sich verwundert um und beobachtet Jonny, bis sein Frauchen wieder an der Leine zieht und er folgen muss. Kurz darauf scheint er sich nicht mehr sicher zu sein, was er gesehen hat, und dreht sich erneut um. Bellen tut er nicht, jedoch mustert er Jonny bei jedem Umdrehen mit einem noch verwirrteren Blick. Stefan und ich albern herum und geben seinen Blicken eine Stimme: »Jetzt muss ich doch noch mal schauen. Das gibt's doch nicht! Jaja, ich komm ja schon. Zieh doch nicht so. Habe ich mich verguckt? Ein letzter Blick. Was in aller Welt …« Wir müssen über sein putziges Verhalten kichern. Etwa 150 Meter später ist das Schauspiel vorbei. Die beiden biegen vor uns in eine Siedlung ab.

Hinter einer Sanddüne erstreckt sich der naturbelassene, kilometerlange und fußballfeldbreite Sandstrand. Ein Holzsteg führt zwischen den Dünen nach vorne. Dahinter baut sich eine atemberaubende Kulisse auf: Der raue Atlantik schlägt mit großen Wellen an den unberührten Strand. Es wirkt, als wäre noch nie zuvor jemand hier gewesen.

Ich muss im Sand ein paar übermütige Räder schlagen, um meine überwältigende Begeisterung rauszulassen. Während Stefan bis zum Wasser geht, bleiben Jonny und ich in sicherer Entfernung. Jonny nutzt sogleich seine Chance und beginnt, im Sand zu buddeln. »Eigentlich hast du recht!«, bestätige ich, während auch ich mich in den Sand werfe und parallel zu Jonny wälze. Hin und her. Es ist eine wahre Freude. Warum mache ich das nicht öfter?

»Was machst du da?«, wundert sich Stefan.

»Synchronwälzen«, lache ich und zwinkere ihm zu. »Ich bin unfassbar froh, dass wir hier sind. Es ist zu schön mit euch, um wahr zu sein!«

Nicht nur unsere, sondern auch Jonnys Schritte werden schwerer, sobald wir durch den tiefen Sand wandern und mit jedem Mal ein wenig einsinken. Fasziniert spazieren wir zwischen den Tälern der Dünen hindurch, und als wir unser Picknicktuch ausbreiten, schiebt sich sogar die Sonne hinter einer Wolke hervor. Der Strand scheint endlos, und wir sind die einzigen Lebewesen weit und breit. Ich bin beeindruckt. Jonny läuft frei mit uns mit und kann sich eigenständig umschauen. Das Dünengras ist ihm zu fad, vielleicht auch zu lang und piksig, und sobald es bei uns raschelt, hat er es lieber auf unsere Brotzeit abgesehen. Völlig selbstverständlich leistet er uns also auf der Picknickdecke Gesellschaft und versucht, seine Nüstern überall hineinzustecken, um etwas von unseren Semmeln zu erhaschen. »Nein, Jonny, du Hallodri. Das ist unseres.« Stefan schiebt ihn mehrmals beiseite, bis ich eine Karotte aus der Tasche ziehe und Jonny hinhalte.

Kaum ist Jonny fertig, marschiert er einfach auf eigene Faust weiter. »Wo will unser Schlawiner denn nun wieder hin?« Ich springe auf und folge ihm, während Stefan unsere Decke einpackt. Hinter zwei Dünen, im windgeschützten Bereich, schnuppert Jonny am Boden. »Lass das. Das ist leider nichts für dich.« Ich ziehe ihn weg.

Durch Flut und Wind wurde hier eine wahre Plastikdeponie zusammengetragen. Lauter Müll, nicht etwa von Spaziergängern, sondern aus dem Meer. Leere Kanister, kaputte Bojen, Flaschen, Dosen, Netze und zerfetzte Tüten ragen aus dem Sand. Ein Stückchen weiter entdecken wir einen vergammelten, ziemlich großen Fisch, der sich wohl leider im Müll verfangen hatte. Nur wenige Meter daneben taucht ein kaputter, zur Hälfte mit Sand gefüllter weißer Kanister auf, in dem eine wunderschöne pinke Blume wächst. Ein ambivalentes Bild aus Schrott und Schönheit. Ich grabe seufzend ein paar Teile aus dem Sand. Stefan hält mir den Müllsack auf, der eigentlich für Jonnys Hinterlassenschaften auf der Fähre gedacht war. »Viel können wir nicht mitnehmen, aber immerhin ein kleines bisschen.« Unser Sack ist ruckzuck voll, der Strand jedoch scheint sich nicht im Geringsten geleert zu haben.

Wir steuern auf den Leuchtturm von Aveiro zu, den wir in der Ferne hinter den Dünen erkennen können. Der Zufluss zur Lagune versperrt uns jedoch kurz davor den Weg. Der Himmel bedeckt sich, und in einem dunklen, aber malerisch schönen Gewitterleuchten treten wir völlig zufrieden mit dem heutigen Tag den Rückweg zum Hafen an.

Etwa anderthalb Stunden brauchen wir zurück zur bunten Promenade. Auf dem Weg durch das Örtchen ist es bereits dunkel, und wir können in den Vorgärtchen die strahlenden Krippen und die kitschig bunte Weihnachtsbeleuchtung bewundern. Eine Krippe ist so groß, dass wir uns mit Jonny glatt dazustellen könnten. Die Besitzerin des Hauses hat uns auch gleich entdeckt, eilt hinaus und schlägt die Hände über dem Kopf zusammen: »Ja wirklich, ein echter Esel. Mit Maria und Josef! Wie schön!«

Auch an der Promenade, die am Abend beleuchtet und lebendig ist, bleiben wir nicht unbemerkt. Aus einer Bäckerei mit angrenzendem Café winken uns die Angestellten zu. *»Ola! Ola!«* Eine rundliche Dame mit Weihnachtsmann-Mütze auf dem Kopf und schweinsrosa T-Shirt stürmt aus dem kleinen Laden, gefolgt von zwei Cafébesucherinnen. Sie ist ganz aufgeregt. *»Um burro.* Ein Esel! Wie süß. Wie heißt er? Darf ich?« Sie streichelt Jonny am Hals und ist völlig aus dem Häuschen, dann rennt sie zurück in die Bäckerei und kommt mit einer großen Tasche, gefüllt mit altem Brot und Semmeln vom Vortag, zurück. Diese drückt sie Stefan in die Hand: »*Para burro Jonny da Alemanha.*« Winkend verabschieden sie sich, als wir zur Fähre gehen.

Leider ist die Besatzung diesmal eine andere. Der Kartenkontrolleur stellt sich uns in den Weg und verschränkt die Arme: »*No burro.* Sorry!«

»Aber wir sind heute von Aveiro rübergefahren«, erkläre ich schnell. »Wir müssen wieder zurück. Wir können ja nicht hier übernachten. Bitte! Bei den Kollegen war es kein Problem.« Zum Glück winkt der Mann uns schließlich durch.

Nun blockiert jedoch Jonny. Die Autos sind so laut klappernd über die Rampe gefahren, dass er sich nicht mehr traut. Zudem ist es bereits dunkel, und die Lichter der Promenade spiegeln sich im schillernden Wasser. »Wozu haben wir einen Sack voll Leckerbissen dabei?«, fragt Stefan verschmitzt. Er hält Jonny eine harte Semmel vor, und schwupps, hat er es sich anders überlegt. Fast hätte die letzte Fähre des Abends ohne uns abgelegt, doch zum Glück habe ich einen so mutigen kleinen Esel.

JONNY IM VERHÖR DER MARINEPOLIZEI

Tag 17 | Aveiro

Zum Frühstück bekommen nicht nur wir von Nico sagenhaft leckere Sandwiches direkt aus der Bar aufs Stalldach geliefert, sondern auch Jonny darf sich freuen. Sandra, meine Freundin, über die wir hier gelandet sind, ist spontan nach Portugal geflogen und hat gestern einen Freund im Süden besucht, der eine Pferdefarm besitzt. Von dort bringt sie einen riesigen Sack Heu für Jonny mit. In eine Decke gewickelt, transportiert sie den Haufen über ihrer Schulter wie ein Weihnachtsmann bis in Jonnys Gehege. Unser Langohr kann es kaum erwarten, sein Geschenk auszupacken, wühlt aufgeregt seine Nüstern zwischen die Decke und zieht einen frischen Heuhalm heraus.

»Ist das nicht Stroh?« Verwundert betrachte ich die Ladung genauer.

Sandra wickelt den Haufen zu Jonnys Vergnügen komplett aus: »Tom meinte, das sei Heu. Das sieht hier in Portugal wohl etwas anders aus als bei uns. Ich finde auch, dass es etwas von Stroh hat.«

Während wir noch weiterrätseln, kommen mit schwungvollem Schritt zwei Männer um die Ecke. Sie tragen Polizeiuniform und betreten geringschätzig blickend den Wiesenabschnitt, auf dem wir geparkt haben. Ich verstehe die portugiesischen Worte nicht, doch sie sagen wohl so was wie: »Guten Tag! Darf man fragen, was das hier ist?«

Ich klettere vom Dach und stelle mich auf Englisch vor: »Hallo, ich bin Lotta. Sprechen Sie Englisch? Wir gehören zur Kiteschule nebenan.«

Der kräftigere, kleinere Polizist, der wesentlich unfreundlicher dreinblickt als sein Kollege, schiebt sich an mir vorbei zur Weide, auf der sich Jonny noch immer über seinen dicken Heuhaufen hermacht. »Wir sind von der Hafenpolizei. Was ist das hier? Camping ist im Hafen verboten. Und wem gehört dieses Tier?«

Ich drehe mich in Jonnys Richtung: »Das ist mein Esel. Wir sind aus Deutschland und machen hier bei MyWay Urlaub.«

Barsch fragt er zurück: »Der Esel war gestern noch nicht hier, hast du ihn gekauft?« Es scheint den Männern ernst zu sein. Der lange, schmale hat nun ebenfalls eine strenge Miene aufgesetzt.

Etwas nervös erkläre ich: »Das liegt daran, dass wir gestern eine Wanderung unternommen haben, gemeinsam mit Jonny. Er ist mein Esel und kommt aus Deutschland. Ich habe auch seine Papiere.«

Nun machen beide große Augen: »Aus Deutschland? Und wie hast du ihn hierhergebracht?«

Ich mache einen Schritt zum geöffneten Heck des Busses. Da das Doppelbett momentan ausgeklappt ist, kann man nur eine leere Höhle darunter erkennen, in die vielleicht ein großer Hund, aber sicher kein Esel passen würde. Mit einer Handbewegung, die das Bett pantomimisch nach oben liftet, versuche ich, den Männern zu erklären, dass wir gemeinsam reisen und hier Urlaub machen. »Auch ein Esel darf mal Urlaub machen«, unterstützt mich Stefan bei meinen Bemühungen.

Der runde Polizist nimmt seine Mütze ab und wirft einen Blick in das große, leere Fach unter unserem Bett. Sein Blick wandert zu Jonny und wieder zurück zum Bus. »Der Esel sieht gesund aus«, nuschelt er zu seinem Kollegen. »Aber Camping ist hier trotzdem verboten«, betont er dann lauter. Als Sandra mir etwas Unverständliches zuflüstert, blafft uns der Polizist an: »Englisch! Wir reden hier alle Englisch miteinander!«

Ich versuche, die Situation zu entschärfen, und erkläre den beiden nochmals: »Das hier ist die private Wiese von einem Freund aus der Kiteschule. Der Besitzer heißt Matthias. Ihn können Sie sicher fragen. Aber wir fahren ohnehin morgen Vormittag. Wir wollen weiter nach Peniche.«

Immerhin die letzte Nachricht scheint die Polizisten ein klein wenig zu entspannen, da wir ab morgen dann nicht mehr ihr Problem sein werden. Dennoch warnt uns einer der beiden. »Nach Peniche? Das ist keine gute Idee. In Peniche mögen sie keine Esel.«

»Woher wissen Sie das?« Ich klettere zu Jonny und streiche ihm über die Stirn.

»Wir wissen das. Denn wir kommen aus Peniche.«

Ich schlussfolgere: »Das heißt, *Sie* mögen keine Esel?«

Nun lächeln die beiden etwas verlegen, und der ruhigere Polizist traut sich auch endlich zu Wort. »Doch, doch. Wir mögen Esel«, beteuert er. Der andere jedoch betont: »Also, morgen seid ihr verschwunden. Alles klar? *Tchau!*« Dann machen beide auf dem Absatz kehrt und setzen ihre Runde über den Hafen fort.

Wir atmen tief durch und brechen anschließend in prustendes Gelächter aus, als wir die erstaunten Gesichter nachmachen, mit denen sie verdutzt in den Bus hineingespäht haben. »Kein Wunder. Die denken sicher, wir haben 'ne Meise.«

Kaum ist unser Gekicher verstummt, spitzen die beiden Polizisten erneut um die Ecke. Diesmal scheinen sie jedoch ganz anders gestimmt zu sein, denn der unfreundliche von beiden geht plötzlich friedlich lächelnd auf Jonnys Weide zu: »Entschuldigung? Dürfen wir ein Foto mit dem Esel machen? Meine Frau und meine Tochter mögen Esel so gern. Und sonst glauben sie mir das nicht.« Ich gewähre ihm schmunzelnd Zutritt. Als wäre unsere Begegnung wenige Minuten zuvor gar nicht passiert, legt der Mann seinen Arm um Jonnys Hals und posiert mit ihm wie mit einem besten Freund, während sein Kollege mit dem Handy ein paar Bilder knipst. Zum Abschied wendet er sich noch mal zu mir um und hebt mahnend, aber zugleich lächelnd den Zeigefinger: »Aber morgen seid ihr weg.«

Eselsfell ist nicht wasser-abweisend, da dessen Fett-anteil geringer ist als bei Pferden.

TEIL 6

VOM TRÄUMELEBEN UND LACHENSCHENKEN

Eselsohr

PAPAGEI UND KOABÄR

Tag 18–19 | Von Aveiro bis Peniche

Am Freitag machen wir uns wie versprochen vom Acker. »Mal sehen, ob die in Peniche wirklich keine Esel leiden können.« Ich grinse Stefan verschmitzt an. Wir wollen weiter in Richtung Süden in der Hoffnung auf trockeneres und wärmeres Wetter. Aktuell hat es maximal zwölf Grad, es ist trüb und meist verregnet. Wir hatten, sofern es der raue Atlantikwind zuließ, auch das Vorzelt für Jonny aufgespannt. So konnten wir bei einem Regenschauer die Schiebetür offen lassen, und Jonny hatte die Möglichkeit, im Heulager zu wühlen, während er unter dem Dach stand. Das Vorzelt war ihm zuerst zwar nicht ganz geheuer, doch nach kurzer Skepsis wusste er die Vorzüge zu schätzen.

Nach einer langen Verabschiedungsrunde rollen wir dankbar winkend vom Platz. Nur wenige Kilometer weiter haben wir auf Google Maps wieder eine Reitschule auserkoren und ergattern einen ganzen rechteckigen Heuballen für nur drei Euro. Jedes Mal, wenn wir für Jonny Heu besorgen konnten, ist das für mich eine riesige Erleichterung. Als wäre das die einzige Nahrung, die mir auf unserer Reise wichtig erschiene. Ich kann mal hungern, aber Jonny soll das auf keinen Fall. Beflügelt und voll positiver Energie, setzen wir unsere anderthalbstündige Fahrt nach Peniche fort, wo wir auf einem Campingplatz zwischen den Stränden Praia dos Supertubos und Praia Baleal-Sul einchecken.

Während Stefan mit Jonny draußen im Bus wartet, fülle ich an einer edlen, weiß lackierten Rezeption unser Anmeldeformular aus. Ich wage zu bezweifeln, dass sie hier einen Esel dulden. So schick und schnieke, wie der Eingangsbereich schon ist, sind Eselsäpfel sicher nicht gern gesehen. Auf der Anmeldung kreuze ich, mangels Esel, das Kästchen »Hund« an und zeichne diesem kurzerhand zwei lange Ohren. Dass ich mit einem *burro* einchecke, hat bisher ohnehin niemand verstanden. Ich lasse es diesmal einfach drauf ankommen. Hunde sind schließlich auch erlaubt. Uns wird ein Schotterplatz ganz hinten am Rand neben einer kleinen Wiese und niedrig wachsenden Kiefern zugewiesen.

Zuerst darf Jonny aussteigen und sich umschauen. Anschließend stecken wir seine Weide ab, was sich in Anbetracht des Schotterbodens als wahre Herausforderung erweist. Wir müssen die Stäbe am Stall festbinden und die Bäume als zusätzliche Zaunhalterung umwickeln. Der Strom für den Zaun wird so wohl nicht weitergeleitet, aber den brauchen wir ohnehin nicht zwingend. Ich schalte das kleine batteriebetriebene Gerät lediglich ein, wenn Jonny wegen einer Gefahrenquelle, zum Beispiel einer befahrenen Straße in der Nähe, auf keinen Fall ausbüxen dürfte.

Jonny akzeptiert seinen Zaun zum Glück vorbildlich und macht sich gleich an die Arbeit, unter einer Kiefer im Schatten ein Loch in die Erde zu buddeln und sich kräftig darin zu rekeln. Der Heusack wird ausgeladen und Jonnys Wasserschüssel gefüllt. Anschließend kommt der Umbau von der Transportbox zum Schlafzimmer an die Reihe. Während ich noch am Bettlaken herumzupfe, kocht Stefan Kaffee und brutzelt eine Gemüsepfanne, und somit sind auch wir versorgt. Toll, dass wir uns die To-dos teilen können.

Kaum haben wir unser Lager errichtet, fährt der Platzwart mit dem Golfwagen auf einer Anhöhe hinter den Büschen vorbei, hält, legt den Rückwärtsgang ein, zuckelt langsam zurück und bleibt stehen. Ich kann ihn aus dem Fenster heraus beobachten. Er starrt unentwegt in Jonnys Richtung. Dieser hat seinen Beobachter natürlich sofort bemerkt und blickt ihm ebenfalls konzentriert entgegen. »Ob wir wohl hierbleiben dürfen? Mal sehen, ob wir am Ende gleich alles wieder zusammenpacken müssen«, flüstere ich Stefan zu. Der Mann kramt sein Handy aus der Tasche, knipst ein paar Fotos, sieht sie sich an und fährt davon.

Am nächsten Morgen bekommen wir viel Besuch. Zuerst wollen zwei Campingplatzangestellte unser Langohr gerne kennenlernen. Sie sind superfreundlich zu Jonny, und obendrauf zahlen wir gemeinsam nur 5,50 Euro die Nacht, obwohl wir mit Jonnys Weide viel mehr Platz einnehmen. Ich habe die Situation völlig falsch eingeschätzt, denn der auf den ersten Blick spießig wirkende Campingplatz stellt sich als perfekte Bleibe für uns heraus.

Dieser erste amüsierte Besuch lässt auch unsere Nachbarn, die aus aller Welt kommen, neugierig dazustoßen. Fünf von ihnen versammeln sich an Jonnys Weide. Ein Belgier meint: »Wie schade, dass ihr den Typ mit dem Papagei verpasst habt. Der war bis letzte Woche hier. Da hab ich mich schon gewundert, aber ein campender Esel übertrifft echt alles. Hätten glatt den Papagei auf seinen Rücken setzen können. Dann hätten wir bald die Bremer Stadtmusikanten zusammen. Kommt später doch mal rüber.«

Später aber bekommen Stefan, Jonny und ich selbst herzerwärmende Gesellschaft. Ein Teil der Koabär-Crew aus München rollt mit ihrem Sprinter auf das freie Feld hinter uns. Meine Freunde Adi, Estelle und Oli waren in der Nähe surfen und wollen uns für ein paar Tage besuchen.

Koabär ist Adis Firma, die handgefertigte Surfskateboards und Surfboards ökologisch aus Holz und ganz ohne Foam – für saubere Meere – herstellt. Zusammen mit seinem Kumpel Ferdi betreibt Adi eine Werkstatt inklusive eigener hölzerner Surfskatewelle, um die Ware zu testen – neben dem Eselhof mein Lieblingsort in München. Mittlerweile vertreiben sie ihre Bretter sogar bis nach Portugal.

Adi und ich kennen uns bereits seit der Grundschule. Er ist ein »Surferdude« durch und durch. Seine sonnengebleichte, wilde Haarmatte und seine lebendige Ausstrahlung, die einfach das Leben feiert und Menschen magisch anzieht, sind nur zwei Merkmale. Er ist Mitte zwanzig und hat einen Traum, den er trotz seiner tiefenentspannten Art hartnäckig verfolgt: den Traum vom echten Surferleben.

Seine Freundin Estelle kann ich inzwischen eine meiner besten Freundinnen nennen. Mit ihrer verständnisvollen, offenen und warmherzigen Art und ihrer natürlich schönen Ausstrahlung wirkt sie sanft wie eine Elfe. Gleichzeitig ist sie aber auch wild, abenteuerlustig, ein bisschen frech und supermutig. So eine besondere Freundin findet man selten. Oli gehört ebenfalls zur Koabär-Crew. Adi und Estelle haben ihn von ihrer letzten Überwinterung im Februar einfach aus Portugal mitgebracht. Oli hat palästinensische Wurzeln und einen braunen Wuschelkopf. Er ist ein ruhiger Mensch, in dessen Augen ich viele Abenteuer und Geschichten erkennen kann. Small Talk scheint nicht Olis Sprache zu sein. Mit ihm werden die Gespräche schnell tiefsinnig und wertvoll.

»Wie seid ihr eigentlich dazu gekommen, selbst Surfbretter und Surfskateboards zu bauen?«, wirft Stefan bei einem Abendbierchen in die Runde. Adi nimmt einen Schluck und lehnt sich entspannt zurück. »Vor etwa fünf Jahren hab ich mit meinem Kumpel Ferdi ein Longboard aus Holz gebaut. Kurz darauf entstand die Idee, uns ein eigenes Surfboard zu bauen. Wir haben ganz schön herumgetüftelt, aber das Ergebnis war so überzeugend, dass ein paar Freunde auch gleich eins wollten. Eine Werkstatt anzumieten war viel zu teuer, also werkelten wir zuerst im Abstellraum unseres Kellers und anschließend im Mub, unserem Sprinter, den wir mit Solarstrom als mobile Werkstatt ausgebaut haben. Über anderthalb Jahre konnten wir so auf jedem Parkplatz an neuen Designs feilen und damit das Reisen und Surfen in Frankreich, Spanien und Portugal verbinden. Tagsüber die besten Wellen reiten, am Abend Boards shapen, und das Leben war perfekt. In dieser Zeit haben wir einige Menschen kennengelernt, die uns Möglichkeiten und Kontakte zum Vertrieb und für Werkstatträumlichkeiten anboten. So ist das ganze Ding ins Rollen gekommen und über die Jahre immer weitergewachsen …«

»Und wie kamt ihr auf den Namen Koabär?«, unterbricht Stefan ihn neugierig.

»Na ja, aus Koaholz haben wir unsere ersten Bretter gebaut. Wir waren zwei blonde, vollbärtige, haarige Bären. Da war die Sache klar.« Wir lachen. Glücklich schaue ich mich um. Hier sitzen wir im Kerzenschein auf diesem Schotterplatz, lauschen Adis stolzem Rückblick und freuen uns alle mit verzaubert leuchtenden Augen, die Möglichkeit zu haben, unsere Träume tatsächlich zu leben.

EIN ESEL UNTER SURFERN

Tag 20 | Peniche

Der Tag startet so wunderschön, dass ich meinen könnte, ich würde noch weiterträumen. Jonny, unser Weckhahn, erquietscht sich eine offene Tür, damit er an sein Frühstück rankommt, während wir noch eine Runde weiterdösen. Mit heißem Kaffee in der Hand öffnet Estelle unsere Hecktüren. Es ist überraschend warm, die Sonne scheint, die Schlüsselblümchen auf der Wiese haben sich geöffnet und strahlen in einem warmen Gelb, während Jonny genüsslich vor sich hin schmatzt und wir im Bett unseren Morgenkaffee genießen. Stefan stellt noch ein Früchtemüsli dazu, und der Morgen ist einfach nur perfekt. »Ja, *so* hab ich mir unser Busleben vorgestellt«, seufze ich glücklich.

Als ich jedoch später verzweifelt versuche, Jonnys Heu auszukehren, das bereits in alle Ritzen gerutscht ist und sich in den Decken verklemmt hat, werfe ich den Besen hinaus und muss lauthals verkünden: »Okay, jetzt reicht's! Ich geb's auf! Ich leb im Stall!« Wer sich jemals über Sand im Bett beschwert hat, soll erst mal auf piksendem Heu schlafen. »Da kannst du putzen, so viel du willst. Heu ist Heu, und Sand ist Sand, und ich hab beides.« Estelle lacht: »Wohl doch kein Busleben – ein Stallleben!«

Heute wollen die Koabären surfen gehen. Auch unsere Neoprenanzüge plus die Laubtonne voll Heu für Jonny laden sie in ihren Mub und fahren zum Strandparkplatz. Stefan, Jonny und ich wollen zu Fuß nachkommen. Etwa dreißig Minuten später erreichen wir die Sanddünen, hinter der sich der heutige Surfspot verbirgt. Sie sind haushoch, und zwischen ihnen führen schmale Trampelpfade hindurch. Das Dünengras, das teils die Spitzen bedeckt, neigt sich im warmen Wind, die Hügel werfen filigrane Schatten in den Sand, die Wellen können wir bereits rauschen hören. Wie eine Karawane durchqueren wir hintereinander das Dünenmeer. Ich gehe voraus, Jonny folgt mir, und Stefan bildet das Schlusslicht. Hinter einer weiteren Düne eröffnet sich mit einem Mal der Ozean vor uns.

Ein atemberaubend schöner Anblick. Zwischen zwei Dünen scheint das Meer bis ins Unendliche zu reichen. Der Strand ist etwa hundert Meter breit. In zarten Schüben rollen kleine Schaumkronen im seichten Wasser an den Strand. Weiter hinten scheint es turbulenter zuzugehen. Bis zu zwei Meter hohe Wellen werden von entschlossenen Surfern geritten. Dazwischen befindet sich das sogenannte Weißwasser bereits gebrochener Wellen, in dem einige Beginner den Take-off, also das Aufstehen auf dem Surfbrett, üben. Der Himmel ist tiefblau, und die Sonne strahlt, dass uns richtig warm wird. »Wow! Ich pack's nicht. Es ist Dezember, und wir laufen hier barfuß am Strand. Was haben wir nur für ein Glück!« Ich kann es kaum fassen und springe neben Jonny durch den Sand. Auch er gibt im Gefälle Gas und hoppelt mit ein paar trabenden Schrittchen den Pfad zwischen den letzten beiden Dünen hinunter. »Da vorne sind die anderen.« Stefan hat Estelle und Adi mit den hölzernen Koabär-Boards gleich entdeckt.

Jonny hat sofort wieder Gefallen am Strand gefunden und lässt sich genüsslich in den warmen Sand plumpsen. »Wenn ich ihn so ausgeglichen und glücklich sehe, geht mir richtig das Herz auf. Jonny gut, alles gut«, erkenne ich zufrieden.

Neben Jonny breiten wir unsere Decke aus. Oli ist bereits in den Wellen, Adi wirft sich mit Anlauf zu ihm ins Wasser. Stefan darf Estelles Board ausleihen, arbeitet sich in den Neoprenanzug und sammelt seine ersten Wellensurferfahrungen im Weißwasser. Estelle stellt Jonny seine Laubtonne voll Heu hin.

Ich beobachte ihn nachdenklich. »Jonny spiegelt meine Launen total. Als ich völlig am Ende meiner Kraft war, war auch er ganz bedrückt. Andersherum ist es aber auch so. Merke ich, dass etwas mit ihm nicht stimmt, bin ich gleich megabesorgt.« Wir kichern.

»Du Esel-Helikopter-Mutti, du!«, neckt Estelle mich.

Stefan scheint es gepackt zu haben. Eine Welle hat er sogar schon gestanden. Wir jubeln ihm vom Strand aus zu. Adi und Oli sind weiter draußen bei den grünen Wellen und daher leider nur schwer zu erkennen. Während Estelle mit Jonny einen Spaziergang unternimmt, bleibe ich sitzen und möchte einfach vor mich hin schauen und beobachten. Ich atme tief durch. Ich bin entspannt und überglücklich. Was für ein wundervoller Winter! Zum Glück haben wir nicht gleich aufgegeben, sonst hätten wir jetzt bereits viele wunderbare Momente verpasst.

Besonders weit kommen Estelle und Jonny nicht, ehe sie von neugierigen Surfern umringt sind. Adi gesellt sich zu mir. »Euch hier zu sehen, das kommt mir vor wie eine Filmkulisse. Ein Esel im Stall, okay. Aber ein Esel am Strand?« Er lacht.

Die anderen Surfer stellen Estelle einige Fragen. Jonny steht wie ein Maskottchen dazwischen und beschnuppert interessiert die Surfbretter. Hin und wieder heimst er dabei einen Streichler ein. Ich bleibe amüsiert auf unserer Decke und freue mich, dass diesmal nicht ich, sondern Estelle die Fragen der Leute beantworten darf.

Für mich ist es spannend, das Bild »Junge Frau mit Esel am Strand« einmal von außen zu betrachten. Erst jetzt realisiere ich so richtig, wie ungewöhnlich das für Außenstehende sein mag – ein Esel außerhalb seines Stalls, am Strand zwischen Surfern. Lustig! »Jonny, mein kleiner Abenteurer«, murmle ich lächelnd und beobachte Estelle beim Erzählen. Es ist meist zwar sehr schön und bereichernd, über Jonny mit Menschen in Kontakt zu kommen, doch hin und wieder bin ich froh, nicht selbst die Geschichte dahinter erneut erzählen zu müssen. Wenn ich mir einen ruhigen Tag mit Jonny wünsche, kann das durchaus anstrengend sein.

Ein etwa dreijähriger Junge mit braunem Lockenkopf rast über den Sand auf seinen Papa zu, dem er wie ein Haar dem anderen ähnelt. Dieser feuert seinen Sohnemann an. Kurz bevor der kleine Wirbelwind mit voller Wucht gegen die Beine seines Papas knallen würde, springt der mit einer hampelmannartigen Geste in die Luft, spreizt die Beine und lässt seinen Sohn unter sich durchflitzen.

Dieses von Lebensfreude sprühende Spektakel beobachte ich, bis sie sich der Menschentraube genähert haben und Jonny entdecken. Kurz darauf darf der kleine Paolo stolz mit Jonny in der Hand über den Strand hüpfen, bis er den Strick aus heiterem Himmel fallen lässt, um wieder auf seinen Papa loszupesen, der ihn aufschnappt, im Kreis wirbelt und einmal in die Luft wirft. Jonny nutzt die Gelegenheit, um sich zu seiner Laubtonne davonzustehlen.

Paolos Papa stellt sich als Mattheo vor. »Ferrel dort drüben ist die Stadt der Esel. Da findet jedes Jahr ein großes Eselrennen statt. Die Regierung hat früher, ich glaube, tausend Euro im Jahr pro Haltung eines Esels gezahlt. Viele Menschen haben sich Esel angeschafft, vermutlich leider oft nur, um die Prämie zu kassieren. In Ferrel steht eine große bronzene Eselstatue auf dem Marktplatz.«

Ich freue mich: »Dann müssen wir uns Ferrel ja glatt einmal ansehen, was, Jonny! Aber beim Rennen brauchst du nicht mitzumachen.«

Ein Sonnenuntergangsspaziergang über die Dünen rundet den Abend perfekt ab. Der Himmel ist diesig, und die Wolken leuchten in Lila- und Rosatönen. Der Horizont sieht aus, als würde er brennen. Ein beeindruckendes Bild inmitten der Dünen, mit Ausblick auf den mystischen Atlantik.

DREI WEIHNACHTSWICHTEL IN PENICHE

Tag 21 | Peniche

Es sind nur noch zwei Tage bis Heiligabend. Deshalb haben Stefan und ich beschlossen, unsere Wanderung durch das Örtchen Peniche und über die Halbinsel ein wenig weihnachtlich zu gestalten. Alle drei setzen wir Weihnachtsmützen auf, sogar Jonny bekommt eine mit zwei Löchern für seine Ohren.

Eine Mauer mit Burggraben und Brücke umrandet die putzige Innenstadt, die mit ihren engen Gässchen an Venedig erinnert und sich mit einer prachtvollen Festung aus dem 16. Jahrhundert schmückt. »*Feliz Natal*«, rufen wir den Leuten zu und ziehen winkend durch die Straßen. Menschen aus Cafés, Restaurants und von der anderen Straßenseite winken lachend zurück. Ein paar Passanten halten an, um Jonny, unseren Weihnachtsesel, zu streicheln. Da Jonny bereits den ganzen Vormittag faul in der Sonne lag, freut er sich nun über den Trubel und die Abwechslung. Weihnachten ist schließlich das Fest der Liebe, der Nächstenliebe. Wir wollen den Menschen in Peniche heute ganz bewusst ein Lächeln und Freude schenken. Aufgeschlossen spazieren wir durch die Gässchen.

Ein Fischer hat Sardinen in der Sonne zum Trocknen aufgehängt. Hunderte dieser länglichen grauen Fischchen baumeln vor seinem Laden, der im Grunde nur ein kleiner, dunkler Kellerraum ist, in dem der Putz von den Wänden bröckelt. Der ältere Herr staunt nicht schlecht, als Jonny sich seine Ware ansieht. Er lacht tief aus dem Bauch heraus, so stark, dass er husten muss. Entzückt holt er seine Nachbarin dazu, damit sie ebenfalls den Esel aus Deutschland begrüßt.

Ein junges Pärchen kommt Hand in Hand über den Gehsteig auf uns zu: »Was kostet das denn? Ein Foto?«.

Ich bin überrascht: »Das kostet doch nichts. Stellt euch zu Jonny, ich fotografiere euch. *Feliz Natal!«*

»Feliz Natal!«, wünschen uns die beiden, die strahlend für das Foto neben Jonny posieren.

Eine Treppe führt hinunter an einem kleinen Laden vorbei, vor dem fünf ältere Damen sitzen. Während Jonny und ich noch konzentriert die Stufen meistern, springt eine bei Jonnys Anblick sofort freudig kreischend auf: »Ach! Ein Esel mit Weihnachtsmütze! *Feliz Natal!* Kommt schnell, wir machen ein Foto, bevor er wieder weg ist!« Sie winkt ihre Freundinnen zu sich, die aufgeregt durcheinanderplappern. Leider verstehe ich sie nicht, doch sie scheinen sich von ganzem Herzen über ihr Esel-Gruppenbild zu freuen.

Heute haben wir mindestens genauso viel Freude zurückbekommen, wie wir den Menschen geschenkt haben.

Am späten Nachmittag genießen wir auf einem Wanderweg an den Klippen entlang wieder unsere ruhige Dreisamkeit. Wir durchqueren die Burgruine Forte da Luz, was so viel wie »Starkes Licht« oder »Festung des Lichts« bedeutet, und bleiben auf einer Anhöhe stehen. Die Aussicht ist gigantisch. Die Klippe, auf der wir uns befinden, ist bestimmt über hundert Meter hoch. Der Boden ist rostrot und erdig. Hin und wieder taucht ein Fels dazwischen auf. Die Wellen krachen mit großen Spritzern an die Klippenwand unter uns. Ein leichter Wind pfeift uns um die Ohren. Die Luft ist frisch und salzig. Rechts können wir in die Bucht sehen und die Surfer beobachten, wie sie mit dynamischen Turns die Wellen reiten. Links spitzt sich die Halbinsel zu, und dahinter nur Meer, so weit das Auge reicht. »So weit schauen zu können hat einfach etwas Magisches. Da bin ich immer gleich viel klarer im Kopf.«

Zutiefst zufrieden schmiege ich mich in Stefans Arm, während Jonny danebensteht und den Wellen lauscht. In andächtiger Stille beobachten wir das Abendleuchten und bedanken uns beieinander für einen so wundervollen Tag.

Esel lieben vertrocknete Weihnachtsbäume, sattes Gras ist hingegen nicht gut für sie.

TEIL 7

UNVERGESSLICHE WEIHNACHTSZEIT IM ZAUBERWALD

MARIA, JOSEF, ESEL JONNY UND STALL EDDY

Tag 22–23 | Von Peniche über Ferrel bis zum Naturpark Sintra-Cascais

Ferrel, die »Stadt der Esel«, ist nur fünf Kilometer entfernt. Stefan legt den Gang ein, und wir zuckeln über den holprigen Asphalt der Landstraße in ihre Richtung. Dort angekommen, entdecken wir vor einer Kapelle die große Eselstatue. Ein bronzener Esel in Lebensgröße steht auf einem Podest auf einer Verkehrsinsel und ist mit Säcken beladen. Darunter ist ein Schild angebracht: *»Bem-vindo à vila de Ferrel«*.

Wir öffnen Jonny die Tür. Er linst neugierig hinaus. »Schau mal, Jonny. Hier ist noch ein Esel. Leider haben wir weit und breit keinen echten gesehen. Tut mir leid.« Eine ältere Dame überquert die Straße. Sie sieht zuerst nur beiläufig in unsere Richtung und geht weiter. Kurz darauf macht sie jedoch ein paar Schritte zurück, um sich zu vergewissern, dass sie sich nicht verguckt hat. »Ist das ein Esel im Bus?«, ruft sie aus. »Das gibt es ja nicht!« Sie beginnt zu lachen und bekommt sich kaum wieder ein. Im selben Moment biegt ein silberner Kleinwagen ab, die Dame winkt dem Fahrer, der sofort Jonny entdeckt und stehen bleibt. Der Fahrer steigt aus und geht gemeinsam mit der Dame auf Jonny zu. Er winkt einem weiteren Mann, ebenfalls dazuzukommen. Sie stehen um uns und die Statue herum und lachen.

»Wir sind aus Deutschland und wollten uns euren Esel mit unserem Esel einmal anschauen.« Jedoch bezweifle ich, dass die älteren Herrschaften mein Englisch verstehen. Sie kichern nur, zeigen auf

Jonny und amüsieren sich untereinander. Ein weiteres Auto verlangsamt sein Tempo. Dahinter entsteht durch zwei Nachfolger ein kleiner Stau. Sie hupen. Daraufhin öffnet eine weitere Dame neugierig das Hoftor eines benachbarten Grundstücks. Ich tippe kichernd Stefan an: »Oje, voll das Chaos. Lass uns weiterziehen. Raus aus dem Trubel. Einen echten Esel scheint's hier für Jonny nicht zu geben.«

Etwa eine halbe Stunde später stehen wir am Straßenrand, klauben hastig das herausfallende Heu zusammen, das uns im Wind davonfliegt, und fegen das Heu aus, das in Jonnys Box gekippt ist. Auf der Weiterreise Richtung Lissabon durften wir eine ganze Menge Heu bei einem Pferdestall einladen. So viel, dass der lose gebundene Haufen gleich nach den ersten Kilometern in Jonnys Box gekippt und er darauf herumgerutscht ist. Sofort haben wir in einer Haltebucht gestoppt, die Tür geöffnet – und einen Schwall Heu ins Gesicht bekommen. Nun sind wir dabei, das Chaos zu richten.

Jonny sieht Stefan und mich vorwurfsvoll an, während wir ein Tuch ausbreiten und all das lose Heu darin einwickeln. Wir beeilen uns, damit das Heu nicht davonfliegt. Schließlich ist Jonnys Box wieder frei, doch vor ihm in der »Küche« ist bis zu seinem Kopf Heu gestapelt. Darüber hinweg blickt Jonny nach vorne und sieht nun so zufrieden aus wie eine Maus, die sich eine Höhle in einen Käse gefuttert hat. Jetzt können wir also entspannt die Weihnachtszeit genießen.

Über die Weihnachtsfeiertage dürfen wir zur Freude aller Angestellten auf dem Orbitur Campingplatz bei Cascais direkt hinter großen Sanddünen am Meer einchecken. Wir sind fast ganz allein in diesem verwunschenen Kiefernwald. Unser Stall hat einen Platz in der Sonne, und sein Dach berührt die tief liegenden, dichten Baumkronen der Kiefern, welche den perfekten Unterstand für Jonny bilden und mit ihren verschlungenen Stämmen ein zauberwaldähnliches Flair erzeugen. Ein Stamm formt sogar eine Sitzbank für uns, ein anderer bietet eine u-förmige Schaukel mit Aussicht auf die Dünen, und der Boden ist sandig und weich, teils von Kiefernnadeln gespickt. Der Platz ist schlichtweg perfekt für uns. Jonny erkennt sein Glück, denn er platziert sich mitten auf seiner Weide gemütlich in der Sonne. Ich lege mich vor ihm in den warmen Sand, lehne mich an seinen Bauch und kraule seine Ohren. Jonny schließt die Augen, und wir entspannen, was das Zeug hält.

Zu Weihnachten möchten wir es ruhig angehen. Wir sind glücklich, dem schönen »Weihnachtsstress« von zu Hause entflohen zu sein, und möchten am liebsten den ganzen Tag gar nichts tun. Jedoch werden wir pünktlich um 7:48 Uhr von unserer kleinen Eselsirene schlagartig aus dem Schlaf gerissen. »Iiiiiih-iiiiiih!«, jammert Jonny und hält dabei seine Nüstern direkt an die Scheibe der Schiebetür.

»Machst du auf, oder soll ich?«, murmelt Stefan verschlafen.

»Ich mach schon.« Ich schäle mich unter der Decke hervor und begrüße mein bettelndes Langohr. »Ja, guten Morgen! Hast du gut geschlafen? Fröhliche Weihnachten!« Ich lasse die Tür offen und hänge nur den Vorhang davor. Dieser ist so lang, dass er den Bettbereich perfekt abdunkelt, jedoch kurz genug, dass Jonny seinen Kopf darunter hindurch ins Heulager unterm Bett stecken und sein Frühstück beginnen kann.

Eine Weile dösen und kuscheln wir noch, bis es sich Stefan nicht nehmen lässt, ein Fünf-Sterne-plus-Frühstück zu zaubern. Es gibt heißen Kaffee, Tee und Saft. Müsli mit frisch geschnittenem Obst und Rührei mit Zwiebeln, Paprika und Tomaten. So lecker es klingt, muss ich zugeben, dass auf Reisen und draußen an der frischen Luft alles meist noch ein bisschen besser schmeckt. Vielleicht ist es die Entspannung, vielleicht die Reiseluft, womöglich sind kleine Dinge umso größer, wenn man weniger um sich hat. Über zwei Stunden zelebrieren wir das Essen und gesellen uns auf eine Decke zu Jonny in die Sonne. Endlich soll es mal ein paar Tage hintereinander warm und sonnig sein. Ich bin unendlich dankbar. In der Sonne fühlt es sich wie wohlige zwanzig Grad an. Und das an Weihnachten!

Einen Spaziergang ans Meer lassen wir uns nicht entgehen. Der kühle Atlantikwind bläst ohne Unterlass über die breite, wüstenartige Dünenlandschaft. Mitten über sie hinweg führt ein endlos langer Holzsteg bis zur Küste. Die Bretter klappern bei jedem Schritt laut unter Jonnys Hufen. Jonny macht dies jedoch zum Glück nichts mehr aus. Um uns herum nur Sand, so weit das Auge reicht. Im Hintergrund ein paar Kiefern, rechts können wir in der Ferne eine Festung auf einem Berg erkennen. Vor uns der weite Ozean.

Um zum Meer hinunterzukommen, müssen wir den Vorhof eines eleganten Hotels passieren. Der Eingang ist mit weißen Säulen geschmückt. Der Boden ist blitzeblank und sieht aus, als wäre er soeben für das Fest geschrubbt worden. Und ausgerechnet hier bleibt Jonny stehen und hebt seinen Schweif. Ich versuche, ihn von der Tür wegzuziehen, doch da hat er bereits zu äpfeln begonnen. Tatsächlich war es keine so gute Idee, Jonny zum Weitergehen zu ermuntern. Nun stehen wir nämlich zwar versteckt hinter einem Auto neben dem Eingang, jedoch führt eine verdächtige Spur von perfekt runden dunkelbraunen Bollern bis zu uns. Stefan schnappt sich unsere Schaufel, liest flink Jonnys Hinterlassenschaften auf und düngt damit eine Hecke gegenüber. »Zum Glück hat es keiner bemerkt.«

Doch zu früh gefreut, denn mit einem Mal hören wir eine englische Dame aus der Ferne kreischen: *»Oh no! No, no, no.* Hannibal, komm her! Ja, spinn ich denn? So eine Sauerei!« Zum Glück meint sie damit weniger Jonnys Haufen als das, was ihr schneeweißer Kleinspitz Hannibal damit anstellt. Denn dieser kaut freudig auf Jonnys Äpfeln herum, als wären es echte, saftig, rund und frisch. Verwundert sehen wir ihm dabei zu. Die Dame eilt in kurzen Trippelschritten herbei und klemmt sich ihren Hannibal unter den Arm. Mit einem »Bäh! Aus, Hannibal, aus!« lässt sie ihren Blick suchend nach der Ursache schweifen und entdeckt schließlich verwundert den … »Esel!?« Ein in Betracht des ersten Eindrucks überraschend netter Austausch beginnt, und die Dame knipst amüsiert ein paar Selfies mit Hannibal und Jonny.

Wir wünschen unterwegs einigen Menschen frohe Weihnachten und werden erfreut wieder einmal von einer Familie als »Maria und Josef mit ihrem Esel« bezeichnet. Zum Glück sind wir aber heute nicht mehr auf der Suche nach einem Übernachtungsplatz.

Zurück am Stall, richten wir es uns weihnachtlich ein. Die Hängematte und die Slackline werden zwischen den Kiefern gespannt. Eine solarbetriebene Lichterkette mit vielen weißen Lampions reicht komplett über Jonnys Weide und lässt unser Plätzchen gemütlich leuchten. »Dieses Jahr haben wir keinen Tannenbaum, sondern eine Weihnachtskiefer! Könntest du noch eine kurze Runde mit Jonny spazieren gehen, bevor es dunkel wird?«, bitte ich Stefan. »Ich möchte noch was in der Weide vorbereiten.«

Während die beiden Männer unterwegs sind, binde ich Karotten, Äpfel und trockenes Brot mit jeweils einem Glöckchen an eine Schnur und hänge diese an den tief wachsenden Ast unserer Weihnachtskiefer, der fast parallel zum Boden über Jonnys Weide ragt. Anschließend schneide ich ein kleines Loch in eine Müslipackung und male mit den herausrieselnden Flocken einen großen Weihnachtsbaum in den Sand. Nun drehe ich noch ein bisschen Weihnachtsmusik auf. Zuerst läuft – welch eine Überraschung! – »Last Christmas« und anschließend »In der Weihnachtsbäckerei« von Rolf Zuckowski. Was weckt dieses Lied für wohlige Kindheitserinnerungen in mir: Mit Mama und Kalle in der Stube sitzen, Plätzchen ausstechen, auf dem Blech verteilen und verzieren. Hin und wieder ein bisschen naschen und den Duft aus dem Ofen in mich einsaugen. Papa kam dazu, sobald einige Bleche fertig waren, und hat gleich eine Ladung stibitzt.

Weihnachten war für mich als Kind die schönste Zeit im Jahr. Die magische Zeit, bevor wir in den Süden gefahren und erst im März wieder zurückgekommen sind. Alles hat geleuchtet und war so geheimnisvoll. Nur durchs Schlüsselloch durften wir in die Weihnachtsstube unseres alten Bauernhäuschens spitzen. War das Christkind schon da? Mama hat am 23. oft die halbe Nacht damit verbracht, den Baum zu schmücken, Kerzen aufzustellen, Essen vorzubereiten und Geschenke einzupacken. Mein Papa war eher weniger traditionell und feierwütig. Er wollte ein gemütliches, ruhiges Fest ohne Stress und Hektik haben, was mit einem quirligen Wirbelwind, wie ich es war, nur schwer umzusetzen war. Ich schätze, Kinder machen diese Zeit noch viel zauberhafter, aber bestimmt auch hektischer. Mit zweieinhalb Jahren bekam ich meinen größten Wunsch erfüllt, eine Kinderküche, die mein Papa selbst gebaut hatte. Freudestrahlend sprang ich ans Fenster und schrie, so laut ich nur konnte: »Danke, liebes Christkind!«

Heute feiere ich Weihnachten weder als Kind noch mit einem Kind. Doch Jonny und Stefan sind hier, und gemeinsam verzaubern wir diesen Familienabend auf unsere ganz eigene Weise. Jonny scheint sich ungemein über sein Weihnachtsgeschenk zu freuen, zu dem der Weihnachtsmann Stefan noch einen in eine Decke gewickelten und zum Sack geformten Haufen Heu dazugibt. Jonny dabei zuzusehen, wie er versucht, einen vor sich baumelnden Apfel zu schnappen, ist zu komisch. Er streckt seinen Hals so lang, wie er kann, schiebt seine Unterlippe nach vorne und versucht, mit dieser und mit ein bisschen Hilfe der Oberlippe den Apfel zu greifen. Dabei zeigt Jonny seine Zähne, es sieht aus, als würde er aus tiefstem Herzen grinsen. Sobald der Apfel eine gewisse Schieflage erreicht hat, rollt er an Jonnys Kopf vorbei und baumelt weiter vor ihm herum. Seine gespitzte Unterlippe folgt. Nach ein paar Versuchen hat Jonny Erfolg und schmatzt genüsslich und zufrieden. Über den Weihnachtsbaum aus Müsli hat er sich zuvor bereits hergemacht, der war immerhin leichter zu erwischen.

Auf dem Bett haben wir auch für uns ein wahres Festmahl ausgebreitet. Es gibt gebratene Kartoffelscheiben mit Shrimps, klein gehackte Apfelschnitze mit saurer Sahne, Feldsalat und Wassermelone zum Nachtisch. Auch über unser Bett wirft eine Lichterkette gemütlich-warmes Licht. Weihnachtslieder dudeln im Hintergrund. Eine Kerze flackert. Schließlich sitzt mir Stefan mit leerem Teller und vollem Bauch gegenüber und grinst überglücklich wie ein Honigkuchenpferd.

Mit einem »Ich komm gleich wieder« stiehlt er sich überraschend nach draußen. Ich räume das Geschirr in die Küche – wie fabelhaft einfach und schnell das geht, wenn die Entfernung so gering ist. Kurz darauf klopft es heftig gegen die Stallwand. Die Tür schiebt sich auf, und Stefan steigt ein. Er hat seine Weihnachtsmannmütze aufgezogen und sich einen Sack voll Geschenke über die Schulter gehängt. Weil er nach dem Duschen einfach meinen blauroten Surfponcho anbehalten hat, sieht er nun aus wie ein »Surf-

Weihnachtsmann« von einer Insel. Verschmitzt lächelnd, lässt er den Sack aufs Bett plumpsen. Gespannt breiten wir die Geschenke aus. Stefan hat ein paar Kleinigkeiten von seiner Familie mitgebracht. Eine runde Plätzchendose ist randvoll mit selbst gebackenen Wiener Vanillekipferln, Dreierlei-Dattel-Haselnuss-Pralinen, Cashew-Karamell-Plätzchen, den allseits beliebten Butterplätzchen, Cornflakessplittern, Rumkugeln und Kokosmakronen von seiner Mama Karin und Schwester Melanie. »Hmmm, lecker! Ich könnt mich reinlegen.«

Gemeinsam öffnen wir das 24. Stricksöckchen an unserem Mini-Reise-Adventskalender, den meine Mama liebevoll gefüllt hat, und packen behutsam unsere Geschenkchen aus. Jonny schmatzt währenddessen draußen genüsslich vor sich hin.

Das größte Geschenk ist jedoch unsere gemeinsame Zeit hier in Portugal.

Der Abend ist so kitschig-romantisch-gemütlich, dass ich ihn mir nicht schöner hätte vorstellen können. Gemeinsam mit dem Heiligabend, als ich meine Kinderküche geschenkt bekam, war das heute mein allerschönstes Weihnachtsfest.

URLAUB VOM REISEN

Tag 24–25 | Naturpark Sintra-Cascais

Über die Weihnachtsfeiertage relaxen wir einfach zu Hause. Unser Platz ist zu schön, um ständig unterwegs zu sein. Nach einem ausgiebigen Picknick neben Jonnys Weide liegen wir alle drei faul im Sand und lassen uns von den Sonnenstrahlen wärmen. Ich schließe die Augen und atme den Moment tief in mich ein, damit ich mich später hierhin zurückversetzen kann. Die warme Luft duftet nach Kiefernnadeln und Heu. Ich fühle mich gleichzeitig geborgen und frei.

Ich öffne langsam wieder die Augen. »Pst, Stefan, schau mal, wie entspannt Jonny im Sand liegt. Ihm geht es so richtig gut, gleich fallen ihm auch die Augen zu. Schöner hätte ich mir unseren ersten Feiertag nicht ausmalen können.« Stefan rückt zu mir und nimmt mich in den Arm. Er trägt seinen Surfponcho, und ich schiebe mich kuschelbedürftig mit darunter, robbe Bauch an Bauch so weit hoch, dass ich meinen Kopf auf seine Brust legen kann. Nun kann ich nur noch warmes, sonnendurchleuchtetes Frottee sehen. Ich nehme all meinen Mut zusammen und spreche eine Sache an, die mir sehr auf dem Herzen liegt: »Du, Stefan. Ich hatte den Gedanken in letzter Zeit immer wieder, besonders in so schönen Momenten wie diesem. Ich frag mich nur, wann der richtige Zeitpunkt ist, ihn auszusprechen. Nicht, dass es noch zu früh ist, ›Ich liebe dich‹ zu sagen.« Ich halte gespannt die Luft an.

Stefan hebt seinen Kopf und lächelt mich mit leuchtenden Augen durch die Halsöffnung des Ponchos an: »Nee, das ist nicht zu früh.«

Ich atme tief ein. »Okay. Also, Stefan. Ich liebe dich.« Jetzt ist es raus, und ich fühle mich teils erleichtert, teils angespannt. Ob es ihm auch so geht? Stefan sagt kein Wort. Er schlingt seine Arme um mich und drückt mich ganz fest an sich. Schließlich flüstert er durchs Guckloch am Hals ein zartes »Ich liebe dich auch« in den Poncho.

Am Abend möchte Stefan mich mit Kaiserschmarrn verwöhnen. »Haben wir keinen Schneebesen oder so was?« Bemüht wühlt er im Küchenschrank. »Ich wollte doch das Eiweiß schaumig schlagen. Sonst wird der Teig nicht fluffig.«

Ich schaue mich um. »Nee, leider nicht. Vielleicht reicht eine Gabel?«

Etwa fünfzehn Minuten später sitzen wir noch immer auf dem Bett und reichen die Schüssel mit dem handgeschlagenen Eiweiß weiter, wenn der Arm wieder schlapp wird. »So wird das nichts. Ich hab eine Idee.« Stefan springt auf, läuft um den Stall und öffnet die Hecktüren. Er kramt den Akkubohrer hervor und spannt die Gabel darin fest. »Das wollen wir mal sehen, ob wir nicht noch Schaum bekommen. Das wäre doch gelacht!« Stefan stellt die Schüssel draußen auf einen Stein und gibt mit dem Akkubohrer vorsichtig Gas. »Es funktioniert!« Stefan strahlt übers ganze Gesicht. »Das muss ich festhalten!« Ich zücke mein Handy und starte die Aufnahme. Stolz wirft Stefan einen Blick in die Kamera, ist dabei nur eine Sekunde unkonzentriert, die wild rotierende Gabel berührt den Schüsselrand, und mit einem Knall fliegt sie ihm mitsamt Eischnee um die Ohren. »O nein! Jetzt ist alles dahin!«

Während Stefan die Reste zusammenklaubt, erinnere ich mich an eine herrliche Eischnee-Erfahrung aus meiner frühen Kindheit. Kalle und ich durften meiner Mama beim Kuchenbacken helfen. Wir standen mit unseren Schürzchen vor der viel zu hohen Küchenzeile und mussten erst einmal auf einen Stuhl klettern, um mit anpacken zu können. Einer hielt die Schüssel fest, während der andere den Mixer betätigte. »Ihr müsst rühren, bis ihr die Schüssel auf den Kopf stellen könnt, ohne dass Eischnee verloren geht.« Natürlich nahmen wir unsere Mama beim Wort und rührten fleißig für eine Ewigkeit. Aus den labbrigen Eiern wurde Eischnee, wie fluffige Wolken. »Und, ist er schon fertig?« Fragend drehte sich meine Mama zu uns um. Kalle stieg vom Hocker, nahm die Schüssel in beide Hände und stellte sie mit ernster Miene richtig herum auf seinen Kopf: »Ich glaube schon!«

HIMMELSLEUCHTEN

Tag 26 | Naturpark Sintra-Cascais

Wir beschließen, noch eine Weile hierzubleiben. Unser Platz ist einfach zu schön, und im nahe gelegenen Naturpark Sintra-Cascais gibt es einiges zu entdecken. Wir wollen möglichst viele Orte und Sehenswürdigkeiten dieses Landes erkunden. Da wir aber große touristische Attraktionen, wie zum Beispiel den Pena-Palast, mit Jonny lieber meiden möchten, wägen wir ab, welches Ausflugsziel sich für alle gut eignet. Heute wollen wir eine Wanderung zum höchsten von hier aus sichtbaren Punkt des Sintra-Gebirges unternehmen, diese Tour wurde uns von einem einheimischen Spaziergänger empfohlen. Morgen darf uns dafür eine Steilküstenwanderung begeistern.

Es ist leider wieder trüb und nasskalt. Trotzdem machen wir unseren Stall startklar, laden Jonny ein und lassen nur wenige Utensilien zurück. Bis zum Ausgangspunkt für unsere Wanderung sind es etwa sechs Kilometer. Das wäre mit Jonny hin und zurück allein schon ein Tagestrip.

Wir nutzen den trockenen Himmel und suchen uns einen Parkplatz am Rande der Ortschaft Almuinhas Velhas. Von hier aus möchten wir zur Capela de Nossa Senhora da Peninha auf dem Gipfel des Berges wandern. Der Feldweg, an dem wir geparkt haben, verwandelt sich bald in einen schmalen Pfad, der steil nach oben führt. »Oje, bei dem Anstieg werden wir mit Jonny viel Zeit brauchen.«

Jonny jedoch ist überaus motiviert und macht für ihn untypisch große und kräftige Schritte. Der Pfad geht pfeilgerade auf die Spitze zu und hat ein ordentliches Gefälle. Grüne Buschranken rahmen den Weg. Hin und wieder biegt Jonny ab, um sich ein Büschel

Zu Hause darf Jonny zuschauen, wie ich an Stall Eddy schraube.
Hier gönne ich mir ein kurzes Päuschen mit meinen Nachbarn in der Frühlingssonne.

Komfortabler als in einem Pferdehänger kann Jonny nun zwischen »Schlafzimmer« und »Küche« in seiner eigenen Box mitfahren.

In Frankreich hat Jonny
plötzlich ein Brett vorm Kopf.

Atemberaubender Abendspaziergang
an der französischen Küste

Hinter einer Düne entdecken wir zum ersten Mal gemeinsam den Atlantik.

Jonny trotzt kühn nicht nur neugierigen Kühen, sondern auch einem gefährlichen Bullen.

Was für eine Schlammschlacht! In Spanien kommen wir vorerst nicht mehr weiter.

Jonny verweigert die Stufen zum Strand. Nun sind Geduld oder überzeugende Argumente gefragt …

Endlich ist Stefan zu Besuch, und wir unternehmen unsere erste Wanderung am Atlantik in Portugal.

Jonny spitzt in die Küche und bettelt um trockenes Brot.

»Na Jonny, welches Board darf's sein?«, frage ich im Kiteshop in Aveiro.

Ob Jonny mit seiner Bestellung an der Kitesurfbar Erfolg hat?

Eine kurze Fährfahrt bringt uns zu einem Fischerdörfchen. Nur mit »Misttüte« dürfen wir übersetzen. Hoffentlich nehmen sie uns auch wieder mit zurück …

Die bunte Hafenpromenade von Sao Jacinto, wie ich sie nicht schöner malen könnte.

Aus purer Lebensfreude schlage ich Räder am einsamen Strand von Aveiro.

Jonnys »Misttüte« wird für angeschwemmtes Plastik umfunktioniert.

Stefan: »Was machst du denn da?«
Ich: »Wir machen Synchronwälzen!«

In Peniche haben wir zur Verblüffung des Campingplatzpersonals unser eseliges Lager aufgeschlagen.

Jonny feiert den weichen Sandstrand noch mehr als wir und wälzt sich immer wieder genüsslich und ausgiebig.

Adi von der Koabär-Crew lacht: »Ein Esel auf einer Wiese, okay.
Aber ein Esel am Strand, das ist ein verrücktes Bild!«

Am Abend ist Kuschelzeit,
und Jonny genießt eine Ohrenmassage.

Jonny schnabuliert aus seiner Laubtonne,
und Stefan strahlt nach dem Surfen.

In Peniche zaubern wir als Weihnachtswichtel vielen Menschen
ein Lächeln ins Gesicht …

… und bekommen es doppelt und dreifach zurück.

Voller Vorfreude auf unser Weihnachtsfestmahl!

An unserer Weihnachtskiefer hängen kleine Überraschungen für Jonny.

In Sintra genießen wir die Feiertage mit Slacklinen im warmen Sonnenschein.

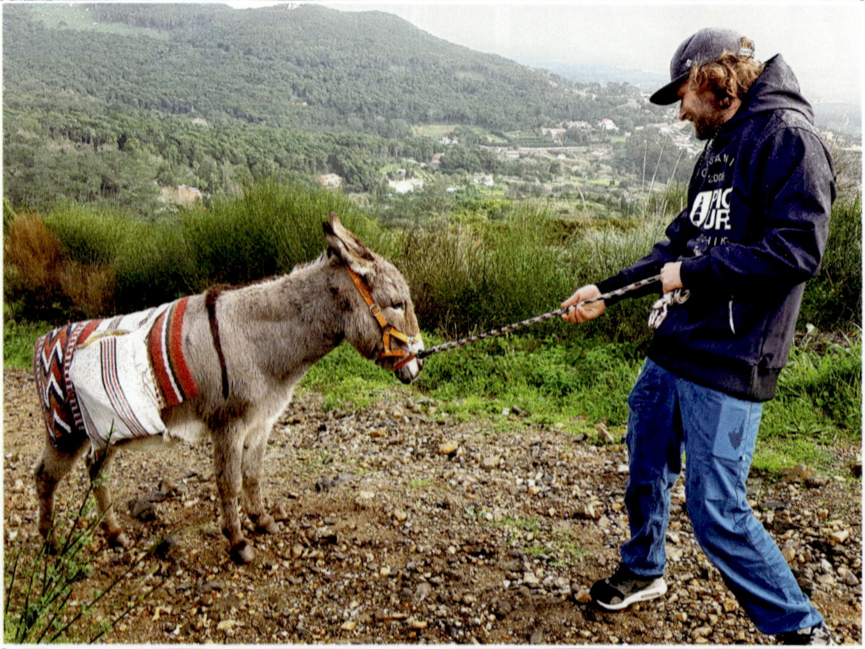

Nach einer Weile wird es Jonny zu steil.
Ob Stefan ihn trotz einsetzendem Regen vom Weitergehen überzeugen kann?

Gleich sind wir bei der Kapelle der Senhora da Peninha
im Nationalpark von Sintra angekommen – und mächtig stolz!

Am westlichsten Punkt des europäischen Festlandes, Cabo da Roca, machen wir eine atemberaubende Steilküstenwanderung mit Weitblick über den Atlantik bis zum Horizont.

Unerwartet finden wir den perfekten Platz, um die Sonne für heute gebührend zu verabschieden.

Auf der Pferderanch bei Santiago do Cacem darf Stefan für Jonny den Packesel spielen.

Eine Tageswanderung im malerischen Alentejo
zwischen Eukalyptus, Korkeichen und überraschend steilen Abhängen ...

Lagos begrüßt uns mit roten Felsen, Kakteen und einem einsamen Strand.

Stefan versucht, sein Eis vor unserer Naschkatze zu verteidigen.

Bei Sagres bekommen wir unerwarteten Besuch
von einer zahmen (!) Wildschweinfamilie.

Mit Ramona und Basti blicken wir
auf den südwestlichsten Punkt des europäischen Festlands.

Jonny spitzt neugierig in den Bus
der Künstlerin Andrea von nomad.knots.

»Hier lebt eine Frau mit Esel, wie Pippi
Langstrumpf!«, höre ich von den Nachbarn.

Wieder zu zweit lassen Jonny und ich es uns auf einer
Camping-Waldlichtung in Sagres gut gehen.

Jonny folgt Sonja ganz ohne Führstrick in die zauberhaften Berge der Algarve.

»Du bist mir ja ein Wachesel, Jonny!« Ruckzuck wird unser Stall von Hühnern belagert.

Beeindruckt von der Weite hinterlassen wir zum Sonnenuntergang
unsere Fußspuren im Sand.

Andächtig blicke ich zurück
in die Vergangenheit, …

… als ich vor 24 Jahren
mit meiner Familie hier überwintert habe.

Annabelle und Jessica bringen Jonny Sand für seinen eigenen Sandkasten, Jonny möchte gar nicht mehr aufstehen.

Kein Weg führt weiter, keiner zurück. Wir haben uns völlig verlaufen!

Jessie begleitet uns auf einer zweitägigen Wanderung mit Zelt in die Berge der Sierra Nevada.

Ein beeindruckender Sonnenaufgang lässt den gefrorenen Tau schmelzen. Schöner hätten wir nicht in den Tag starten können.

Wir klettern auf ein Felsplateau und genießen den Weitblick über den Nationalpark.

Die Wüste von Tabernas überrascht uns mit mächtigen Bergskulpturen, die durch Erosion aus dem Sandstein gewaschen wurden.

Mit unseren Bussen bilden wir einen windgeschützten Innenhof für Jonny, der immer wieder munter seinen Kopf ins Heulager unter meinem Bett steckt.

Meine Kaffeetassendusche vs. Jonnys Staubdusche, …

… und sofort bin ich wieder völlig eingestaubt.

Auf einer Wanderung bei Vélez-Rubio lässt Jonny sich köstliche Mandelblüten schmecken

Im »Dörfchen des Lächelns« findet Jonny französische Freunde und ist ungewohnt gesellig.

Gras dazwischen wegzuziehen. Eine kleine Belohnung, eine kurze Pause, und weiter geht's. Am steilsten Punkt schlängelt sich unser Pfad schließlich doch in einer Serpentine dahin, bis wir an einen Aussichtsplatz gelangen, auf dem einige Felsbrocken übereinander zu einem Haufen geschichtet sind. Stefan und ich klettern auf den höchsten Brocken, der, im Gegensatz zu seinen bemoosten Nachbarn, kahl und trocken ist. In der Ferne können wir unseren Stall erkennen. Ein kleiner türkiser Punkt blitzt zwischen den Büschen etliche Höhenmeter unter uns auf. Zu unserer Linken ist das Sintra-Gebirge, halbhohe, bewachsene Berge, an deren Fuß eine Ortschaft liegt. Rechts der endlose Atlantik, über den sich lange Schleierwolken ziehen, die flächenweise von der Sonne angestrahlt werden. Wir verschnaufen für einen Augenblick.

Ein Trampelpfad führt über eine Wiese auf einer Höhe am Hang entlang. Links geht es steil nach oben, rechts etwas flacher nach unten. Der Wegrand ist dicht bewuchert mit spannend geformten Pflanzen, die mir aus Deutschland nicht bekannt sind. Sie schnörkeln sich ineinander oder weisen abgeblühte Blütengerüste auf, die einem Kelch ähneln. Daneben leuchtet der Ginster in Sonnengelb. Ich bewundere die Natur und bleibe ein Stückchen zurück, Jonny und Stefan spazieren voraus. Die beiden einzuholen erweist sich beim nächsten Steilhang als nicht besonders schwierig: Jonny streikt. »Kein Wunder. Er wird sich denken, dass nur Bekloppte so steile Wege gehen. Warum sollte er auch? Da oben ist die Wiese ja nicht grüner«, erkläre ich Stefan Jonnys vorwurfsvolle Blicke. »Versuch mal, mit ihm in Schlangenlinien den Hang hochzugehen. Dann ist es nicht so steil.«

Über eine kurze Strecke scheint meine Strategie zu funktionieren, doch nur wenige Minuten später verwurzelt sich Jonny wieder im Boden. Zu unserer Freude beginnt es gerade jetzt, in Fäden zu regnen. »Na komm, du Frechdachs. Nur noch ein kleines Stück. Da oben wird's flacher, da machen wir Pause zum Grasen. Du schaffst das. Auf geht's!« Mit einem Mal scheint Jonny seine Meinung geändert zu haben und stapft weiter geradewegs mit uns nach oben. »Ja! Super! Weiter! Du schaffst das, Jo-nny, Jo-nny, Jo-nny!«

Wir feuern unseren Vierbeiner an, bis wir die Kuppe erreichen. Im selben Moment lässt der Regen zum Glück wieder nach. Stefan und ich gönnen uns einen kleinen Snack aus der Brotzeitbox. Für Jonny wickle ich ein Stückchen hartes Brot aus einer Papiertüte. Die Freude ist riesig und die Anstrengung vergessen.

Oben sind wir zwar noch lange nicht, doch vorerst können wir einer matschigen, aber breiten Piste mit nur leichtem Anstieg folgen. Jonny darf frei laufen. Mal erkundet er vor uns den Weg, mal bleibt er ein paar Meter zurück, um sich einen Ast zu schnappen. Er scheint seine Selbstständigkeit zu genießen. Läuft er vor uns her, bleibt er jedoch regelmäßig stehen und prüft, ob wir ihm noch folgen. »Schau ihn dir an, unseren wuscheligen Pfadfinder. Halt, Jonny! Wir müssen weiter geradeaus«, dirigiert Stefan von Weitem. Doch plötzlich springen vor Jonny zwei riesige Hunde um die Kurve. Er bleibt wie angewurzelt stehen, spitzt die Ohren und fixiert die potenzielle Gefahr. Natürlich haben ihn auch die Hunde bemerkt. Sie steuern revierverteidigend auf ihn zu. Kaum mache ich mich eilig auf zu Jonny, trabt er Hilfe suchend quietschend in meine Richtung. Auf halbem Weg kann ich ihn einfangen und beruhigen: »Komm her, Großer! Ich pass auf dich auf.«

Panisch drehe ich mich zu Stefan um: »Wir müssen die Hunde verscheuchen!« Stefan schnappt sich einen Stock vom Wegrand, und ich bin bereits im Begriff, meinen Wildschweinmama-Brüller in Richtung der Feinde loszulassen, da pfeift es aus der Ferne. Die Hunde halten inne und machen kehrt. Ein Mann nimmt sie an die Leine und schimpft: »Ihr Trottel, das ist doch nichts Neues für euch! Tut mir leid. Ich dachte nicht, dass bei diesem Wetter jemand spazieren ist. Und dann auch noch mit einem Esel. Cool. Ich hab auch zwei. Ihr wandert zum Aussichtspunkt, richtig? Hoffentlich erwischt euch das Gewitter nicht. Viel Glück!«, ruft er zum Abschied.

Ein schmaler Schotterpfad führt zwischen hohen Büschen hindurch. Dahinter öffnet sich die Sicht auf die Kapelle samt Bauten drum herum, die einer Festung gleichen. Aus Naturstein gemauerte Häuser sind an die Felsmauern, die aus großen, rund geschliffenen Steinbrocken bestehen, angepasst und stehen auf einer Kuppe etwa fünfzig Höhenmeter über uns. Der grobe Geröllweg weist uns den direkten Weg.

Auf 448 Meter Höhe angekommen, erreichen wir die Capela de Nossa Senhora da Peninha mit dem Peninha-Palast daneben, der teils eher einer Burgruine gleicht, teils jedoch mit frischem Putz und strahlend gelber Farbe erneuert wurde. Dieser Trakt ist fest verriegelt. Die noch nicht restaurierten Gebäude stehen offen, ohne Türen und Fenster. Das Flair hier oben ist einmalig schön. Wir breiten unser Picknicktuch auf einem Felsen mit Wiese für Jonny drum herum aus und lassen unseren Blick über die Naturschönheit schweifen: den Atlantik. Von hier oben sieht er noch viel weiter, mächtiger und unfassbarer aus als vom Strand. Eine dunkelblaue, spiegelglatt wirkende Oberfläche. Nicht einmal ein klarer Horizont ist zu erkennen. In weiter Ferne scheinen das Meer und der dicht bewölkte Himmel eins zu werden.

Kaum haben wir unser Picknick ausgepackt, beginnt es mit einem Mal wie aus Eimern zu schütten. Unsere Haare peitschen uns im kalten Wind ins Gesicht, während wir eilig Zuflucht in dem ersten geöffneten Häuschen suchen – obwohl …

»Wir sind in keinem Häuschen. Ich glaube, das hier ist die Ruine der alten Barockkapelle«, mutmaße ich. Eine mit groben, gebrochenen Steinen angedeutete Altarerhöhung sowie die Rundbögen, das Gewölbe und die Sakristei bestätigen meine Annahme. Der Boden besteht sowohl aus gebrochenen Betonplatten, Fels und Erde als auch aus lückenhaften Holzdielen im Eingangsbereich, der mit einer Mauer und einem Türbogen vom Kirchenschiff getrennt ist. Es ist düster und hallt gewaltig, weshalb ich Jonnys Entschluss, lieber draußen im Regen zu grasen, verstehen kann. Stefan und ich setzen uns in den offenen Türrahmen und warten den Schauer ab. Hoffentlich lässt dieser bald wieder nach. Nicht, dass wir bei dem Wetter wieder absteigen müssen.

Nach etwa dreißig Minuten ist der Schauer vorübergezogen, und es tröpfelt nur noch ein wenig nach. Doch wir sitzen noch immer im Türrahmen, genießen unsere Brotzeit, teilen mit Jonny einen Apfel und erheben uns erst, als wir im wahrsten Sinne des Wortes ein Licht am Horizont sehen. In weiter Ferne reißt mit einem Mal über dem Meer ein schmaler Streifen die dichte Wolkendecke auf. Hindurch leuchten kräftige Sonnenstrahlen. Überall sonst bedecken gewitterschwarze Wolken den Himmel, nur über dem Ozean direkt vor uns genießen wir ein wahres Lichtspektakel. Wir staunen nicht schlecht. »Man könnte meinen, Gott würde hier gerade auf die Erde kommen.«

Doch in Wahrheit denke ich dabei nicht an Gott, sondern im Stillen an meinen verstorbenen Papa. Gehe ich auf Reisen, stelle ich mir vor, er würde mich wie eine Art Schutzengel begleiten. In solch magischen Momenten bin ich diesem Gedanken ganz nah, lächle in den Himmel, und mir wird warm ums Herz. Was auch immer es ist, wo auch immer es herkommt. Und wenn es nur die Sonne ist, die sich durch die dichte Wolkendecke schiebt. Ich halte inne und bin unbeschreiblich dankbar, gerade voll und ganz den Moment zu spüren, hier zu sein und die bezaubernden Bilder der über dem Meer tanzenden Strahlen beobachten zu dürfen. Was für eine wundervolle Reise!

WEITER WESTLICH GEHT'S NICHT MEHR

Tag 27 | Naturpark Sintra-Cascais

Am nächsten Tag möchten wir gerne die Küstenregion erkunden und hoffen, dort auf einen Wanderweg zu stoßen. Nach wenigen Minuten Fahrt finden wir uns auf einem Parkplatz mit Meerblick neben einem Schild mit der Aufschrift »Cabo da Roca« wieder. Links ragt ein quadratischer weißer Leuchtturm mit runder roter Spitze in den Himmel, und rechts gehen von der asphaltierten Straße einige Trampelpfade ab. Es ist Vormittag, und wir haben den Schotterplatz ganz für uns. Die Sonne scheint, und der Himmel ist strahlend blau, kein Wölkchen in Sicht. Einzelne Autos zuckeln an uns vorbei in Richtung Leuchtturm. Einstimmig entscheiden wir uns für die rechte Wegoption.

Wir folgen vergnügt dem schmalen Pfad, der sich aus hellbrauner Erde zwischen einem Meer aus Mittagsblumen mit tieflila Blüten und hüfthohem, pikendem Gestrüpp hindurchschlängelt. Dazwischen befinden sich Tausende von gelb hervorleuchtenden Schlüsselblümchen. Es fühlt sich an, als würden wir nach einem langen Winter endlich wieder durch blühende Natur springen, warme Sonnenstrahlen auftanken und das Leben spüren. Auch wir blühen auf, voller Energie und wahrhaftiger Winter-Sonnen-Freude.

Jonny scheint der steil verlaufende Hang nichts auszumachen. Eifrig setzt er einen Huf vor den anderen und bleibt mir auf den Fersen. Stefan bildet das Schlusslicht.

Am Rand eines Hügels führt der Pfad auf gleichbleibender Höhe in Richtung Meer. Hinter einer Kuppe überrascht uns die gigantische Aussicht auf die portugiesische Steilküste. Ein breiter, mit Gras und Schlüsselblumen bewachsener Fels hebt sich von den anderen ab und zieht sich wie eine Landzunge weit nach vorne ans Meer. Rechts davon entdecken wir in schwindelerregender Tiefe eine malerische Strandbucht am Fuß der Felsen. Links geht es ebenfalls fast pfeilgerade mehrere Hundert Meter in die Tiefe, bis die Wellen mit hoch aufspritzendem Wasser an die Felsen klatschen. Wir folgen dem Weg, bis er nicht mehr weitergeht, setzen uns auf die Felszunge und fühlen uns neben diesen extremen Höhen, Tiefen und Weiten der Felsen und des Ozeans mit einem Mal ganz klein.

Als Mini-Jonny, Mini-Stefan und Mini-Lotta lassen wir die Schönheit und Kraft der Natur auf uns wirken.

Von dort entdecken wir einen engen Pfad an den Klippen entlang, dem wir folgen können. Immer wieder schlängelt er sich in Richtung Inland, über Hügel, um halbhohe Büsche herum, und dann verläuft er wieder dem Meer zugewandt. Die Aussicht ist hinter jeder Kurve aufs Neue atemberaubend schön. Genau so habe ich mir Portugal vorgestellt. Raue Küstenabschnitte, steile Felsen, versteckte Buchten, tosende Wellen, blühende Wiesen, warme Wintersonne und wenig Menschen.

Der Weg an den Klippen entlang wird immer steiler. Große Steinbrocken bilden Stufen auf einem holprigen und engen Untergrund, zuerst geht es steil bergab. »Ob Jonny das schafft?« Wir schauen uns fragend an. »Versuchen wir's«, schlage ich vor und klettere voran. Jonny kraxelt erstaunlich gut hinter mir her. Solch eine Wendigkeit und Kletterkunst hätte ich meinem sonst so stufenscheuen Eselchen gar nicht zugetraut.

Eine Gruppe von drei Wanderern kommt uns schnaufend entgegen. »Entschuldigung, bleibt es so steil und felsig?«, erkundige ich mich.

»Besser wird's nicht. Wir haben eine Stunde von der letzten Bucht bis nach oben gebraucht.«

Diese Aussage lässt uns zweifeln. »Wenn wir jetzt noch eine Stunde weiterlaufen bis zur Bucht und dann wieder eine Stunde zurückmüssen plus Jonny-Tempo von mindestens dreißig Minuten länger, dann ist es stockdunkel, bis wir zurück sind.« Ich werfe Stefan einen fragenden Blick zu. »Okay, dann lass uns besser umkehren und den Rückweg in Ruhe genießen. Wir müssen ohnehin mal sehen, wie wir Jonny wieder zum Hochlaufen bewegen können«, gibt er zu bedenken.

Diese Sorge teile ich, denn sogar ich muss auf allen vieren klettern, um die Route zurück auf den Höhenweg zu schaffen. Wenn Jonny hier nicht mehr weitergehen möchte, haben wir echt ein Problem. Fast 200 Kilo anheben oder mit ihm drum herum gehen, können wir nicht, und der Weg, der in die Bucht führt, ist offensichtlich eine Sackgasse. Wir müssen es schaffen! Stefan stellt sich ermutigend hinter Jonny, während ich den Weg vorauskraxle und auskundschafte, wo er es am leichtesten nach oben schaffen könnte.

Jonny blickt sich Hilfe suchend nach dem besten Weg um und … meistert die erste und größte Felsstufe mit Bravour. Er spürt wohl, wie ernst die Lage ist. Mal wieder zeigt er mir, dass ich ihn gründlich unterschätze. Es ist aber auch verwunderlich, was Jonny alles kann, wenn er wirklich möchte. Einem jungen Steinbock ähnelnd, klettert er den Weg direkt hinter mir hinauf. Noch eine große Stufe, und wir haben es geschafft. Wir atmen auf und loben Jonny ausgiebig: »Spitze, du kleiner Held. Wir sind stolz auf dich!«

Entspannt spazieren wir den restlichen Weg zurück. Auf der Plattform des Leuchtturms ist inzwischen jede Menge los. Auto um Auto reiht sich an der Straße hintereinander. Auch unser Stall ist zugeparkt. Die Menschen pilgern in Massen zu diesem Aussichtspunkt, um sich den Sonnenuntergang anzusehen. Erst später erfahren wir, dass wir hier tatsächlich und ganz aus Versehen am westlichsten Punkt des europäischen Festlands gelandet sind.

Auch wir genießen einen malerischen Sonnenuntergang, jedoch suchen wir uns dafür eine Klippe, an der wir nur zu dritt sind. Durch Zufall, weil wir einmal falsch abgebogen sind, werden wir fündig. Stefan und ich lassen uns ein Bierchen schmecken, Jonny mampft sein Heu. Wir schwelgen in Erinnerungen des Tages. Wenn ich so darüber nachdenke, könnte ich platzen vor Dankbarkeit: »Stell dir vor, irgendwo auf der Welt gibt es gerade Menschen, die um einen

Geliebten trauern, Menschen, die sich streiten, kämpfen oder gar fliehen müssen. Menschen, die in Angst oder Hunger leben, und genau in derselben Sekunde Menschen, die gerade etwas Wunderbares erleben dürfen. So wie wir. Wir haben ein solches Glück, manchmal finde ich das echt unfassbar.«

Stefan lächelt mich an und legt entspannt seufzend seinen Arm um meine Schulter: »Ja, da hast du recht. Über was du immer so nachdenkst …«

Zum Countdown blicken wir alle gemeinsam aufs Meer mit dem darüber feuerrot leuchtenden Himmel. Ein perfekter Sintra-Abschied.

Die Esel
einer Herde putzen
sich gegenseitig, ähnlich
wie Schimpansen oder Gorillas.

TEIL 8

ABENTEUER PFERDERANCH

Eselsohr

DER STORCH KOMMT

Tag 28 | Vom Naturpark Sintra-Cascais bis in die Nähe von Santiago do Cacém

Nach einem ausgiebigen Brunch ist es bereits früher Nachmittag. Zum Glück sind wir mittlerweile recht routiniert im Zusammenpacken, und jeder weiß, was zu tun ist. Während wir arbeiten, ist Jonnys einzige Aufgabe, zu relaxen und sich noch mal zu wälzen. Das liebenswürdige Kerlchen beginnt sofort sein jämmerliches »Iiiiii-h!«, sobald ich mich nur wenige Meter von unserem Camp entferne. Er steht am Rand des Zaunes, streckt seinen Kopf, so weit es geht, darüber, spitzt die Ohren, schaut furchtbar bettelnd drein, als wäre er der ärmste Esel der Welt, und sein Quietschen hört sich an wie: »Hallo, Lotta! Wo gehst du hin? Lass mich nicht allein zurück!« Woraufhin ich antworte: »Ach, Jonny, ich geh doch nur mal kurz aufs Klo. Bin gleich wieder da. Ich würde dich niemals zurücklassen. Das weißt du doch!« Daraufhin beruhigt Jonny sich, doch wenn ich nach rund drei Minuten immer noch nicht zurück bin, setzt er erneut zu seinem Hilferuf an.

Mit bedauernder Miene verlassen wir diesen besonderen Platz und winken dem herzlichen Personal ein letztes Mal, als sie für uns die Schranke öffnen. Doch uns zieht es nach einer kompletten Woche in Sintra weiter in Richtung Süden.

Südlich von Lissabon mündet der Fluss Tajo in den Atlantik. Die A 2 führt auf der Hängebrücke Ponte 25 de Abril über den breiten Tajo von Lissabon ins südlich gelegene Almada. Die Stadt sieht von der Brücke aus schnuckelig und einladend aus. Ein klein wenig bedauern wir, dass ein Besuch mit Jonny viel zu anstrengend wäre.

Zu viele Menschen, zu viel Verkehr, schlichtweg nicht die beste Umgebung für unser Trio. Von der Brücke aus jedoch bewundern wir die dicht aneinandergereihten Steinhäuschen, überwiegend in Weiß und Gelb. Gerade als wir Lissabon über die Brücke verlassen und mit unserem Stall mitten über dem Tajo sind, schiebt sich die Sonne hervor und malt zu unserer Linken gleich zwei Regenbögen über Stadt und Fluss. Einen großen, kräftigen und einen mit ganz zarten Farben darunter. Ein magischer Moment.

Auf der anderen Flussseite werden wir mit offenen Armen von der gigantischen Christusstatue Cristo Rei empfangen, die sich in rund hundert Meter Höhe vor uns auf einem mächtigen Sockel auftut. Aber nicht nur uns wendet sie sich zu, sondern vor allen Dingen Lissabon, um die Stadt vor Krieg zu bewahren. Neben den beiden Regenbögen und im leuchtenden Sonnenschein mit schwarzen Wolken im Hintergrund wirkt sie in der Tat sehr mächtig.

Kurze Zeit später, als wir auf der Autobahn an jeder Menge Strommasten, die sich über weite Wiesen und Felder aneinanderreihen, vorbeisausen, dürfen wir einen weiteren magischen Moment erleben. »Schau mal! Das gibt's ja nicht. Da sind eins, zwei, drei, vier, fünf, sechs, sieben ... acht ... neun! Was? Neun Storchennester in einem einzigen Strommast. Und so viele Störche.« Während Stefan, der heute am Steuer sitzt, nur hin und wieder zur Seite spähen kann, beschreibe ich ihm, was ich sehe. »Schon wieder! Eins, zwei, drei, vier, fünf ... oje, Stefan, hoffentlich hat das nichts zu bedeuten. Bei uns ist gerade der Storch gekommen. Ganze vierzehn Stück!«

Stefan lacht laut auf. Wie ich hofft auch er, dass die Störche sich vorerst um ihren eigenen Nachwuchs kümmern. Noch einige Minuten fahren wir an dem Storchenhotspot vorbei. Was für ein Spektakel! Ein Storch sitzt im Nest, der andere landet gerade. Einer trägt etwas zu essen im Schnabel heran, der andere nimmt es entgegen oder bessert währenddessen das Nest aus. »Wie schade, dass wir hier nicht anhalten und dem Geklapper lauschen können«, seufze ich.

Nach etwa anderthalb Stunden fahren wir auf der Höhe der Stadt Santiago do Cacém von der A 26 ab. Wir halten am Seitenstreifen, und ich wähle Toms Nummer. »Er meinte, wir sollen ihn anrufen, wenn wir hier sind!« Stefan sitzt gespannt daneben. In den nächsten Tagen wollen wir die Pferderanch von Sandras Freund Tom besuchen. Von ihm hatte Sandra uns in Aveiro bereits Heu für Jonny mitgebracht.

Endlich nimmt Tom ab: »Hallo, Lotta! Seid ihr vor dem Ortsschild? Unsere Ranch ist ein bisschen schwer zu finden. Ihr fahrt …« Konzentriert versuche ich, Toms Wegbeschreibung zu folgen, und spreche sie laut nach, damit auch Stefan sie sich merken kann. Bald kurven wir mitten durch einen Wald mit weit nach oben in die dunkle Nacht ragenden Bäumen in Schrittgeschwindigkeit um Dutzende von Schlaglöchern herum, die mit Regenwasser gefüllt sind. Mit einem Mal endet der Asphalt, und Stefan tut sein Bestes, damit es für Jonny hinten nicht zu wackelig ist. Trotz Fernlicht können wir nur wenig erkennen. Der Wald ist tief und stockdunkel, der unebene Weg aus rotbrauner Erde scheint ins Nichts zu führen. Das mystische Licht des Vollmondes gibt dem gruseligen Szenario den letzten Schliff.

In der Ferne taucht ein Licht auf. Je näher wir kommen, desto deutlicher erkennen wir die Silhouette eines kräftigen Mannes. »Das muss Tom sein.« Er trägt Gummistiefel, Jeans und Cowboyhut. Darunter ragen lange graue Haare und ein weißer Vollbart hervor. In seiner linken Hand hält er eine Laterne. Sobald wir ihn erreichen, dreht er sich um und winkt uns, ihm zu folgen. Neben einer Pferdeweide auf einem Wiesenabschnitt machen wir halt und steigen aus.

»Schön, dass ihr gut angekommen seid«, begrüßt Tom uns herzlich. Prüfend begutachtet er unseren Bus mit der Lampe und macht große Augen, als ich die Schiebetür öffne und Jonny ihm plötzlich mitten ins Gesicht schaut. »Das müsst ihr mir morgen mal bei Helligkeit zeigen, wie ihr das gemacht habt. Sieht ja toll aus. Darauf muss man erst mal kommen!«

Dann bietet er an, Jonny auf eine freie Weide zu bringen. Doch es ist bereits stockdunkel und die Weide soll auf der anderen Seite der Ranch sein, also ein ganzes Stück von unserem Parkplatz entfernt. Ich schüttle dankend den Kopf. »Das kann ich Jonny nicht antun. Er würde sofort nach uns rufen. Es ist ja alles neu hier für ihn, und wir und der Stall sind die einzigen bekannten Bezugspunkte. Hier fühlt er sich sicher. Wenn es okay ist, würde ich erst mal ein Stück Weide neben der Schiebetür abstecken, und morgen bei Tageslicht sehen wir weiter. Okay?«

Für Tom ist das zum Glück kein Problem.

Nachdem wir uns eingerichtet haben und auch Jonny sich an seine neue Weide gewöhnt hat, sind wir zum Abendessen eingeladen. Tom weist uns den Weg. Zuerst müssen wir trockenen Fußes die Einfahrt überqueren, die einer tiefen Matschgrube gleicht. »So viel Regen hatten wir seit Jahren nicht mehr. Und nun versinken wir bald im Morast«, murmelt Tom, während er für uns die halbwegs trockenen und mit Stroh ausgelegten Stellen beleuchtet.

Ein eisernes Tor führt auf das Grundstück, auf dem ein einstöckiges, längliches weißes Häuschen mit blauen Fensterrahmen steht. Nach vorne zum Garten gibt es eine Terrasse, die gleichzeitig auch als Eingangsbereich vor der knarzigen Tür fungiert. Tom bittet uns herein. »Schuhe könnt ihr anlassen. Die Hunde laufen auch ständig rein und raus.« Wir betreten den ersten Raum und stehen sofort zwischen dem Wohnzimmer und der offenen Küche mit Esszimmer, Büroecke und Kamin, in dem ein Feuer knistert. Im Grunde ist alles ein großer Raum, der in verschiedene Bereiche unterteilt ist.

Toms Frau kommt uns mit Schürze und Topflappen entgegen, nachdem sie einen großen Topf Nudeln mit Schwung auf dem Tisch platziert hat. Sie ist schlank, hat kurze braune Haare und eine liebliche Stimme: »Herzlich willkommen! Ich bin Sylvie. Kommt rein. Nehmt Platz. Ich hoffe, ihr habt Hunger mitgebracht?«

»Wow! Ich befürchte, so viel schaffen wir nicht.« Mit einem solchen Willkommen haben Stefan und ich wirklich nicht gerechnet, freudig strahlen wir uns an.

Sylvie stellt schmunzelnd acht Teller auf den Tisch. Ich helfe ihr mit dem Besteck, während Stefan die Gläser füllt. »Keine Sorge, wir bleiben nicht zu viert«, beruhigt sie uns, bevor Tom schallend in den Gang hineinruft: »Eeeeessen!« Mit einem Poltern gesellen sich vier Jugendliche zu uns an den Tisch. Zwei stellen sich als Emma und Theo, die Kinder von Tom und Sylvie, vor. Sophie ist ihr Pflegekind und Nate der Freund von Emma. Als wir uns in andächtiger Stille das Essen schmecken lassen, poltert es plötzlich heftig gegen den Fensterladen. Tom seufzt, nimmt eine Karotte in die Hand und öffnet das kleine Fenster. »Darf ich vorstellen? Lauser ist unser Gartenpferd, weil er auf den Weiden immer stiften geht. Das hier ist sein Futterautomat.« Der Isländer streckt seine Nüstern herein, schnaubt freundlich und sucht mit gespitzten Lippen nach seiner Karotte. Mit einem Happs ist sie weg. Wir lachen.

Ich bin neugierig, welche Geschichte wohl hinter dieser Familie steckt. »Wie seid ihr eigentlich nach Portugal gekommen?« Sylvie tut uns noch mal Salat auf. »Wir haben schon zur Schulzeit ein Auge aufeinander geworfen. Waren anschließend auch beide in Portugal, um mit Pferden zu arbeiten, aber separat. Jahre später sind wir uns auf einem Pferdehof in Deutschland wieder begegnet. Beide riesige Portugalfans, Pferdeliebhaber, und gegenseitig fanden wir uns auch nicht schlecht. Da war unser Traum schnell klar: nach Portugal auswandern und eine eigene Ranch kaufen. Ich hoffe, ihr habt genug Zeit zum Wandern mitgebracht. Die Umgebung hier ist traumhaft schön«, schwärmt sie.

»Können wir euch denn irgendwie helfen, solange wir hier sind?«, erkundige ich mich. Tom zuckt mit den Schultern: »Klar, wenn ihr mithelfen wollt, dann kommt gerne morgen um zehn Uhr mit zu den Pferden. Ihr könnt beim Füttern helfen. Außerdem ist ja bald schon Silvester. Da brauchen wir Feuerholz. Ihr bleibt doch sicher ein paar Tage, oder?«

»Ja, gerne. Wenn wir dürfen. Danke schön!« Ich bin beeindruckt von den beiden und möchte gerne etwas mehr Zeit mit ihnen verbringen. Glücklich, mit vollem Bauch und doch etwas erschlagen von so vielen neuen Eindrücken stapfen wir schließlich zurück zu unserem Jonny, der bereits sehnlichst auf uns wartet.

SILVESTER AM SCHÖNSTEN ENDE DER WELT

Tag 29–30 | Bei Santiago do Cacém

Pünktlich um zehn Uhr stehen wir am nächsten Morgen im Garten bereit. Tom winkt uns schon von Weitem und geht mit großen Schritten auf die Futterkammer zu. »Wir müssen immer gut darauf achten, dass sie geschlossen ist. Lauser nutzt jede Gelegenheit. Er stand nicht erst einmal hier drin und hat sich seines Lebens gefreut.« Tom hat mehrere Eimer auf dem Boden verteilt, die er zu gleichen Anteilen mit Kraftfutter füllt. Für ein älteres Pferd, das Probleme mit dem Kauen hat, weicht er ein paar Pellets ein. »Unser Insha ist leider nicht mehr der Jüngste. Aber eine sehr liebe Seele.«

Wir laden alle Eimer plus ein paar Karotten in einen Schubkarren und begleiten Tom über einen langen Feldweg zu den Pferdekoppeln. Dabei passieren wir einen Haufen kleiner Heuballen. Tom zeigt darauf. »Hier könnt ihr bei einem den Draht auftrennen und jeweils zwei Schichten Heu pro Pferd einladen. Für Jonny ist natürlich auch was dabei.«

Die Weiden beginnen etwa 150 Meter hinter dem Haus. Die neun Vierbeiner begrüßen uns am Zaun, Isländer, Haflinger, Andalusier und Lusitano-Mix sind dabei. Sie sind auf zwei Weiden aufgeteilt, deren Eingänge sich am Feldweg treffen. Tom geht voraus und zeigt uns die Fütterungsabläufe: »Wichtig ist, dass ihr in der richtigen Reihenfolge zu den Pferden geht. Sonst sind sie verwirrt, und es gibt Zoff.« In der Tat weiß jedes der Tiere ganz genau, wo es hinmuss, sobald Tom die Weide betritt. Sie stellen sich brav an »ihren« Baum, wo wir ihnen in bestimmter Reihenfolge ein Halfter umlegen und dann die Futtereimer und das Heu am Stamm platzieren. Zur Belohnung gibt's ein Stückchen Karotte, wenn alle fertig sind.

Ich bin beeindruckt, wie vorbildlich die Pferde mitmachen und wie gut die Fütterung funktioniert, ohne dass einer dem anderen etwas klauen kann. Das muss man einer gesamten Herde erst einmal beibringen.

»Habt ihr die Pferde aus Deutschland mitgebracht?«, frage ich.

Tom stapft durch den tiefen Matsch zum Schubkarren, und wir machen uns auf den Rückweg. »Wir haben alle Pferde in Portugal aus schlechten Verhältnissen aufgekauft. Aragon da drüben zum Beispiel gehörte einem Alkoholiker, der, weil er den Führerschein verloren hatte, jeden Abend zur Kneipe geritten ist. Wenn er dann besoffen in der Nacht zurückwollte, hat sein treuer Freund den Weg selbst gefunden und ihn nach Hause gebracht.«

»Wie lieb von ihm«, wirft Stefan ein.

»Ja, warte ab. Irgendwann ist es Aragon wohl zu dumm geworden, und er ist mit seinem Reiter einfach in einen See hineinmarschiert. Dort ist der Mann beinahe ertrunken. Aragon wurde verkauft. An uns. Jedes Pferd hier hat sein Schicksal und seine Geschichte. Vielleicht hab ich sie auch gerade deshalb so besonders gern.« Tom schaut sich um. »Nun fehlt nur noch unser Lauser. Der steht dort drüben angebunden am Zaun. Könnt ihr ihn losmachen? Ich geh vor in den Garten und richte seinen Eimer her.«

Eifrig laufen wir zu Lauser, der uns bereits sehnsüchtig erwartet. »Na, Lauser, hast du Hunger? Dann, auf geht's.« Ich öffne den Verschluss des Stricks. Mit einem Mal, schneller, als wir überhaupt schauen konnten, galoppiert Lauser einfach aus dem Stand los. Verblüfft bleiben wir zurück. »Oh. Das war schon so geplant, oder?« Verunsichert blicke ich zu Stefan, der mit den Schultern zuckt: »Ich dachte, wir sollen ihn führen?«

»Oje, hoffentlich ist er jetzt nicht über alle Berge.« Mit einem Kloß im Hals kehren wir zum Platz zurück. Auf dem Weg sehen wir uns überall nach Lauser um, doch er ist verschwunden. »So ein Mist! Wie peinlich ist das denn? Tom meinte doch, dass Lauser gerne stiften geht.« Bedrückt schlurfen wir auf Tom zu. Ich möchte gerade ausholen, als wir Lauser hinter dem Schuppen stehen sehen. Das darf doch nicht wahr sein! Tom muss beim Anblick unserer verblüfften, aber auch erleichterten Mienen lachen. »Ihr seid erschrocken, was? Jaja, der kennt den Weg. Unser frecher Gartenzwerg.« Er klopft dem zufrieden futternden Isländer auf die Schulter.

Dann winkt er uns, ihm zu folgen. Gemeinsam mit Jonny bekommen wir eine kleine Führung über das abwechslungsreiche Gelände. Prachtvolle Korkeichen, deren Rinde am Stamm abgeschält ist, reihen sich am Wegrand. Sie sind mit Nummern markiert und werden etwa alle neun Jahre geschält, um den Kork weiterzuverarbeiten. Die langrissige Rinde oberhalb des Hauptstammes fühlt sich trocken, weich und luftig an. Ein klein wenig duftet sie auch nach Kork. Zwei Stauseen befinden sich nebenan, aus denen Toms Leitungswasser gefiltert wird. »Trinkwasser holen wir im Quellhaus in der Nähe. Im Sommer kann es schon mal knapp werden.«

Als wir am Reitplatz ankommen, erschrickt Jonny, der bisher friedlich auf der Wiese gegrast hat, vor Sylvies zwei bellenden Hunden, die aus heiterem Himmel auf ihn zupesen. Er trabt mit verschreckter Miene und jämmerlichem Gequietsche an uns vorbei, während er Hilfe suchend zu mir sieht. Sylvie, die grade aus dem Haus kommt, und Tom reagieren sofort und nehmen die Hunde an die Leine. Ich fange unterdessen Jonny ein: »Jonny. Alles gut. Haben sie dir einen Schrecken eingejagt?« Langsam beruhigt sich Jonny wieder, ich streiche ihm über Nüstern, Stirn und Hals und spreche ihm besänftigend zu.

Tom hält die beiden Rabauken fest und ist verwundert: »Ich dachte immer, dass Esel eher auf Hunde losgehen, wenn sie sich bedroht fühlen, anstatt wegzulaufen.«

Ich bleibe mit Jonny in angemessenem Abstand stehen und erkläre: »Jonny läuft nie weit weg. Wenn er sich erschreckt, macht er meist nur ein paar Hüpfer. Wenn wir auf fremdem Gelände sind, nimmt er lieber Reißaus. Kommt aber ein Hund in *sein* Gehege, legt er die Ohren an und geht wie ein Stier auf ihn zu, bis der Eindringling wieder hinterm Zaun ist. Nur die Hunde, die seine Eselsäpfel fressen, dürfen bleiben. Sie räumen ja schließlich bei ihm auf.«

Wir lachen, und zu unserer Freude schiebt sich nun auch endlich wieder die Sonne durch die Wolkendecke. Und mit der Sonne scheinen die Fronten zwischen den beiden Hunden Benchi und Jasper und dem noch etwas verunsichert dreinblickenden Jonny zu bröckeln. Sie halten Abstand und lassen sich gegenseitig in Ruhe. Zum Glück!

Am Rand des Grundstücks steht ein altes Fleetwood-Chrysler-Wohnmobil auf der Wiese. »Das ist ein Prachtstück, sogar noch im Originalzustand. Schaut gerne rein!« Da wir bereits mit einem Lkw-Ausbau mit größerem Stall für Jonny liebäugeln, sind Stefan und ich begeisterte Oldtimerfans geworden. Wir steigen ein und fühlen uns mit einem Mal in die Achtzigerjahre zurückversetzt. Der Boden ist mit Schachmuster-Laminat beklebt, die Schränke sind aus Nussbaumfurnier mit goldenen Griffen. Eine Couch in Grau mit schrägem Streifenmuster steht gegenüber der Eingangstür. Ganz hinten werden wir von einem amerikanischen Kingsize-Bett überrascht. Das Flair des alten Kleinods zieht uns in seinen Bann. Wir machen es uns auf den Sesseln hinter der Frontscheibe gemütlich, und eine kindliche Fantasie holt uns ein.

Stefan fixiert das Steuer: »Bist du dir wirklich sicher?«

»Nie war ich mir sicherer! Schnell, fahr los, bevor sie uns einholen!«

Stefan steckt den imaginären Schlüssel ins Zündschloss und imitiert den tief blubbernden V8-Motor: »Brlublublubrrrm! Wo darf die Flucht hingehen, Mylady?«

»Immer Richtung Süden, mein tollkühner Held! Nur unseren treuen Gefährten müssen wir noch einladen, sonst beginnt er, wie ungeölt zu quietschen. Iiii-h … na, den Esel!«

Wir albern herum und verlieren uns völlig im Spiel, bis es Zeit wird, tatsächlich unseren Vierzylindermotor anzulassen und auf das Fleckchen Land umzuziehen, das uns Tom für unseren Aufenthalt empfiehlt. Hier dürfen wir unser Lager errichten. Das malerische Plätzchen mit den wuchernden Pflanzen, einer sagenhaften Aussicht in ein verwunschenes Tal und viel Fläche für Jonnys Weide ist rundum perfekt für uns. Damit unser Stall einigermaßen gerade steht, haben wir große Steine gesucht und diese hinter den Reifen platziert. Stefan gibt vorsichtig Gas, während ich ihn einweise: »Ja, weiter. Noch ein kleines Stück. Zwei Zentimeter! Perfekt!« Jonny läuft erfreut auf seiner großen Weide rings um den Stall herum. Eine dicke Kiefer steht daneben und bildet für ihn ein geeignetes Regendach, sollte das Wetter umschlagen. Wir richten uns gemütlich ein, ich platziere eine Wäscheleine und hänge die Solarlampions auf. Wir haben unser eigenes kleines Plätzchen im Nirgendwo in Portugal. Es ist unbeschreiblich schön.

Am Silvestertag lässt der Regen leider nicht lange auf sich warten. Während wir auf der Ranch beim Holzmachen helfen, werden wir immer wieder von Schauern überrascht. Auf die Terrasse pflatschen dicke Tropfen vom Dach herunter und sammeln sich in einer großen Pfütze, über die wir Bretter als Brücken legen. »Ihr könntet hier eine Dachrinne montieren, um das Wasser zu sammeln«, schlage ich vor. Sylvie lächelt müde: »Es hat in meinen Augen zwar keinen Sinn, aber an unserem alten Haus sind Dachrinnen nicht erlaubt. Alle Regeln verstehe ich noch immer nicht. Dagegen erscheinen mir die vorgeschriebenen Farben der Fensterrahmen, um böse Geister abzuhalten, logischer. Vielleicht hab ich aber auch etwas falsch verstanden.«

Trotz Regen schaffen wir es, unter dem Terrassendach zu grillen, und pünktlich zum Essen macht der Regen sogar eine Pause. So sitzen wir zu acht rund ums Lagerfeuer. Besonders den selbst gemachten Kartoffelsalat lasse ich mir auf der Zunge zergehen: »Einmalig lecker!« Ich beobachte Jonny und Lauser, die im Dunkel durch den Garten streifen und sich offensichtlich gegenseitig nicht als Bedrohung ansehen. »Abwarten, bis Lauser Jonny den Futterautomaten verraten hat. Dann sind sie beste Freunde.«

Der Abend wird ruhig und gemütlich, mit schönen Gesprächen am Feuer und hin und wieder einer Kartenrunde. Auch Jonny kommt vorbei, um sich an den Flammen zu wärmen. Der Vollmond leuchtet so hell zwischen den Schleierwolken hervor, dass der Hof in einem mystischen Licht liegt. Mit funkelnden Wunderkerzen zählen wir den Countdown ins neue Jahr. Ein Jahr, das mit Sicherheit viel Neues bringen wird: »Fünf! Vier! Drei! Zwei! Eins! Yaaaaay! Hallo, 2021!« Wir klatschen, heben die Wunderkerzen in die Höhe und stimmen dann gemeinsam an: *»Happy birthday to you. Happy birthday to you. Happy birthday, dear Stefan. Happy birthday to you!«* Wieder klatschen alle, während Stefan peinlich berührt in der Mitte steht, er ist 29 Jahre alt geworden. Wir wünschen einander alles Gute für das neue Jahr und Stefan gleich zweimal.

Später sitzen Stefan und ich zu zweit draußen am Lagerfeuer und beobachten Jonny, der in Begleitung seines Mondschattens vor uns glücklich seine Kreise dreht. Stefan nimmt mich in den Arm: »Mal ein ganz anderes Silvester. Kein Feuerwerk, keine Party, im kleinen Kreis, ganz gemütlich am schönsten Ende der Welt, umgeben von Natur. Und so ruhig.« Ich betrachte die Wolken, die sich mit einsetzendem Wind beiseiteschieben und weit in der Ferne das Sternenmeer bis zu uns funkeln lassen: »Ich find's wunderschön.«

INSHA IN NOT

Tag 31 | Bei Santiago do Cacém

Am nächsten Tag ist es draußen feucht und klamm bei etwa sieben Grad. Jonny freut sich zwar ungemein, als wir um halb zehn Uhr die Tür wieder öffnen – um acht Uhr hat er bereits Frühstück bekommen –, doch wir sind eher im Kuschel- und Verkriech-Modus. Das neblige Wetter ist zum Dösen perfekt.

Sobald Stefan wieder eingeschlafen ist, nutze ich die Gunst der Stunde, um heimlich sein Geburtstagsfrühstück vorzubereiten. Den Vorhang, der eigentlich fürs Fenster gedacht ist, hänge ich als Sichtschutz zwischen Küche und Schlafzimmer. So kann ich in Ruhe vorne werkeln, und Stefan kann nicht spitzen, falls er aufwachen sollte. Ich schneide Äpfel und Bananen ins Müsli, brate Rührei mit Zwiebeln, Paprika und Tomaten, koche Kaffee und stecke Schokoröllchen und Wunderkerzen in einen Schokokuchen, den ich heimlich im letzten Laden besorgt habe. Nun ist alles fertig. Ich drapiere das Überraschungsfrühstück hübsch auf unserem Holztablett und laufe gemeinsam mit Jonny einmal um Eddy herum zur Hintertür. Pünktlich, als hätte ich sie bestellt, schiebt sich die Sonne raus. Es wird schlagartig ein paar Grad wärmer und richtig frühlingshaft.

Mit einem Ruck öffne ich die Hecktüren, die Sonne strahlt aufs Bett und kitzelt Stefan aus den Federn. Jonny schaut neugierig hinein, und ich zünde flink die letzte Wunderkerze an: »Was ist heut für ein Tag? Heut ist kein schöner Tag! Doch, doch, heut ist ein schöner Tag, weil unser Stefan heut Geburtstag hat, hurra, hurra, hurra!« Stefan hebt seinen Kopf aus dem Kissen und strahlt uns an. »Wie süß seid ihr denn? Danke schön!«

Zuerst brunchen wir im Bett, und da die Sonne beschließt, noch eine Weile dazubleiben, klappen wir später die Solarpanels hoch und ziehen auf unsere Dachterrasse um. Die Aussicht von hier ins Tal ist gigantisch. Jonny hat es sich unten vor dem Stall gemütlich gemacht und sich hingelegt. Wir hingegen lassen uns nun den Schokoladenkuchen schmecken.

Am Nachmittag, als ich gerade die Küche aufräume und Stefan vom Spülen mit Regenwasser in unserer Waschbeckenschüssel zurückkommt, fährt Tom vor und hupt aufgeregt: »Hey, ihr zwei! Ich brauch eure Hilfe. Könnt ihr schnell mitkommen?«

Wir springen mit in den Geländetruck. »Jonny, wir sind bald zurück. Bis gleich!«, rufe ich noch, bevor Tom losdüst und kurz darauf rechts abbiegt. »Hier auf dem Grundstück steht Insha, unser lieber Rentner. Der Arme lag wohl schon die halbe Nacht am Boden und kommt nicht mehr hoch. Wir brauchen jeden zum Anpacken, damit wir ihn beim Aufstehen unterstützen können.«

Tom eilt besorgt voraus, wir dicht hinter ihm her. Toms Familie und drei weitere Erwachsene stehen bereits um Insha herum. Der große braune Andalusier liegt auf der linken Seite auf der Erde. Dass er es aus eigener Kraft wieder auf die Beine schafft, hat er inzwischen aufgegeben. Zusätzlich röchelt er ganz seltsam und schäumt aus dem Maul. Die Dame, der wohl das Grundstück gehört, ist außer sich: »Ich war nur am Morgen nicht da. Gestern stand er noch. Oje, ich weiß nicht, wie lange er da schon liegt, der Arme. Wir haben ihm etwas Hafer und Wasser zur Stärkung gebracht, doch ich befürchte, das war keine gute Idee.«

Tom schüttelt den Kopf und nähert sich Insha vorsichtig. Er tätschelt ihn am Hals: »Na, du guter, alter Kerl. Wir schaffen das.« Anschließend blickt er ernst in die Runde: »Ich befürchte, er hat sich auch noch eine Schlundverstopfung zugezogen. Wir müssen ihn hochbekommen, damit er sich entspannt. Haben wir einen breiten Gurt? Eine Hängematte ginge auch.«

Weil ich mit Jonny schon einmal eine ähnlich röchelnde Situation durchgemacht habe, die zum Glück sehr glimpflich ausging, weiß ich, dass uns nicht viel Zeit bleibt. Eine Schlundverstopfung kann zum Beispiel bei zu hastigem Fressverhalten auftreten, wie damals, als sich Jonny an einem Stückchen trockenem Brot verschluckte. Es ist, als würde uns ein Bonbon quer im Hals stecken. Meist rutscht das Essen bei einem entspannten Rachen von selbst wieder weiter, doch wenn nicht, ist dringend ein Tierarzt gefragt, weil Insha daran ersticken könnte. Ich knie mich neben ihn und beginne, seine linke Halsseite zu massieren, um die Muskulatur zu entspannen. Heidi, die Dame des Hauses, und Georg, ihr Mann, eilen mit zwei Hängematten herbei.

Tom weist uns in seinen Plan ein und packt dabei sofort an: »Wir müssen die Matten unter seinem Bauch durchfädeln. Hier, schau mal, ob du sie schon unter seinem Bauch greifen kannst, Stefan. Eine Hängematte vorne und eine hinten. Breit auffächern, damit der Stoff ihm nicht in die Haut einschneidet. Okay. Wunderbar. Jetzt aufteilen. Zwei bis drei Leute an jedes Ende. Auf drei heben wir an und hoffen, dass Insha mitarbeitet. Heidi, stell du dich hinter ihn und mach auf drei Lärm mit einer Blechbüchse. Das treibt ihn an.«

Wir stehen angespannt und voller Hoffnung um Insha herum. Mit Toms Familie sind wir zehn Leute und haben uns auf die vier Enden der Hängematten aufgeteilt. Ich halte den Stoff bereits fest und warte auf Toms Kommando: »Alle bereit? Insha, jetzt musst du mit aller Kraft mithelfen. Eins, zwei, drei!«

Mit ächzenden Geräuschen heben wir an. Insha tut, was er kann. Er stellt seine Vorderbeine auf, doch seine Hinterbeine sind zu schwach, sodass er mit dem Po immer wieder wegknickt. »Super erster Versuch. Gleich noch mal!« Wir schütteln kurz die Hände aus und packen wieder zu. »Eins, zwei, drei! Insha, los, los komm!« Wir feuern Insha an, und Heidi knallt zwei Blechbüchsen aneinander, dass es nur so scheppert. Insha gibt sein Bestes. Leider können wir ihn nur unterstützen, doch ganz hochheben können wir ihn rein vom Größenverhältnis her schon nicht. Die Hängematten knarzen unter dem Gewicht. Insha strengt sich an und kämpft. Doch seine Hinterbeine haben keine Kraft, um sich aus halber Höhe nach oben zu drücken. Wieder lassen wir Insha vorsichtig nach unten.

Nach drei weiteren Versuchen ist auch Tom ratlos. »Er lag schon einmal flach, aber da haben wir ihn mit vereinten Kräften wieder hochbekommen. So schlimm war es noch nie. Sein Röcheln wird auch nicht besser.« Er seufzt tief. Emma kommen die Tränen. Ihr ist bewusst, dass es für ein Pferd das Todesurteil bedeutet, wenn es nicht mehr aufstehen kann. Tom wählt bedrückt die Notfallnummer eines Tierarztes und zieht sich zum Telefonieren zurück. Ich sitze wieder neben Insha und massiere seinen Hals. Der arme Kerl röchelt gewaltig. Es scheint immer schlimmer zu werden. Georg organisiert währenddessen einen Bekannten, der mit dem Traktor anrücken könnte.

Heidi löst mich mit der Massage ab. »Inshallah ist sein voller Name. Er bedeutet: So Gott will. Ich hoffe, Gott ist auch jetzt bei ihm. Er ist so eine liebe, alte Seele.« Tom hat den Tierarzt erreicht, der nun auf dem Weg zu uns ist. Etwa fünfzehn Minuten später rattert aber zuerst ein alter Fendt mit Frontlader um die Ecke. Micha, ein junger Mann um die dreißig, steigt ab und zündet sich ganz lässig und völlig unpassend zur Situation auf dem Weg zu uns erst einmal einen Joint an. »Da bin ich. Und was genau ist jetzt euer Plan?« Tom, der erheblich angespannter ist, erklärt ihm die Vorgehensweise.

Behutsam zuckelt Micha an Insha heran und lässt seine Frontladegabel direkt über ihm so weit hinab, dass wir die Hängematten daran befestigen können. »Nun langsam und gerade nach oben, bis Insha steht«, delegiert Tom von unten in die Fahrerkabine. »Hoffen wir, dass er von alleine stehen bleibt.«

Ich falte bittend die Hände und halte den Atem an. Zentimeter für Zentimeter hebt Micha Insha in den Hängematten nach oben. Zuerst lässt dieser sich schlapp hängen, doch mit einem Mal scheint er Mut zu fassen und richtet sich auf. »Stopp, Micha! Perfekt. Er steht. Ganz langsam ein kleines Stück nach unten fahren, damit wir die Hängematten vorsichtig lösen können. Wunderbar.«

Ich atme auf. Insha steht etwas benommen auf der Wiese. Heidi unterstützt ihn bei den ersten Schritten. Er wackelt gebrechlich, aber dankbar voran. Leider hat er noch immer Atemnot, denn seine Schlundverstopfung ist in der vergangenen Stunde nicht besser geworden.

Der Tierarzt gibt ihm zunächst eine Beruhigungsspritze. Anschließend müssen wir alle noch einmal kräftig zusammenhalten. Insha bekommt einen Schlauch durch ein Nüsternloch tief in den Rachen hineingeschoben. Ein Gummihandschuh des Arztes wird zum Wasserballon umfunktioniert. Wir füllen lauwarmes Wasser hinein. Ich halte den vollen Handschuh über meinen Kopf und dichte ihn mit der Hand zum Schlauch hin ab. Es soll sich Wasserdruck bilden, und wir hoffen, die Verstopfung so zu lockern und auszuspülen. Es scheint zu funktionieren. Doch die Angelegenheit ist nichts für schwache Nerven. Heidi steht neben Insha, tätschelt ihn und spricht ihm Kraft zu. Der Arzt gibt die Kommandos und achtet auf den Schlauch und die Wasserzufuhr. Stefan und ich wechseln uns damit ab, den Wasserballon in die Höhe zu halten, denn nach einer Weile werden die Arme schwer. Tom organisiert alles, was der Tierarzt verlangt, und Georg läuft auf und ab, um frisches Wasser zu besorgen.

Jeder tut, was er kann.

Die schwierigste Aufgabe jedoch bleibt Insha überlassen. Durch den Schlauch spülen wir Essensreste und verhärtete Klumpen heraus, während er aus den Nüstern blutet. Hin und wieder muss er husten oder schnauben, woraufhin uns Blut, Rotz und Wasser um die Ohren fliegen und wir anschließend rot gesprenkelt sind. Obwohl der Eingriff eine Ewigkeit dauert, gibt der Tierarzt nicht auf. Minute für Minute wird es langsam, aber kontinuierlich besser, bis Inshas Schlund endlich wieder frei ist. Uns fällt ein Stein vom Herzen, und Emma tritt erleichtert mit Freudentränen dazu, um Insha zu gratulieren.

BRANDGEFÄHRLICH

Tag 32–33 | Bei Santiago do Cacém

Nach den aufregenden Ereignissen am Vortag wollen wir uns heute mit einer ruhigen Wanderung durch die sagenhaft schöne Landschaft des Alentejo verwöhnen. Bereits am Vormittag, gleich nach dem Pferdefüttern, sind wir mit Picknick in Jonnys kleinen Wandertäschchen losgezogen. Tom hat uns eine Route in Richtung Süden empfohlen. Genau unsere Richtung – immer gen Süden! Weil Tom digitale Karten auf dem Handy zu kompliziert findet, hat er uns die Schlüsselstellen des Weges kurz erklärt. »Das findet ihr schon. Ist ein toller Trail.« Und damit behält er recht.

Wir haben den luftigen Kiefernwald hinter uns gelassen und sind nun auf einem von der warmen Sonne frisch getrockneten Feldweg unterwegs. Es ist frühlingshaft warm. In der Ferne wiegen sich Hunderte Eukalyptusbäume im Wind. »Das ist der Eukalyptusweg, dort müssen wir durch.« Vergnügt steuert Stefan darauf zu und wird allmählich schneller. »Dahinter müssten wir zu dem Tal mit den Korkeichen kommen. Wollen wir dort …«

Mehr verstehe ich nicht. Ich warte einfach ab, wann er es bemerkt. Kurz darauf dreht Stefan sich um und sieht, dass Jonny und ich zurückliegen. »Ups! Ich dachte, ihr wärt direkt hinter mir.« Er wartet und lässt uns aufholen.

Es ist erstaunlich, wie schnell man automatisch sein Tempo erhöht, wenn man nicht über den Führstrick direkt mit Jonnys gemächlichem Schritt verbunden ist. Schließlich gehen wir Menschen im Durchschnitt in einer Geschwindigkeit von rund fünf bis sechs Stundenkilometern. Da Jonny nur etwa zwei bis drei Stundenkilometer an den Tag legt, üben wir uns in Langsamkeit. Ohnehin keine schlechte Sache, sich ab und an daran erinnern zu lassen, etwas ganz bewusst langsamer zu tun, und dadurch mehr Zeit zu haben, um nach links und rechts zu sehen. »Danke, Jonny, du Chiller!«

Der Eukalyptuswald verzaubert uns. Wahnsinn, wie hoch die Bäume sind, ihre Kronen rauschen leise im Wind. Vertrocknete, längliche Eukalyptusblätter bilden einen raschelnden Teppich über dem gesamten Waldboden und unserem Pfad. Es duftet minzig frisch. Ich nehme ein paar tiefe Atemzüge.

So wundervoll, wie es aussieht, ist es aber leider nicht. Als wir Tom am Vorabend nach dem Weg fragten, erfuhren wir mehr: »Die Eukalyptusplantage ist eine Sauerei! Industriell angelegte Monokultur. Der schnell wachsende Eukalyptus ist hier nicht heimisch. Er wurde importiert, zum Beispiel für die Papier- und Zelluloseindustrie, und dafür wurden hektarweise natürlich gewachsene Wälder mit portugiesischen Pflanzen gerodet. Industrie und Waldbesitzer profitieren enorm, aber nach der Umwelt fragt mal wieder niemand. Eukalyptus braucht extrem viel Wasser und laugt die Böden aus. Flachwurzler und andere Pflanzen haben keine Chance, und auch der Grundwasserspiegel sinkt, obwohl wir im Sommer ohnehin schon gut mit dem Wasser haushalten müssen. Zudem ist die Waldbrandgefahr sehr hoch. Habt ihr mal einen grünen Eukalyptuszweig angezündet? Brennt wie staubtrockene Kiefernnadeln. Besonders im heißen Sommer ist das echt gefährlich.«

Es ist zwar gut und wichtig, aber manchmal auch traurig, wenn man die Hintergrundgeschichten erfährt. So setzen wir unseren Spaziergang durch die gigantische Plantage zwar staunend, aber auch sehr nachdenklich fort.

Die Sonne strahlt zwischen den Bäumen hindurch, in etwa hundert Metern wird es lichter, und die Baumreihen öffnen sich. Zum Vorschein kommt eine weite Fläche mit dicht bewachsenem Gestrüpp und vereinzelt stehenden Korkeichen. Der Pfad schlängelt sich in weiten Kurven durch das etwa einen Meter hoch bewucherte

Buschland und sticht zwischen dem ausgewaschenen Grün der Blätter mit rotbrauner Erde leuchtend hervor.

Nur wenige Meter hinter einer Kuppe eröffnet sich uns ein sagenhafter Ausblick in ein völlig natürlich bewachsenes Tal. Wir halten ein paar Minuten inne und lassen die Aussicht auf uns wirken. Es ist so warm, dass wir sogar unsere Pullis ausziehen können. Wie eine Solaranlage sauge ich die Sonnenstrahlen in mich ein. Es könnte nicht schöner sein! Stefan und Jonny sind hier, die Sonne ist da, es ist warm, und es geht uns gut. Nach dem aufreibenden Nachmittag mit Insha gestern ein zauberhafter Jahresanfang.

Stefan nimmt Jonnys Führstrick. »Wollen wir auskundschaften, wie es hier weitergeht?« Ich grinse ihn an. Wir sind uns einig. Ich zeige Stefan, wie er Jonny einen steilen Hang am besten hinunterführt: »Immer große S-Kurven laufen, damit er nicht geradeaus hinunterrennt. Das wäre viel zu steil. Wartet am besten kurz oben. Ich sehe nach, wie es nach dem Gefälle weitergeht.«

Ich rutsche auf dem Gemisch von Erde und Steingeröll ein ganzes Stück hinunter. Kaum bin ich um die Kurve hinter einer Hecke verschwunden, höre ich ein polterndes Geräusch. Ich meine fast, die Erde vibrieren zu spüren. Was ist das, und woher kommt es? Ich mache ein paar Schritte zurück zu Jonny und Stefan – und erschrecke mächtig, als die beiden in genau diesem Moment mit vollem Karacho um die Kurve biegen! In regelrechtem Schweinsgalopp rennen sie geradewegs den Berg hinunter. In der Ebene traben sie allmählich aus. Ein Wunder, dass sie sich dabei nicht überschlagen haben. »Entschuldige! Ich konnte ihn einfach nicht aufhalten.« Stefan schnappt nach Luft.

»Da lass ich euch Lausbuben ein einziges Mal aus den Augen!« Wir lachen, denn allen geht es gut.

Auch die weiteren, etwas seichteren Gefälle galoppiert Jonny neben dem den Schwung nutzenden Stefan her. Auch ich reihe mich mit ein. Wir hopsen und laufen, was das Zeug hält, und fühlen uns unendlich frei!

Nach einem ausgiebigen Picknick unten im Tal wählen wir einen Weg, der im Abendleuchten in einer Schlaufe zurück zur Eukalyptusplantage und schließlich zur Ranch führt. Unterwegs sammeln wir ein paar grüne Eukalyptusäste ein, denn was Tom uns erzählt hat, wollen wir unbedingt austesten. Zusätzlich beladen wir uns noch mit trockenen Kiefernästen. Jonny darf das letzte Stück bis zur Ranch alleine vorauslaufen, während wir voll bepackt folgen. »Da hat man schon einen Esel, und dann trägt man doch alles selbst. Hast du ein Glück, Jonny!«, rufe ich ihm amüsiert hinterher.

Auch als wir das Heunetz für Jonny auf der Ranch gefüllt haben, ist eher Stefan der Packesel. Er schwingt den Sack wie ein Weihnachtsmann über seine Schulter, und Jonny spaziert vergnügt direkt hinter ihm her, während er versucht, sich bereits auf dem Weg zu Eddy ein paar Heuhalme rauszuziehen.

Da heute unser letzter Abend auf der Ranch ist, kosten Jonny, Stefan und ich unser einsames Plätzchen in der Natur noch einmal so richtig aus, nachdem uns Tom bei einem geselligen Abendessen mit der Familie liebevoll schmunzelnd eröffnet hat: »Ich war mir ja nicht sicher, ob ihr nicht völlige Spinner seid mit eurem Jonny. Aber ich denke, ihr seid ganz okay.« Kaum haben wir eine schöne Glut in der alten Waschmaschinentrommel, die ich sowohl als Feuerschale als auch als Misteimer für Jonnys Äpfel verwende, beginnt es, ein wenig zu regnen. Ein weiteres Mal versuchen wir unser Glück und brauchen eine ganze Weile, bis das Kiefernholz trotz hin und wieder fallender Tropfen brennt und uns wärmt. Neben Jonnys Liegeplatz haben wir es uns im Schneidersitz vor dem Feuer bequem gemacht.

»Das Kiefernholz tut sich bei dem Regen schwer, aber lass uns mal die Eukalyptuszweige ausprobieren«, schlage ich vor. Ich bin gespannt, denn ich kann mir beim besten Willen nicht vorstellen, dass diese im regenfeuchten und grasgrünen Zustand überhaupt Feuer fangen. Ich halte einen Zweig über die Flamme. Zuerst geschieht nichts, doch keine fünf Sekunden später steht plötzlich mit einem beunruhigenden Zisch-Geräusch der gesamte Zweig in Flammen. Die Blätter verpuffen wegen der ätherischen Öle regelrecht, die Feuchtigkeit verdampft, es knistert mächtig, und die Flamme erlischt so schnell, wie sie aufgelodert ist, wie bei einer Explosion. Ich halte einen abgebrannten und glühenden Reststängel in der Hand.

»Krass«, bringe ich nur heraus, während Stefan ebenso große Augen macht. »Kein Wunder – all die Waldbrände. Das Zeug ist pures Zundermaterial.«

Der Regen lässt nach, die Wolken schieben sich auseinander, und der Mond beleuchtet unser kleines Plätzchen in portugiesischer Natur. Jonny hat sich vor unserer Stalltür eingerollt und scheint sich zu freuen, als ich ihm wie jeden Abend zuflüstere: »Gute Nacht, schlaf schön! Und danke! Ich hab dich so lieb. Du bist der beste Esel auf der ganzen Welt.«

Esel sind auch in unwegsamem Gelände absolut trittsicher.

TEIL 9

IM ÄUSSERSTEN SÜDWESTEN EUROPAS

ESELBOX VS. BADEWANNE

Tag 34 | Von Santiago do Cacém bis Lagos

Etwas unsicher, ob wir hier wirklich bleiben wollen, fahren wir nun bereits die zweite Runde über den Campingplatz in Lagos, wo wir soeben für zwei Nächte eingecheckt haben. Das Gelände ist von einer hohen, hässlichen, abgeblätterten Steinmauer umgeben, hinter der Straßenlärm tobt. Die Stellplätze kommen fast durchgehend nicht infrage für Jonnys Weide, und ich grüble, wieso wir uns für diesen Campingplatz entschieden haben. In einer Ecke neben einem wohl über den Winter abgestellten Boot finden wir schließlich doch ein geeignetes Plätzchen.

Gerade als Jonny aus der Schiebetür hinaushüpft, spaziert eine junge Frau in Richtung der Waschräume an uns vorbei und kann ihren Blick gar nicht mehr abwenden. Kaum habe ich den Zaun aufgebaut, sieht sie neugierig um die Ecke: »Hey, ihr seid aus Deutschland? Ich bin Ramona. Ist der bei euch mitgefahren?« Sie deutet verblüfft auf Jonny.

»Klar, Jonny gehört zu uns.« Ich grinse.

Sie hält Jonny die Hand hin: »Hallo, Jonny! Ihr reist echt mit einem Esel? Ist ja verrückt. Wir haben unseren Hund zu Hause gelassen, weil wir dachten, das sei im Bus zu eng, aber wenn ihr einen Esel dabeihabt, frag ich mich echt, was eigentlich unsere Sorgen waren. Darf ich ihm eine Karotte bringen? Ich muss ihn unbedingt Basti, meinem Freund, vorstellen. Wenn ihr wollt, kommt doch später bei uns vorbei. Ist der schwarze VW dort hinter dem Eukalyptusbaum.«

Das machen wir nur zu gern. Doch zuallererst ist eine Dusche dringend nötig. Auf der Ranch haben wir uns nur mit dem Gartenschlauch abgespritzt, da dort der Warmwasserboiler kaputt war. Mit heißem Wasser vom Gasherd und ein wenig kaltem aus dem Schlauch war immerhin eine Katzenwäsche drin. Toms privates Badezimmer wollten wir ungern nutzen. Zudem hat uns dort am ersten Abend eine gigantische Ameisenstraße überrascht, die munter quer durchs Bad und einmal über den Duschrand in den Abfalleimer marschierte. Da beschlossen wir, die Tierchen lieber nicht zu stören. Eine Dusche mit heißem, fließendem Wasser, das ist einfach purer Luxus auf Reisen. Danach fühlt man sich wie neu geboren.

Voller Vorfreude richte ich mich in einer Duschkabine ein und drehe das Wasser bis zum Anschlag auf. Doch es kommen nur ein einzelner dicker Strahl und drei quer herausschießende feine Strahlen mit wenig Druck aus dem verkalkten Duschkopf, der an der Wand weit über mir befestigt ist. Ich warte und warte und bibbere neben dem immer noch eiskalten Wasser. Ein Büschel schwarzer Haare schwimmt Richtung Abfluss an mir vorbei, und ich bereue, meine Flipflops vergessen zu haben. Auf Zehenspitzen balanciere ich auf den kalten Fliesen und bewege meine rechte Hand unter dem Wasserstrahl hoffnungsvoll hin und her. Schließlich wird er immerhin lauwarm. Durch die Kabinen pfeift der Wind, und das Wasser ist definitiv nicht warm genug, um lange darunter zu verweilen. Im wahrsten Sinne des Wortes erfrischt, tipple ich zurück zum Stall.

Etwa eine Stunde später haben wir uns eingerichtet und Nudeln mit Pesto gekocht. Auch Jonny hat es sich in seiner Eckweide gemütlich gemacht. Zusammen spazieren wir in der Abenddämmerung bei Ramona vorbei. »Hey, Jonny, ich hab was für dich.« Sie hält ihm eine Karotte hin und stellt uns dann Basti vor. Anschließend sprudelt es aus ihr heraus: »Macht ihr Urlaub, oder lebt ihr zu dritt im Bus? Basti hat in Deutschland seine Firma und das Haus verkauft, und meine Wohnung haben wir letztes Jahr gekündigt. Jetzt leben wir übergangsweise in unserem Sprinter Ulli. Eigentlich sind wir auf der Suche nach einem Grundstück in der Gegend. Das ist unser Traum!«

Wir erzählen im Gegenzug, wie es uns hierher verschlagen hat, und dürfen uns ihren Bus ansehen. Bei ihrem Ausbau muss man von wahrer Kunst sprechen. Alte Holzlatten im Piratenschiffstil, bunte Küchenfliesen, Regale aus Bast und ein Makramee-Fliegenvorhang aus Wolle schmücken den Wohnbereich. Bei genauem Hinsehen entdecke ich viele kleine, künstlerische Überraschungen: Holzhalterungen für Reagenzgläser, in denen frische Blümchen und gesammelte Federn stecken, eine Europakarte aus Stoff auf einen Rahmen genäht, der mit einem groben Jutestoff überzogen ist, eine Lichterkette aus Miniananas, ein australisches Didgeridoo, Traumfänger und ein Kuscheltieräffchen.

»Ich glaub, ich hab noch nie einen so gemütlichen Bus gesehen!« Ich bin nahezu sprachlos. »Ihr beiden scheint echte Künstler zu sein.« Ramona winkt ab: »Dafür haben wir keinen Platz für unseren Hund, der ist bei Bastis Eltern. Wobei, wie gesagt, er hätte schon noch reingepasst, wenn bei euch sogar Jonny Platz hat.«

Basti setzt sich auf die oberste Trittstufe in der Tür und verkündet stolz: »Dafür habe ich Ramona den Wunsch einer Badewanne erfüllt.« Stefan macht große Augen: »Echt jetzt? Wo?« Ramona zeigt unters Bett. »Da, wo ihr die Box für Jonny habt, haben wir eine Badewanne. Basti ist schon seit November unterwegs. Ich bin erst vor ein paar Tagen nach Portugal nachgeflogen. Die Lebensumstellung ist noch ziemlich neu für mich. Geborgenheit und ein festes Zuhause sind mir auch echt wichtig. Manchmal macht's mir ein wenig Angst, aber wenn ich dann sehe, wie ihr mit eurem Esel reist, frag ich mich, wovor ich eigentlich Angst hab. Jedenfalls war ich so gerührt von dieser Wanne extra für mich. Frag mich nur noch, wie wir die mit heißem Wasser vollbekommen sollen.«

Wir verstehen uns so gut, dass wir erst jetzt bemerken, wie schnell es dunkel geworden ist. Nur die Lampen des Campingplatzes und einige Nachtlager von anderen Gästen leuchten noch. Wir treten den Heimweg an. Leider stellt sich unser Übernachtungsplatz als nicht besonders geeignet für Jonny heraus. Seine Weide liegt unter einer Straßenlaterne, die es nicht richtig dunkel werden lässt. Zudem wird jedes Mal, wenn jemand zum Wasch- und Toilettenhäuschen läuft, der Bewegungsmelder und das damit verbundene Licht ausgelöst. Das erregt Jonnys Aufmerksamkeit, und treu, wie unser »Wachesel« ist, beginnt er zu rufen. Jedes Mal. »Vielleicht gewöhnt er sich noch daran«, hoffe ich. »Schließlich ist das Licht recht weit entfernt.« Ich habe mich mit Stefan bereits eingekuschelt, als wir feststellen, dass das Ganze so keinen Sinn hat. Jonny würde die gesamte Nacht nicht zur Ruhe kommen, da die Menschen zur Toilette nur so zu pilgern scheinen.

Wir raffen uns auf, ich baue den Zaun ab und weise Stefan beim Umparken ein, bis unser Stall genau in der Sichtachse zwischen Weide und Waschhäuschen steht. Jonny kann nicht mehr hinübersehen und kommt endlich zur Ruhe. »Problem gelöst! Jetzt kannst du chillen, Jonny.«

Stefan hat sich bereits wieder eingekuschelt und nimmt mich mit angehobener Bettdecke in Empfang. »Hier ist kein so passender Platz für uns, was? Lass uns morgen an der Küste von Lagos wandern gehen und übermorgen einen schöneren Ort suchen«, schlägt er vor. Ich nicke, und mit diesen neuen Plänen im Hinterkopf fallen uns gedankenmüde die Augen zu.

JONNY MAG EIN EIS

Tag 35 | Lagos

Wie jeder Morgen beginnt auch dieser mit einem kräftig-quietschenden »Iiii-h!«. Ich schäle mich aus dem Bett und öffne die Schiebetür. »Guten Morgen, der Herr!«, begrüße ich Jonny. »Hast du gut geschlafen? Hmmm, wir auch nicht so richtig. Ist recht laut hier mit der Straße hinter der Mauer, was? Hey, Jonny, jetzt drängle nicht so. Ich zieh dir ja schon Heu aus der Vorratskammer.« Jonny stupst mich mit seinem Kopf an und macht mir klar, dass er sich zwar freut, mich zu sehen, sich allerdings gerade noch mehr über ein leckeres Frühstück freuen würde. Ich stecke meinen Arm tief ins Heulager hinter den Taschen mit den Kiteboards unter dem Bett und ziehe ihm ein großes Büschel hervor. Zuerst habe ich das Heulager stets offen gelassen und nichts davorgeschoben, jedoch futtert Jonny dann ohne Unterlass, und in kürzester Zeit ist alles weg. So kann ich den Heuverbrauch etwas besser kontrollieren, und er macht zwischendurch auch mal eine Pause.

Verschlafen klettere ich zurück ins warme Bett. Da es morgen bereits weitergehen soll, genießen wir den Vormittag und dass wir nicht gleich wieder packen müssen. Wir dösen gemütlich vor uns hin, als mit einem Mal das Bett, nein, der gesamte Stall zu wackeln beginnt. »Was ist denn hier los?« Erschrocken setzt Stefan sich auf. Ich robbe in die Decke eingewickelt zur geöffneten und nur mit dem halblangen Vorhang verhängten Tür. Da entdecke ich den Übeltäter: »Stefan, wir haben eine Maus!«

Stefan schaut verwundert. »Was?«

»Ja echt, wir haben eine Wühlmaus im Stall. Eine echt fette und freche graue Wühlmaus in Eselsgröße, die gerade ihren Kopf samt Hals unter der Boardbag hindurchschiebt, um sich über das Heulager herzumachen. Ich fasse es ja nicht. Hallo, du!« Ich stupse die Wühlmaus am Schulterblatt an. »Hallo, Entschuldigung, was haben Sie denn da vor?« Sobald ich den Frechdachs angestupst habe, zieht er gemächlich seinen Hals unter dem Bett hervor, hält dabei ein gutes Büschel Heu im Maul und schaut mich ertappt und fragend zugleich an, als würde er sagen: »Was ist? Was kann ich denn dafür, dass ihr das Heu so weit nach hinten geschoben habt?«

Stefan und ich müssen bei diesem Anblick unwillkürlich lachen.

Am frühen Nachmittag unternehmen wir eine Wanderung aus der Stadt hinaus in die Natur. Ein Stück die Estrada da Ponta da Piedade hinunter in Richtung Küste wird die Straße immer schmaler, bis sie nur noch einem einspurigen Feldweg gleicht. Nach einer Weile striktem Geradeauslaufen biegen wir in einen schmalen Trampelpfad ein. Dieser ist von großen sogenannten Flat-Face-Kakteen umringt, deren »Blätter« so groß sind wie Frisbeescheiben. Er führt uns auf direktem Weg bis an die unbebaute, raue Felsenküste der Algarve, für die Portugal besonders bekannt ist. Man könnte sie nicht schöner malen. Rotbraune Felsen ragen brüchig rings um die Bucht ins Meer und sind bestimmt fünfzig bis hundert Meter hoch. Trotz des bedeckten Himmels leuchten ihre Farben in warmen Tönen. An flacheren Felsstellen haben sich grüne Kletterpflanzen angesiedelt.

Wir balancieren über die engen, vorgetrampelten Wege direkt auf den gigantisch hohen Felsen entlang. Der Atlantik wirkt schier endlos und seine Kraft auf mich stärkend und einschüchternd zugleich. Die Wellen klatschen mit mächtigem Schwung gegen die Felsen, die von Agaven geschmückt sind. Das Wasser, das in ständiger Bewegung ist, hat eine große Höhle in den Felsen gewaschen, deren Ausgang aufs offene Meer hinauszeigt. Stefan blickt staunend in die Tiefe. »Ob Noah in so einer gelebt hat?« Das Meer spritzt fast bis zu uns nach oben. Jonny ist das Rauschen nicht geheuer. Angespannt dreht er seine Ohren in dessen Richtung und geht nur langsam voran. Mit jedem weiteren vorsichtigen Schrittchen scheint er sich aber an das von unten hallende Tosen zu gewöhnen, und seine Körperhaltung lockert sich.

Ein Fels ragt weiter hinaus als die anderen, ein schmaler Weg führt an der steilen Kante entlang. »Nur nicht runterschauen«, sage ich zu mir selbst, während wir uns vorsichtig vorantasten. Plötzlich rutsche ich aus, ein Steinchen kommt ins Rollen. Ich fange mich sofort wieder, doch das Steinchen pocht dreimal laut gegen die Felswand, bevor es nach wenigen Sekunden freiem Fall mit einem dumpfen »Plopp« im Wasser verschwindet. Sprachlos sehe ich ihm nach. Bei dem Gedanken, hier einen falschen Schritt zu machen und ebenso zu enden, wird mir schwindlig. Ich atme tief durch. »Ach Quatsch. Wir fallen nicht«, spreche ich mir Mut zu. »Wir machen weiter einen Schritt nach dem anderen. Du machst das klasse, Jonny. Bist du dir sicher, dass du mitmöchtest?« Doch unser Langohr wirkt geerdet und trittsicher.

Der beschwerliche Weg lohnt sich, denn hinter einem Felsbrocken gelangen wir auf ein flaches Aussichtsplateau, um das herum es steil hinuntergeht. Stefan ist auf einen anderen Felsvorsprung in etwa dreißig Meter Entfernung geklettert und winkt aus der Ferne: »Hey, ihr beiden! Hier drüben!«

Ich zeige Jonny, woher die Rufe kommen, und juble: »Wuhu! Wir haben's echt bis zur Algarve geschafft. Ist das nicht wunderschön?«

Stefan legt die Hand hinter seine Ohren: »Was?«

»WUNDERSCHÖN!« Ich gebe alles, morgen bin ich bestimmt heiser.

Stefan nickt. »Ach so, ja, bin ich. Danke!«

»Haha! Stefan will mich mal wieder veräppeln, Jonny.« Dann schaue ich mich um und seufze überglücklich. »So hab ich mir Portugal vorgestellt. Diese rauen Felswände, die kleinen Buchten und der türkisblaue Ozean.« Es ist einfach perfekt!

Bis zum Praia de Porto de Mós wandern wir so nahe wie möglich an der Küste entlang. Schließlich führt uns eine gerade, gut ausgebaute Straße hinunter zum riesigen Strand. Eine junge Frau hinter dem Tresen einer Eisdiele hat uns entdeckt und eilt mit dem Smartphone wedelnd heraus: »Ein Esel! Darf ich ein Foto machen? Wollt ihr ein Eis?« Wieso eigentlich nicht?

Gemeinsam spitzen wir in den kleinen Laden am Strand. Mit begeistertem Gekicher freuen sich die Angestellten über einen Esel in ihrer Eisdiele. Auch Jonny schnuppert interessiert herum und entscheidet sich schließlich für eine Waffel, die ihm die Verkäuferin über die Theke reicht. »Du Lauser, da hast du doch gleich wieder was abgestaubt!«

Die Bucht ist mindestens einen Kilometer lang. Zu unserer Rechten ragt eine Felswand steil in den Himmel. »Schade, zum Klettern sieht die zu brüchig aus«, bedauert Stefan, während er mit erhobenem Arm und Eis in der Hand im Kreis um mich herumläuft, um sich vor Jonny zu retten. Uns wird schnell klar, dass wir uns einen romantischen Eis-Spaziergang mit Jonny abschminken können. Er versucht immer wieder, in einem unbeobachteten Moment etwas von uns zu stibitzen. Obwohl er noch Stückchen von seiner Waffel bekommt, gibt er kaum Ruhe.

»Ich muss zugeben, es schmeckt wirklich lecker. Ich kann den kleinen Kerl schon verstehen.« Ich sitze auf einem Felsbrocken und halte das Eis weit hinter mich. Noch weiter. Jonny rückt nach, streckt seinen Hals, spitzt Ohren und Lippen und versucht, dem Leckerbissen so nahe wie möglich zu kommen. Ich beuge mich noch ein kleines Stückchen weiter nach hinten, Jonny reckt sich jetzt, so sehr er kann. »Plumps«, macht es plötzlich, und ich bin rückwärts vom Stein gepurzelt, das Eis jedoch habe ich gerettet. Stolz, wie die Freiheitsstatue ihre Fackel, recke ich meine Eiswaffel in die Luft. Wir lachen. Mit dem Eis ist auch das Problem gegessen.

Wir sind die Einzigen am Strand, und Jonny beginnt, seinen Urlaub an der Algarve ausgelassen zu feiern: Er lässt sich mit einem erleichterten »Omppp«-Geräusch in den feinen Sand fallen und wälzt sich genüsslich hin und her. Ab und an schafft er es dabei nicht ganz herum und kugelt wieder zurück. Daraufhin nimmt er erneut Schwung und schwenkt sein Gewicht diesmal bis auf die andere Seite. Danach bleibt er im Sand liegen und spielt mit seinem Schweif, indem er ihn nach links und rechts bewegt und damit Muster auf den Untergrund zeichnet. »Es ist so schön, Jonny so ausgeglichen und glücklich zu sehen. Zum Glück hab ich ihn mitgenommen. Ich glaube, er freut sich richtig über die Abwechslung vom Stallleben und über die Aufmerksamkeit. Und ich freue mich besonders über die Zeit, die wir mal wieder am Stück miteinander verbringen können. Und jetzt bist du auch noch dabei.«

Stefan schmunzelt: »Ja, ich find's auch so schön mit euch. Hätte ich nie gedacht, dass ich mal mit einem Esel durch Portugal reise. Schade, dass ich euch bald wieder alleine lassen muss.«

Leider hat Stefan recht. Die Zeit läuft gegen uns, und er muss bereits in fünf Tagen zurück nach Deutschland. Die Arbeit wartet. Nach einem Monat gemeinsamen Reisens kann ich es mir ohne Stefan gar nicht mehr vorstellen. Wir sind ein so gut eingespieltes Team. Doch darüber möchte ich jetzt nicht weiter nachdenken. Immerhin bleiben uns noch ein paar Tage, die ich in vollen Zügen genießen werde.

Um zum Campingplatz zurückzukommen, müssen wir nur der schnurgeraden Estrada de Porto de Mós folgen. Sie führt uns auf kürzestem Weg wieder in die Stadt. Wir ziehen an bordeauxroten und mokkabraunen Häusern im Toskana-Stil und Villen mit weißen Säulen und Palmen vor dem Eingangsbereich vorbei. Bei genauerem Hinsehen werden wir von der Kunst des gemusterten Fliesenlegens verzaubert. Bunte Borden verzieren die Hausränder und die Fensterrahmen, Balkone und große, gläserne Flügeltüren schmücken zusätzlich die Fassade.

Da wir gerade ohnehin am Supermarkt vorbeikommen, beschließt Stefan, kurz hineinzugehen und Zutaten für einen Chili-Gemüseeintopf zu besorgen, während ich mit Jonny auf dem Parkplatz warte. Die Schaufensterscheibe ist riesig, sodass wir neugierig hindurchspähen. »Schau, Jonny, dort drin wachsen deine Karotten. Scherz! Aber da läuft Stefan. Mit etwas Glück bringt er dir welche mit. Da drüben ist eine Kassiererin. Oh, und da hat ein Mädchen tatsächlich Karotten im Korb.« Als würde er jedes Wort verstehen, beobachtet Jonny aufmerksam das Treiben hinter der Glasscheibe.

Während Stefan zwischen den Gängen verschwunden ist, haben uns andere Kunden längst bemerkt und winken uns freudig zu. Ich winke grinsend zurück.

Mit einem Mal guckt ein Mann, der gerade seinen Einkauf getätigt hat, um die Ecke: »Nanu, ich dachte, ich sehe nicht richtig. Willst du auch in den Supermarkt? Geh ruhig rein.« Habe ich das richtig verstanden? Ich verneine jedoch und zeige ihm in Zeichensprache und Englisch an, dass wir lieber von draußen zuschauen. Der Mann bleibt amüsiert bei uns und streichelt Jonny. Nur etwa zwei Minuten später schleicht schüchtern das Mädchen mit dem Korb um die Ecke und hält Jonny eine Karotte hin: »Hab ich für ihn gekauft gerade. Wie heißt er?«

Doch bevor ich ihre Fragen beantworten kann, tritt ein weiterer Mann hinzu. Er sieht verärgert aus: »Was machen Sie hier? Verschwinden Sie! Ist nicht erlaubt am Supermarkt! Sonst hole ich die Polizei. Sofort. Esel gehören aufs Land, nicht in die Stadt. Runter von unserem Parkplatz!«

Ich versuche, mich zu erklären: »Entschuldigung! Mein Freund kauft gerade bei Ihnen ein. Wir warten nur kurz auf ihn, dann sind wir auch schon weg.« Doch der Mann scheint mich weder zu verstehen noch sich dafür zu interessieren, was ich sage. »Runter vom Platz. Ich hol jetzt die Polizei!«, droht er.

Obwohl ich mich noch immer frage, was wir eigentlich Schlimmes verbrochen haben, schlurfe ich mit gesenktem Kopf und Jonny im Schlepptau davon. Am Campingplatz, der nicht weit entfernt ist, wollen wir schließlich auf Stefan warten. Der Rezeptionist läuft an uns vorbei. Er wirft uns abwertende Blicke zu: »Ist das dein Esel? Mit Esel hast du nicht eingecheckt. Wo ist deine Schlüsselkarte?«

Ich bin noch gedrückt von der Situation am Supermarkt, aber ich sage bestimmt: »Doch, ich hab gesagt, dass ich mit einem Esel einchecke. Sie haben mich nur nicht verstanden. Aber morgen checken wir ohnehin aus. Unsere Karte hat Stefan, der ist einkaufen und kommt gleich. Dürfen wir trotzdem rein?« Mit einem Achselzucken winkt der Mann uns durch. Unter seinen unangenehm beobachtenden Blicken dürfen wir passieren.

Ich setze mich in Jonnys Weide auf seinen Heuhaufen. »Ich hab dich lieb, egal, was andere sagen. Tut mir leid, dass die grad so doof waren.« Ich fühle mich gekränkt und missverstanden.

Beim Kochen berichte ich Stefan von unserem Erlebnis. Laut überlege ich: »Vielleicht dachte der Mann vom Supermarkt, dass ich mit einem Esel bettle? Sehen wir denn so schlimm aus?«

Stefan zieht ein langes Gesicht, zwinkert frech und zuckt dann mit den Schultern. »Na ja, also wenn ich ehrlich bin … Nein, Blödsinn, wer weiß, was hier in der Stadt für Typen rumlaufen. Und ein Esel als Begleitung ist eben leider nicht ganz so normal wie ein Hund. Nimm's nicht persönlich«, versucht er, mich aufzumuntern.

Meine Laune bessert sich, als wir unseren scharfen Eintopf löffeln und uns anschließend noch ein Gläschen Wein mit Ramona und Basti gönnen. Jonny scheint von den vielen Eindrücken platt zu sein, denn er hat sich bereits vor der Stalltür zusammengerollt und döst. Ein friedlicher Abend und ein doch noch schöner Abschluss für Lagos.

UNTER ZAHMSCHWEINEN

Tag 36 | Lagos bis Sagres

Wir haben fertig gepackt. Alles ist verstaut. Der Zaun, das Heu, die Lichterkette. Jonnys Gehege ist sauber und unser Schlafzimmer zur Transportbox umgebaut. In der Küche sollte beim Fahren nichts mehr klappern, und geduscht haben wir sicherheitshalber auch noch einmal. Ich führe Jonny hinein. Er steigt vorbildlicher ein als ein professionelles Reitsportpferd und scheint sich zu fragen, wo es nun hingeht. Sicher ist auch er froh, dass wir uns einen ruhigeren Platz suchen wollen. Wir zuckeln bei Ramona und Basti vorbei und tauschen noch unsere Kontakte aus. Dann lenkt Stefan unseren Stall vom Platz: »Raus aus der Stadt! Und diesmal geht's Richtung Westen!«

Unterwegs entdecken wir eine Tramperin am Straßenrand: »Halt an. Mal sehen, wohin sie will.« Keine Minute später sitzt die Anhalterin, eine allein reisende Frau Mitte zwanzig, auf dem Beifahrersitz. Da der dritte Sitz mit Geraffel zugebaut ist, habe ich es mir hinter dem Gitter vor Jonny auf dem Küchenblock gemütlich gemacht. Charly ist burschikos und in dunklen Farben gekleidet, hat kurze braune Haare, die wild abstehen, Tattoos an den Armen und ein Piercing in der Nase. Sie hat einen Rucksack, an dem alles Mögliche herumbaumelt: Topf, Tasse, Isomatte, Jacke und Schuhe. Trotzdem ist dieser nicht größer als ein Tagesrucksack für einen Picknickausflug. Wir nehmen Charly mit ins wenige Kilometer entfernte Vila do Bispo. Was sie auf dem Weg dorthin erzählt, fasziniert mich: »Ich reise nicht, ich lebe so. Schon seit über anderthalb Jahren.«

»Wie lebst du?«, möchte ich gern wissen.

Sie wendet sich halb zu mir um. »Ich hab den Lockdown in einer Höhle verbracht. Danach bin ich von da aus weitergezogen und lebe jetzt in Ruinen und unbesetzten Ferienhäusern und Anlagen. Ich breche aber nicht ein oder so. Die Terrassen sind oft überdacht, und meistens gibt's sogar eine Steckdose. Und der Pool ist auch eingelassen. Manchmal ist auch ein Fenster offen. Das ist dann echtes Glück. Ich mach nichts kaputt, ich nutze nur, was ungenutzt ist, steht eh alles leer. Aber die letzten Wochen waren echt verregnet. Da war es auf der Terrasse einer Ferienvilla nicht so gemütlich, drum bin ich zu Freunden, die auf dem Campingplatz leben. Jedenfalls – oh, schaut mal die zwei!«

Charly zeigt aus dem Fenster. Am Straßenrand hinter der Leitplanke läuft ein bepacktes Pärchen in Richtung Stadt. Der Mann mit langen Dreadlocks und ranzigen Klamotten schiebt einen mit Decken und Kochequipment beladenen Einradwagen wie eine Schubkarre vor sich her. »Mit den beiden hab ich den Herbst in einer Burgruine verbracht. Ich hab unterwegs einige Leute kennengelernt, die sogar schon seit zehn Jahren so leben. Man trifft sich immer wieder irgendwo. Ist wie eine große Familie. Und man braucht so wenig. Das beflügelt. Ich bin unabhängig, ich bin frei, und ich brauche kein Geld«, ergänzt Charly. Dann fragt sie: »Könntet ihr mich dort am Supermarktparkplatz rauslassen? Hier in der Nähe finde ich sicher meine nächste Bleibe. Wenn ihr noch nicht wisst, wo ihr pennen sollt, fahrt den Berg hoch. Da oben gibt's tolle Landschaft, keine Menschen und viel Platz.« Mit einem Satz schwingt sich Charly aus dem Bus. »Danke euch. Und gute Reise auch eurem Eselchen. Ciao!«

Als sie quer über den Parkplatz verschwindet, schaue ich Stefan mit großen Augen an: »Krass, sind wir langweilig! Wir checken auf einem Campingplatz ein. Wie spießig ist das denn, bitte? Ich find's echt faszinierend, dass es immer noch eine Spur verrückter geht. Aber ich denke, ich brauche doch ein klein wenig mehr Sicherheit. Die ständige Angst, ich könnte verjagt werden, würde mir dauerhaft auf den Magen schlagen.«

Stefan lacht. »Ich glaube, wir sind schon verrückt genug. Und jetzt suchen wir mit unserem Stall einen Weideplatz für unseren Esel da hinten!«

Wir nehmen Charlys Vorschlag an und tuckern einen Berg hinauf. Wir folgen rotbraun geschotterten Pisten ohne Leitplanken oder Schilder quer durch das Hügelland an der Westküste, das hinter dem Praia da Cordoama liegt. Die Wege führen die mit Gestrüpp zugewucherten Berge hinauf und hinab und drum herum. Hin und wieder scheint es, als würde die Straße direkt im Atlantik enden. Leider entdecken wir weder Wiesen noch sonst einen geeigneten Platz für Jonny und uns. Wir überlegen hin und her, da wir eigentlich ungern irgendwo wild stehen bleiben möchten. Wir wollen weder die Einheimischen verärgern noch einen schlechten Eindruck von Busreisenden hinterlassen. Und mal abgesehen davon haben wir keine große Lust, mit Jonny im Falle des Falles mitten in der Nacht einpacken und uns etwas anderes suchen zu müssen. Mit Esel kann man sich auch nicht einfach am Straßenrand in die Stadt stellen und am nächsten Morgen einen geeigneteren Platz suchen.

Andy, ein Freund aus Deutschland, der gerade zufällig in der Nähe Urlaub macht, ruft mich an, um sich zu erkundigen, wo wir sind. Als ich ihm unsere Lage schildere, schlägt er einen Parkplatz auf einer Anhöhe in der Nähe vor: »Ich glaube, dort ist Übernachten erlaubt. Fahrt dorthin. Bis gleich!«

Zehn Minuten später biegen wir auf einen Waldparkplatz ein und stoppen. »Das sieht doch echt schön aus.« Plötzlich erscheint ein Kopf direkt neben mir an der Beifahrerscheibe: »Kuckuck!« Es ist Andy, der breit grinsend neben uns steht. »Toll hier, oder? Und schaut euch diese Aussicht an. Voll schade, dass sich unsere Wege nur kurz kreuzen, aber megacool, dass ihr auch hier seid. Und euer Eselchen?« Ich öffne die Schiebetür, und Jonny streckt seinen Kopf hinaus. Andy gluckst vor Begeisterung.

Während er Jonny durchs Fell wuschelt, entdecke ich in der Ferne plötzlich ein kleines Wildschwein. Hinter einem Baum taucht ein zweites auf. Und ein drittes. Insgesamt neun gestreifte Frischlinge tänzeln plötzlich über den Platz und kommen uns erschreckend nah.

Besorgt schaue ich mich um. »Leute, können Wildschweinmamas nicht gefährlich werden, wenn man ihren Jungen zu nahe kommt?« Die Kleinen wühlen unbekümmert die Erde mit ihren Schnäuzchen auf, unsere Anwesenheit interessiert sie nicht im Geringsten. Wir bleiben still stehen. Vorsichtshalber schließe ich Jonnys Tür. Schrittchen für Schrittchen nehmen die wilden Vierbeiner den Platz für sich ein. Da kommt mit einem grunzenden Geräusch und starken Schritten die Wildsau hinter einem Busch hervor. »Oh, oh! Sollten wir vielleicht ...?«, beginnt Stefan, als zwei Autos auf den Platz einbiegen. Kaum sind zwei Männer ausgestiegen, eilt die Wildsau zu ihnen. Sie haben etwas in der Hand, womit sie die dicke Dame füttern, und nun streicheln sie sie sogar! Diese scheint sich regelrecht zu freuen und holt auch ihre Kinder herbei. Ein surrealer Anblick. Andy lacht: »Das sind keine Wildschweine! Das sind Zahmschweine!«

Wir staunen nicht schlecht. Das hätten wir nicht erwartet. Während wir das Spektakel beobachten, muss ich zugeben: »Ich befürchte, das ist kein Platz für Jonny, wenn er draußen mit einer kompletten Zahmschweinfamilie übernachtet.« Als hätte er mich gehört, ruft Jonny im Stall nach uns und macht mir klar, dass er keine Lust mehr hat, drinnen zu warten. »Versprochen, Jonny. In nur wenigen Kilometern ist ein Campingplatz. Dort versuchen wir unser Glück.«

Es ist ja toll, im Bus zu leben und quasi frei zu sein. Jedoch empfinde ich es besonders an solchen Tagen wie diesem als ziemlich anstrengend. Um die Grundbedürfnisse wie Schlafplatz oder Essen muss ich mir zu Hause keine Gedanken machen, auf Reisen jedoch ständig. Dazu kommt die Verantwortung für Jonny, und so kann es schon mal vorkommen, dass ich am Abend trotz erfüllender Stunden und toller Erlebnisse mit meiner Kraft am Ende bin.

Zum Glück dürfen wir auf den wunderschönen, fast leeren Pinienwaldcampingplatz außerhalb von Sagres einchecken und finden in der Dämmerung ein geeignetes Plätzchen im hintersten Eck mit Sandboden für Jonny.

AB HIER KOMMT NUR NOCH WASSER … UND AMERIKA

Tag 37–39 | Sagres

Am Morgen joggen Jonny und ich eine Runde über den sandigen Waldboden. Mein Eselchen hat heute besonderen Bewegungsdrang. Das habe ich ihm sofort nach dem Aufstehen angesehen. Tippelig und nervös lief er mir hinterher, bis ich seine Weide öffnete. Dann jedoch schnappte er sich zuerst das nächste Grasbüschel. »Nee, nee, mein Freundchen. Du brauchst Bewegung, also auf geht's.« Und ich joggte langsam mit ihm los. Jonny setzte zum Trab an, wurde schneller und galoppiert mittlerweile gleichmäßig und hoch motiviert neben mir durch den bezaubernden Pinienwald. Sobald es leicht bergab geht, nutzt er den Schwung und möchte sich nicht mehr bremsen lassen. Die Bewegung tut uns beiden gut. Wir geben richtig Gas.

Im Wald gibt es keinen Stromanschluss. Deshalb stehen hier nur vereinzelt andere Camper. Weiter vorne auf dem Platz geht es in Parzellen ein wenig enger zu, da sie sich die Stromkästen teilen. Eine Dame, die gerade die Wäsche auf eine Leine zwischen einer Pinie und ihrem Wohnmobil hängt, schaut uns verblüfft hinterher, als wir vorbeidüsen: »War das gerade ein Esel?«

Besonders ein junges Paar, das vor seinem alten, selbst ausgebauten 82er Ford-Transit-Feuerwehrbus sitzt, ist entzückt. Wir machen halt. Nils und Karo kommen ebenfalls aus Deutschland und arbeiten den Winter über im »Busoffice«. »Ich kann überall arbeiten, wo es Internet gibt«, erklärt Nils. »Ich schreibe Texte für Websites oder mache Fotostorys für Reisemagazine. Karo macht für eine deutsche Stiftung die Öffentlichkeitsarbeit. Wir sind eigentlich hier, weil unser Monki den Geist aufgegeben hat. Wir warten auf Ersatzteile.« Wie ich erfahre, ist Monki die Kombination aus dem Kfz-Kennzeichen ihrer Heimatstadt Moers in Nordrhein-Westfalen und den Anfangsbuchstaben ihrer Vornamen, Nils und Karo, samt niedlichem i-Ende. Und außerdem klingt passenderweise das Wort *monkey* an, da beim Kauf ein Wackeläffchen auf dem Armaturenbrett stand.

Als Stefan und ich kurz darauf beim Frühstück sitzen, nähert sich ein Bus, und zwei Hände winken hinter der Windschutzscheibe. »Hey, das sind Ramona und Basti!« Begeistert verabreden wir uns für später, wenn die zwei in Ruhe angekommen sind.

Am Nachmittag liegt Jonny entspannt im Sand und beobachtet Stefan und mich, wie wir den halben Stall ausräumen. Ich hebe die linke Matratze an, und unsere Vermutung bestätigt sich: »Mist! Tatsächlich Schimmel!« Stefan begutachtet den zum Glück nur leicht schimmelnden Fleck. »Hier ist es einfach zu feucht. Wir müssen die Matratzen von unten besser belüften. Und das Dachfenster müssen wir auch endlich dicht kriegen.«

Nachdem das Gestell des Bettes frei ist, kramen wir den dicksten Bohraufsatz aus der Werkzeugkiste und bohren zur Belüftung Löcher in die hölzerne Matratzenauflage. Anschließend klettert Stefan aufs Dach und vollendet, was ich in Spanien bei Regen begonnen hatte: Das massiv undichte Dachfenster wird erneut mit Silikon umstrichen. Da das Dach Rillen hat, staut sich das Regenwasser darin vor dem eingesetzten Rahmen und sickert durch die kleinsten undichten Stellen. Am späten Nachmittag ist die Aktion geschafft, sodass wir den Abend im Wäldchen genießen können. Ich kraule Jonny, der mich um frisches Heu anbettelt: »Morgen machen wir mit Ramona und Basti eine Küstenwanderung, hast du Lust?«

Unser Bewegungsdrang, die Neugier auf die Umgebung und das kurze Durchblicken der Sonne lassen uns fünf am nächsten Vormittag gleich nach dem Frühstück zur Wanderung aufbrechen. Zuerst führt uns eine leicht versandete Straße, schließlich ein Trampelpfad und dann ein Feld aus rotbrauner Erde, Steinen und aus dem

Boden herausragenden Felsen direkt an die Steilküste. Jonny klettert eifrig über das grobe Geröllfeld. An einer Klippe vor dem Meer machen wir halt. Wir haben Ausblick auf eine gigantische Landzunge, die zu unserer Rechten kilometerweit ins Meer ragt, an der Küste ebenso steil abfällt, mit trockenen Sträuchern bewachsen ist und an deren Ende ein Leuchtturm steht. Hinter der Klippenkante geht es steil hinunter ins Meer.

»Wahnsinn!« Wir stehen still und staunen. Auch Jonny hat den Kopf gehoben und die Ohren aufmerksam gespitzt. Basti zeigt zum Leuchtturm: »Das ist der südwestlichste Punkt vom europäischen Festland. Krass, oder? Ab hier kommt nur noch Wasser.« Er zögert einen Augenblick und fügt dann hinzu: »... und Amerika.« Wir kichern.

Ich knie mich neben Jonny und flüstere ihm ins Ohr: »Dass wir mal gemeinsam hier stehen, das hättest du dir auch niemals gedacht, was? Du bist einfach der coolste Esel auf der ganzen Welt!«

Wir beschließen, an der Küste entlang in Richtung Leuchtturm zu wandern. Doch an der Treppe zum Strand, der auf dem Weg liegt, streikt Jonny. Ich gebe ihm recht. Zuerst sind die Stufen noch breit und flach, aber etwa zwanzig Meter oberhalb der Bucht führen steile Steintreppen mit hohen Stufen bis hinunter. »Ach, bis Jonny da runter und wieder hoch ist! Geht ihr ruhig, ich warte hier und genieße mit ihm die Aussicht.« Doch auch Stefan, Ramona und Basti gesellen sich zu uns. Der helle Strand der Bucht leuchtet in der Sonne. Stefan steht davor und strahlt gleich mit vor Begeisterung.

Ich setze mich neben Jonny und krame mein Handy hervor. Es ist kaum zu fassen, wo der blaue Punkt auf Google Maps aufleuchtet. Hier am Praia do Beliche an der Algarve in Portugal. Obwohl wir bereits seit rund sechs Wochen unterwegs sind, kann ich mein Glück manchmal noch immer nicht fassen. Ich darf diese Reise machen. Ich darf so tolle Orte sehen und noch dazu mit so tollen Begleitern. Ich lächle und schwelge einen Moment in glücklicher und vollkommener Zufriedenheit.

Als ich jedoch die Entfernung der direkten Strecke bis nach München sehe, muss ich schlucken. Es sind genau 2649 Kilometer bis nach Hause. 25 Stunden Nonstop-Autofahrt. Das ist mit jonnygerechter Fahrtzeitplanung mit Zwischenstopps zum Wandern und Pausentagen mindestens eine dreiwöchige Reise.

Wir ziehen noch eine Weile weiter, doch irgendwann haben wir den tosenden Gegenwind satt. Müssen wir wirklich noch die restliche Strecke bis ganz nach vorne gehen? Von Weitem sieht diese Klippe mit dem Leuchtturm so wunderbar geheimnisvoll aus. Ich möchte lieber diesen Anblick in Erinnerung behalten, als vorne zwischen parkenden Autos und Touris ein Bild zu knipsen, nur um sagen zu können, ich sei dort gewesen. Ramona legt ihren Arm um meine Schulter und stimmt mir zu: »Wir waren hier.« Für uns waren wir am südwestlichsten Punkt des europäischen Festlandes.

Ein sandiger Feldweg leitet uns von der Küste ab in Richtung Inland bis hinter eine Reihe von wuchernden Kiefern, wo es windgeschützt ist. Die Kiefern und einige trockene Büsche sind nicht hoch, sondern eher schräg mit dem Wind gewachsen und derart ineinander verschlungen, dass sie kaum Windböen durchlassen. Ein schmaler Pfad führt durch die Allee, die sich über Kilometer erstreckt. Sie bildet einen verwunschenen Tunnel aus verschnörkelten Baumkronen und Ästen voll Kiefernzapfen. Man könnte glatt meinen, wir seien in dem Zauberwald einer schrumpeligen Hexe gelandet.

Andächtig streifen wir hindurch und malen uns aus, wie unser Lager hier aussehen würde, wären wir nur zu Fuß und mit Zelt auf Reisen. »Das wäre um einiges unkomplizierter als mit dem Bus«, behaupte ich. »Man kommt damit zwar weiter, aber ihn hier wild parken könnte man wieder nicht. Ein Zelt stört kaum jemanden, und finden muss man es auch erst mal. Das ist so herrlich einfach. Wir wollten jetzt eigentlich öfter für ein paar Tage mit dem Zelt unterwegs sein, aber das Wetter spielt so verrückt. Nachbarn auf dem Platz haben mir erzählt, dass es der kälteste Winter in Portugal seit über elf Jahren ist.«

Ramona lacht. »Da haben wir heute mit trockenen 14 Grad richtig Glück!«

Auf unserem Weg ist sie ganz fasziniert davon, wie gut ich Jonny einschätzen kann. Als ich unsere kleine Gruppe mal wieder stoppe, weil Jonny sich etwas anschauen möchte, sagt sie: »Ich finde es so schön, dass du immer darauf achtest, was Jonny möchte. Das hab ich so noch nie gesehen. Normalerweise muss das Tier das mitmachen, was der Mensch will. Aber bei euch hab ich das Gefühl, ihr seid ein echtes Team. Jonny möchte man sein.« Ramonas Feststellung geht mir runter wie Öl.

Nach einiger Zeit biegen wir nach rechts in ein breiteres Waldstück mit weichem Sandboden ein. Am Wegrand entdecken wir ein weißes Spinnennetz, das zu einer faustgroßen Kugel geformt ist und auf einem Meter Höhe in einer Astgabel hängt. »Eine Spinne? Könnte auch eine Raupe sein.« Neugierig betrachte ich es genauer, doch wir können nichts darin erkennen. Leider wird es nicht das letzte Mal sein, dass wir auf solch ein Nest stoßen ...

Die letzten Meter gehen wir zügig zurück, denn auch wenn es heute frühlingshaft warm ist, geht die Sonne bereits gegen 18 Uhr unter – es ist ja trotzdem nach wie vor Winter.

Am Abend gönnen Stefan und ich uns ein Abendessen im Restaurant des Campingplatzes – dem eselpraktischsten Restaurant, das ich auf unseren Reisen bisher gesehen habe. Wir können draußen auf einer halbhoch eingemauerten Terrasse mit Aussicht essen, während Jonny sich unmittelbar davor auf einer großen Wiese den Bauch voll Gras schlagen kann. Wir müssen ihn nicht alleine lassen, und er fühlt sich nicht ausgeschlossen. So genießen wir unseren leider schon letzten gemeinsamen Abend zu dritt und sind ein bisschen wehmütig. Morgen ist bereits der 10. Januar. Um 14:30 Uhr soll Stefans Flug von Faro nach München gehen.

Ein Maulesel ist eine Kreuzung aus Pferdehengst und Eselstute, ein Maultier das genaue Gegenteil.

TEIL 10

ABSCHIED UND STILLSTAND

Eselsohr

JONNY MACHT EINEN LUFTSPRUNG

Tag 40 | Von Sagres bis zum Flughafen Faro und zurück

Heute dürfen Ramona und Basti donkeysitten, während ich Stefan zum Flughafen bringe. Nach unserer gestrigen Tageswanderung kann ich ihnen Jonny getrost anvertrauen. Damit sie es leichter haben, habe ich den Zaun abgebaut und stecke ihn auf eine freie Fläche gegenüber von ihrem Ulli, wo ein wenig Gras wächst. Ich habe gerade den Zaun befestigt, als Jonny, der einige Meter weiter weg grast, plötzlich Besuch von zwei Hunden bekommt. Die beiden bellen ihn aufgeregt an. Jonny schreckt auf und trabt in meine Richtung. Er wird immer schneller und schneller und galoppiert nun vor Angst quietschend genau auf sein abgespanntes Gehege zu, während ich drinstehe. Die gespannte Zaunkordel kann er bei der Geschwindigkeit unmöglich erkennen.

»Jonny, stopp! Halt an! Komm hier rüber!«, rufe ich und will rausklettern, um ihn zu bremsen, doch er ist schon viel zu nah, in einer Sekunde wird er direkt hineinsausen und das gesamte Konstrukt mit sich reißen. Doch stattdessen bemerkt, Jonny den Zaun im letzten Moment, bremst kurz, aber weil er noch zu viel Schwung hat, um ganz anzuhalten, heben einfach alle vier Hufe gleichzeitig ab. Jonny macht geradewegs einen Luftsprung in sein Gehege. Darin angekommen, bleibt er sofort stehen, dreht sich um und stellt fest, dass die »Ungetüme«, sprich die beiden Dackel, noch immer an Ort und Stelle sind. Wir atmen erleichtert auf. Jonny hat mal wieder bewiesen, dass er mehr kann, als wir alle ihm zutrauen.

Ich stelle ihm eine Wasserschüssel auf die Weide, lege ein Bündel Heu hin und gebe Ramona und Basti ein paar letzte Hinweise. Der Abschied von Jonny für die paar Stunden fällt mir bereits schwer. Wie in aller Welt soll ich mich da gleich für Wochen von Stefan verabschieden? Stefan verhält sich cooler: »Ciao, Kumpel! Hat mich sehr gefreut, dich besser kennenzulernen. Halt die Ohren steif und pass mir gut auf die Lotta auf.«

Ramona darf Jonny mit einer Karotte ablenken, damit wir unbemerkt vom Platz fahren können. Als wir die Schranke der Rezeption passieren, kann ich jedoch Jonnys »Iiiii-h« leise durch den Wald hören. Stefan legt seine Hand auf meinen Oberschenkel: »Jonny kommt schon klar. Du bist ja eine richtige Helikoptermami. Entspann dich.«

Ich lehne mich zurück und genieße auf der folgenden Fahrt durchgehend das Bild, wie Stefan am Steuer sitzt. Zuerst schaut er ganz entspannt drein; sobald er jedoch merkt, dass ich ihn beobachte, rutscht er verlegen auf seinem Sitz herum und muss immer wieder zu mir rübergrinsen.

»Wenn du bei der Nächsten rausfährst, müsste links ein Pferdehof sein.« Wir haben genug Zeit eingeplant, um für Jonny auf Heusuche zu gehen. Ich bin erleichtert, dass ich das noch mit Stefan zusammen erledigen kann. Meine Heu-Erfahrungen auf dieser Reise wurden wesentlich positiver, sobald er dabei war, obwohl eigentlich immer ich fragte und Stefan im Bus auf Jonny aufpasste. Wohl mein heimlicher Glücksbringer. Und mit dem Anfahren der Reitschulen hatte er einfach den richtigen Riecher. Unmut breitet sich in meinem Bauch aus. Bald können wir die Aufgaben nicht mehr teilen. Bald muss ich wieder alles allein managen. Ich atme durch. Das werde ich schon schaffen. Beim ersten Hof haben wir kein Glück, doch einen Hof weiter ergattern wir einen ganzen Heuballen, der gerade so unters Bett in Jonnys Box passt.

Wir düsen weiter. Zuerst plaudern wir wie üblich, werden jedoch mit dem kontinuierlich näher rückenden Flughafen immer ruhiger, bis wir schließlich auf einem Parkplatz vor dem großen, verglasten Terminal halten. Ein Jetzt-wird-es-ernst-Gefühl liegt mir wie ein

Stein im Magen. Da wir noch ein paar Minuten Zeit haben, setzen wir uns in die geöffnete Schiebetür. »Ich kann mir das Weiterreisen ohne dich gar nicht vorstellen. Ich werde eine ganze Zeit brauchen, um mich wieder daran zu gewöhnen«, gestehe ich leise. Ein Windstoß bläst in den Stall und verteilt das lose Heu auf dem Asphalt. Stefan schmunzelt. »Zumindest weiß jetzt jeder, dass wir hier waren.«

Ich lache: »Dieses Heuchaos im Bus werden wir nie wieder los.«

Stefan grinst: »Die Eischneeaktion werde ich auch nie wieder los. Oder weißt du noch, die Marinepolizei, die Esel *nicht* mag?«

»Dein Blick, als wir dachten, wir hätten Lauser aus Versehen abhauen lassen. Das Frühstück an deinem Geburtstag. Oder die Zahmschweine! Ich bin so dankbar für jeden Moment der Reise, den ich mit dir teilen konnte«, sage ich, während ich in Stefans Arm rutsche. Wir versuchen, die Stimmung aufzulockern, doch auch Stefan schaut bedrückt. Bei der Verabschiedung wollen wir uns am liebsten nicht mehr loslassen.

Kaum hat Stefan die Straße zum Flughafen überquert, drücken sich bei uns beiden die ersten Tränchen durch. Ein zweites Mal dreht sich Stefan jedoch nicht mehr um. Er läuft geradewegs über den Platz, bis er hinter der verspiegelten Glastür des Terminals verschwunden ist.

»Jetzt ist er weg. Okay, tief durchatmen. Du schaffst das«, rede ich mir gut zu. Ich setze mich mit entschlossener Miene und mulmigem Druck auf der Brust auf den Fahrersitz und lenke Eddy zurück auf die Autobahn. Ein einsames Gefühl ganz ohne Stefan und Jonny. Ich versuche, mich abzulenken, und drehe die Musik laut auf, denn hinsichtlich meiner Fahrweise ist es tatsächlich befreiend, Jonny mal nicht an Bord zu haben. Ich kann stärker abbremsen und ohne Bedenken durch Kreisverkehre fahren. Ich hätte fast vergessen, wie luftig leicht sich das anfühlt. Denn mit Jonny fahre ich übermäßig vorausschauend und vorsichtig. Keine abrupten Bewegungen. Alles möglichst wie auf Wolken.

Auch das Einkaufen im Supermarkt auf dem Rückweg ist für mich das erste Mal so richtig entspannend, weil Jonny nicht draußen auf mich wartet. Ich schlendere durch die Gänge und gönne mir alles, was mein Herz begehrt, damit ich mich zumindest kulinarisch verwöhnen und ein bisschen trösten kann. Besonders Schokolade darf dabei nicht fehlen!

Wieder bei Jonny angekommen, geht mir so richtig das Herz auf, als er mich lautstark begrüßt und ich ihn wieder in die Arme schließen kann.

DIE SPRACHE DER TIERE

Tag 41–44 | Sagres

Auf einem Hügel mit grün bewachsener Lichtung im Pinienwald werden Jonny und ich vom Sonnenaufgang geweckt. Beziehungsweise weckt Jonny mich, da für ihn der Sonnenaufgang den Start in den Tag bedeutet. Mit ein wenig Heu kann ich meinen lieben, bereits allseits bekannten Campingplatzhahn »ruhigstellen«.

Nachdem ich gestern vom Flughafen in Faro zurück war und ohnehin alles eingeladen hatte, habe ich unseren schattigen Platz in der Ecke gegen ein bezaubernd schönes Waldfleckchen mit mehr Sonnenstunden ausgetauscht. Ich habe Jonny eine große Weide gesteckt, doch die meiste Zeit steht er beim Stall und buhlt um meine Aufmerksamkeit. Jetzt stupst er mich frech an, während ich im geöffneten Türrahmen sitze. »Mensch, Jonny!«, schimpfe ich. »Jetzt hast du mir fast das Müsli über den Schoß gekippt. Du hast dein Heu dort. Und ich hab dir ein paar Stückchen Karotte hingelegt. Such die mal!«

Es ist seltsam, das Frühstück nicht mit Stefan zu teilen, nur für mich Kaffee zu kochen und Gedanken nur noch mit mir selbst und Jonny zu besprechen. »Jetzt sind wir wieder zu zweit, mein Großer. Ich vermisse Stefan ein bisschen. Du sicher auch. Da fehlt plötzlich ein wichtiger Teil. Aber wir haben zum Glück uns. Wir gewöhnen uns jetzt neu ein, und dann werden wir diesen Winter noch so richtig genießen!«, motiviere ich uns beide.

Und tatsächlich: Gesagt – getan! Jonny und ich bleiben noch anderthalb Wochen länger auf unserer malerischen Waldlichtung und genießen den Sonnenschein und endlich einmal angenehme 18 Grad ohne Regen. Es ist herrlich entspannend und tut nach all den Eindrücken der letzten Wochen unbeschreiblich gut, einfach stillzustehen. Auch Jonny genießt diese Zeit in vollen Zügen. Er wälzt sich immer wieder und bleibt anschließend lange auf seinem Bündel Heu in der Sonne liegen.

An einem Tag kommt meine Freundin Annie aus München vorbei, sie ist zufällig in der Gegend. Sie lebt bereits seit einigen Jahren in ihrem Bus, studiert online und töpfert Gefäße, die sie auf Künstlermärkten verkauft. Für Ramona und mich bringt sie Acrylfarben mit. Den ganzen Nachmittag finden Jonny und Basti uns drei im Stall, wo wir die Wände bemalen. Hin und wieder spitzen sie neugierig hinein, während wir mit musikalischer Begleitung der Beach Boys die bisher noch langweilig weißen Holzwände mit Pinsel und Farbe in ein Kunstwerk verwandeln.

Annie ist jedoch nicht die einzige Künstlerin auf dem Platz. Weit hinten in der Ecke leben Andrea und Chris. Sie kreiert wunderbaren Makramee-Schmuck und Batik-Kleidung mit der natürlichen Farbe der Pflanzen aus der Umgebung. Er bemalt in filigranster Feinarbeit besonders geformte Steine. Von den beiden haben mir unsere Nachbarn bereits begeistert berichtet, deshalb beschließe ich, sie mit Jonny zu besuchen.

Ihr weißer Mercedes Sprinter steht zwischen zwei hohen Hecken. Die Tür ist geöffnet, und ein Hund bewacht den Eingang. Eine Katze schlendert völlig relaxed an ihm vorbei und hüpft in den Bus hinein, dessen Eingang mit einem bunten Fliegenvorhang verhängt ist.

Jonny zieht mich zu einem Grünstreifen daneben. Ich hänge ihm den Führstrick über den Hals, lasse ihn grasen und bleibe einen Moment vor dem Sprinter stehen. Nur kurze Zeit später vernehme ich ein Klappern, und eine Frau mit langen braunen Dreadlocks und erdfarbenen Klamotten schiebt den Fliegenschutz zur Seite: »Oh, hallo! Du bist die mit dem Esel, richtig? Ich wollte schon lange bei euch vorbeischauen. Gesehen hab ich euch noch nicht, aber gehört. I-ah!« Sie hält lässig eine Zigarette in der einen und einen Kaffee in der anderen Hand. »Komm. Ich mach dir auch einen.« Ich blicke kurz zu Jonny, der sich auf der Wiese hinter einer halbhohen Hecke sehr wohlzufühlen scheint, und komme näher.

»Du sollst die Künstlerin des Platzes sein. Mir sind schon einige Leute mit deinem Makramee begegnet.«

Andrea bietet mir einen Platz auf einer mit Kissen abgedeckten Truhe an. Ich darf einen Kaffee genießen, während sie ihre Schmuckstücke vor mir ausbreitet. »Es macht mich so glücklich zu sehen, wenn ein Schmuckstück seinen Träger findet. Das ist das schönste Gefühl für mich, wenn Menschen sich daran so herzhaft erfreuen.«

Ich bin beeindruckt von ihrem Talent. Halskettenanhänger, Haarklammern, Armringe und jedes Stück ein zauberhaftes Unikat. Andrea fährt fort: »Ich wollte das schon als Kind lernen, aber meine Eltern wollten den Kurs dafür nicht zahlen. Ich knüpfe jeden Tag, für mich ist das keine Arbeit. Ich brauche es irgendwie. Es macht mich glücklich, etwas Neues zu kreieren. Wir haben vorher in Berlin gelebt, aber ich hatte die Stadt so satt. Unser Traum ist es, einfach frei zu sein. Wir haben uns auch in Deutschland abgemeldet. All unser Hab und Gut ist in unserem Bus Bendegúz. Wir sind glücklich! Das ist alles, was wirklich zählt.«

Andrea hat ihren Bus nach dem Hauptdarsteller eines ungarischen Films benannt. Es ist immer wieder spannend, welche Geschichten und Leidenschaften hinter den Namen der rollenden Häuschen stecken.

Obwohl ich eigentlich nur mal kurz vorbeischauen wollte, bleibe ich mit Jonny, bis es dunkel wird, und unterhalte mich mit Andrea bei einem Schlückchen Rotwein über das »wahre Glück«.

Es hat sich auf dem Platz schnell herumgesprochen, dass »in dem türkisen Bus da drüben ein Esel mit einer jungen Frau, die Pippi Langstrumpf ähnelt, leben soll«, höre ich hin und wieder. Wir bekommen Besuch oder werden zum Kaffee oder zum Lagerfeuer eingeladen. Ist uns danach, spazieren wir gemütlich über den Platz und reden mit jedem, der offen für ein Gespräch ist.

Paul lebt ein paar Plätze weiter in seinem Wohnmobil. Er und seine Frau haben ihr Haus vermietet, alles Wichtige in ihr Wohnmobil gepackt, die kleine Hündin Beech eingeladen und sind an die Algarve gefahren.

Paul prahlt stolz: »Die kleine Beech ist ein richtiger Rabauke. Ich unterschätze sie hin und wieder, weil sie so schmächtig ist. Dann belehrt sie mich eines Besseren. Bei einem Strandspaziergang habe ich ewig mit ihr geschimpft, dass sie kommen soll. Doch sie hat stattdessen zwischen Dünengras wild vor sich hin gebuddelt. Ich habe sie weggezogen und nachgeschaut. Im Sand war etwas in Plastik Eingewickeltes, Festes, Großes.« Paul macht eine Spannungspause. Ich schaue ihn mit großen Augen an. »Jetzt halt dich fest. Unsere kleine Beech hat ein riesiges Paket mit *vierzig* Kilogramm Cannabis aufgespürt. Das Paket war dreimal so dick wie sie selbst und hatte einen Wert von 225 000 Dollar. Ein Riesenfund! Es hat so stark gerochen. Ein Wunder, dass es noch kein anderer Hund gewittert hatte. Leider war es bereits ganz modrig. Beech war sogar in der Zeitung.«

»Wahnsinn, Beech!«

Paul wirft seiner tapferen Suchhündin ein Stückchen Karotte zu. Ich lache. »Ich wusste gar nicht, dass Hunde auch auf Karotten stehen. Das ist ja lustig.« Jonny hat sofort den »Braten gewittert«, eilt zu uns und schaut Paul bettelnd an. Dabei streckt er seinen Hals, spitzt die Ohren und macht große, runde Augen. »Na klar bekommst du auch ein Stück. *Jonny, the Traveldonkey. Bloody crazy Germans!*«, poltert Paul.

Auf dem Rückweg begegnen Jonny und ich dem Pärchen aus dem Feuerwehrauto, das gerade an seinem Bus herumschraubt. Nils berichtet, dass der geliebte Monki, als er Karo vom Flughafen abholen wollte, plötzlich nicht mehr ansprang. »Monki ist eben etwas eigen«, lacht Nils. »Vermutlich eifersüchtig. War zwar nicht geplant, hier zu sein, aber ich finde es sehr schön. Alle halten zusammen. Jürgen hilft uns bei der Mechanik, von Basti bekommen wir Werkzeug, Ulrike kocht für alle Marmelade, dafür gehe ich hin und wieder mit ihrem Dackel Egon spazieren, und ganz natürlich funktionieren Dinge Hand in Hand. Eine wunderbare Gemeinschaft.«

Karo hält Jonny ihre Hand hin. »Meinst du, wir können mal zusammen einen Spaziergang mit ihm machen?«

»Na klar. Ihr könnt auch nur zu zweit mit ihm gehen, wenn ihr wollt. Er kennt euch ja schon.«

Karo macht Freudensprünge. »Ja, wenn das okay ist, dann holen wir ihn später ab.«

Am frühen Abend bringt Nils Jonny erstaunt zurück: »Also, wenn er nicht will, dann will er wirklich nicht. Dann hab ich keine Chance.« Ich klettere vom Stalldach, wo ich bis eben Tagebuch geschrieben habe. »Na ja, du hast schon eine Chance. Du musst rausfinden, warum Jonny stehen bleibt. Er macht das nie, um mich zu ärgern, sondern weil es einen Grund für ihn gibt. Der ist zwar für mich nicht immer nachvollziehbar, aber in seiner Welt logisch. Zum Beispiel die Sorge, bei einer Brücke einzukrachen, oder er möchte sich wälzen, nach etwas Wichtigem schnuppern oder einem Hasen hinterherschauen.«

Nils ist erstaunt. »So hab ich das noch gar nicht gesehen. Aber du hast natürlich recht. Ich weiß, wo ich hinwill, aber das Tier möchte vielleicht etwas ganz anderes. Jonny wirkt so, als wüsste er genau, was er tut, und er scheint seine Umwelt gut einzuschätzen.«

Ich nehme Jonny entgegen und wuschle ihm über das fluffige Fell zwischen den langen Ohren. »Ich versuche, mit Jonny ein gleichwertiges Team zu sein. Wir müssen Kompromisse für den jeweils anderen schließen, können dafür aber auch alles miteinander teilen. Ich spüre, wie zufrieden er ist und dass er es zu schätzen weiß.«

Nils lächelt und gibt Jonny zum Abschied noch ein Stückchen trockenes Brot. »Er ist sicher der glücklichste Esel der Welt.«

Zwei Tage später biegt Nils ganz erfreut um die Ecke: »Heute bin ich mit Dackel Egon Gassi gegangen. Sonst hab ich so einen kleinen Hund einfach mit mir mitgezogen, wenn ich weiterwollte. Aber diesmal hab ich mir zum ersten Mal ernsthaft Gedanken darüber gemacht, was mein tierischer Begleiter selbst gerne möchte. Es war lachhaft kühn, wie er seine kurzen Dackelbeinchen mit voller Kraft in den Boden gestemmt hat, um mir deutlich zu machen, dass er nicht weiter möchte. Er hat den Wagen seines Frauchens aus der Ferne gesichtet und hatte deshalb den triftigen Grund umzukehren.

Das hab ich dann auch akzeptiert. Spazieren gehen kann ich auch alleine. Gassi gehen sollte dem Hund Spaß machen. Er hat eben seinen eigenen Kopf, wie Jonny auch. Find ich echt cool, deine Art mit Tieren umzugehen. Ich werde das jetzt immer so machen. Glaub, den Egon hat's gefreut.«

Und mich freut es auch!

FASZINIERENDE LEBENSENTWÜRFE

Tag 45–49 | Sagres

Bei einem Wanderausflug treffen Jonny, Ramona und ich auf einen ausgebauten Mercedes-Lkw mit roter Holzwohnkabine, der mitten in der Einöde steht. Drum herum weit und breit nur braches Buschland.

Als wir näher kommen, lugen lange blonde Wuschelhaare hinter dem Lkw hervor. Und noch mehr. Schließlich kommen die beiden Jungs im Alter von etwa fünf und sieben näher und schauen uns schüchtern, aber doch neugierig mit großen Augen an.

Da der Lkw ein deutsches Kennzeichen hat, spreche ich die Jungs behutsam auf Deutsch an, schließlich will ich sie nicht erschrecken: »Hallo, ich bin Lotta, das ist Ramona, und unser Eselchen heißt Jonny. Wollt ihr ihn mal streicheln? Jonny freut sich sicher.«

Ihre Eltern, denen sie wie aus dem Gesicht geschnitten sind, springen aus ihrer Wohnbox und gesellen sich zu uns. Sie sind ebenfalls sehr ruhig, sehen uns jedoch freundlich an, und ich versuche, die Stille etwas aufzulockern: »Euer Lkw sieht toll aus. Das könnte ich mir auch vorstellen. Wie lange seid ihr schon unterwegs?«

Die junge Frau lächelt müde, und nach ihrer Antwort kann ich mir auch denken, warum: »Seit über neun Jahren. Wir leben im Lkw.« Vermutlich hat sie diese Fragen schon zu oft beantwortet. Ihr Mann wird etwas gesprächiger und zeigt auf seinen Sohn: »Nach zwei Jahren auf Reisen haben wir den ersten Lauser bekommen. Wir sind in Europa und Afrika unterwegs, und Finn macht Homeschooling über die Montessori-Schule.« Langsam tauen alle etwas auf, denn ähnlich fasziniert, wie ich von der Familie bin, sind sie von Jonnys und meiner Reise. Der kleinere der beiden Jungs, Noah, wagt sich nun an Jonny heran. Zuerst führt er ihn ein Stück, wodurch auch Finn es wagt, Jonnys Führstrick zu greifen. Noah traut sich schließlich sogar zu reiten, während Finn führt.

Nur wenige Minuten später hüpfen die Kinder mit einer so großen Lebensfreude mit Jonny um den Lkw herum, dass man meinen könnte, sie seien direkt den Strahlen der Sonne entsprungen. Es ist ein wundervoller Anblick.

Währenddessen dürfen Ramona und ich einen Blick in den Lkw werfen. Die Ladefläche mit der Wohnkabine ist etwa fünf Meter lang, und die Jungs haben den Alkoven als verschließbares Zimmer für sich. Über der Fahrerkabine haben die beiden nach vorne raus durch eine große Panoramaglasscheibe eine gigantische Aussicht. Gegenüber der Eingangstür befindet sich das spartanische Badezimmer mit Trockentrenntoilette, wo, wie ich erfahre, ohne Chemie oder Wasserverbrauch Fest- und Flüssigstoffe getrennt aufgefangen werden, sodass sich kein Geruch bildet. Im Raum daneben gibt es eine schmale Küchenzeile und eine Sitzecke, die am Abend zum Elternschlafzimmer umgeklappt wird. »Wir haben alles drin, was wir zum Leben brauchen. Zu Hause bei unseren Eltern sind nur ein paar Kisten mit wichtigen Unterlagen in einer Garage abgestellt. Das war's. Für uns ist weniger eben mehr.«

Ich kann gut verstehen, was Papa Hannes meint. »Die Trockentrenntoilette ist ja super. Und mit dem Wildstehen habt ihr keine Probleme?«, fasse ich meine größte Sorge in eine Frage. Doch Nele schüttelt den Kopf: »Wir tun niemandem etwas. Wenn man eine Zeit lang unterwegs ist, lernt man, es besser einzuschätzen, wo man stehen kann und wo es Probleme geben könnte. Man zerbricht sich nicht mehr so den Kopf wie am Anfang. Und es ist ein Geschenk, durchgehend draußen in der Natur zu sein.« Da gebe ich ihr recht.

Dann müssen wir uns leider verabschieden, damit wir noch vor Einbruch der Dunkelheit zurück zum Campingplatz finden. Zum Glück habe ich trockenes Brot dabei. Dieses halte ich Jonny vor die Nüstern, lasse ihn hin und wieder ein kleines Stück erhaschen, und siehe da, es funktioniert – wie die berühmte Angel mit der daran baumelnden Karotte. Jonny streckt den Kopf und hat einen Grund, ausnahmsweise ein wenig schneller zu gehen, damit wir es mit den letzten hellen Streifen am Himmel zurück nach Hause schaffen.

Als ich später im Bett liege, fällt es mir dank der vielen Eindrücke der vergangenen Tage schwer einzuschlafen. Ich nehme Pinsel und Farbe in die Hand und beginne mitten in der Nacht, eine meiner noch weißen Wände zu bemalen. Mir wird bewusst, was für ein Privileg das ist. Ich habe die Freiheit, mir einfach mitten in der Nacht Zeit zum Malen zu nehmen. Zeit für mich. Es ist egal, wann ich morgen aufstehe, es ist egal, wann ich heute schlafen gehe. Ich kann nach meinem Rhythmus, nach meinen Wünschen leben. Es ist Januar, und mein Leben mit Jonny spielt sich fast durchweg an der frischen Luft in der Natur ab. Mittlerweile fühlen wir uns hier auf dem Platz bei den lieben Menschen so wohl und zugehörig wie in einer Familie.

Ich male eine große Welle aus verschiedenen Streifen in Blau- und Grüntönen, die sich aus dem Meer zu einem Tunnel aufgebaut hat. In der Mitte des Tunnels leuchtet die Sonne hindurch, deren Strahlen ich teils hinter und teils vor der Welle über eine breite Fläche auslaufen lasse. Dazwischen pausiere ich und betrachte das Bild aus meiner Kindheit, worauf meine Mama, mein kleiner Bruder und ich auf den gigantischen Sanddünen abgebildet sind. Papa hat damals das Foto geknipst. Ich sehe es lange an und spüre mit einem Mal wieder diesen großen Tatendrang in mir. Wir haben es nun bis nach Sagres geschafft, also schaffen wir es jetzt auch, diese Sanddünen zu finden!

Nur, wo sollen wir suchen?

Mein Papa könnte mir diese Frage sofort detailgetreu beantworten, doch ihn kann ich leider nicht fragen, und meine Mama kann von der Reise nur noch wenige Städte benennen: »Ich war damals für das Bespaßen von euch Kindern zuständig, während euer Papa gefahren ist. Mir war es nicht wichtig, wo auf der Karte wir waren. Hauptsache, es war schön und wir waren alle zusammen.«

Ich muss diesen Ort unbedingt ausfindig machen!

Draußen ist es mucksmäuschenstill, als ich das Kunstwerk mit einem letzten, weißen Strich in der Welle vollende. Jonny hat sich wie jeden Abend direkt vor der Schiebetür im Heu zusammengerollt und döst bereits. Eine friedliche und ruhige Nacht, nur für uns.

Am darauffolgenden Tag werde ich zum späten Nachmittag gemeinsam mit Andrea und Chris von Regina und Matthias, einem sehr herzlichen Rentnerpaar, in ihr Wohnmobil zu Pfannkuchentorte eingeladen. Wir sitzen in ihrer gemütlichen Sitzecke, die sie durch die offene Fahrerkabine mit den Sesseln des Führerhauses erweitert haben. »Zum ersten Mal sind so viele Menschen in unserem neuen Zuhause. Und alle finden Platz.« Regina freut sich sichtlich, uns zu Gast zu haben, und bastelt nebenbei noch an ihrer Torte herum. »Wir sind erst seit ein paar Monaten unterwegs. Ein bisschen Bammel hatte ich schon, ob uns der Platz reicht. Weil ich doch so gerne Besuch empfange. Aber siehe da, es passt.«

Matthias schenkt uns ein Glas Wein ein. »Aber zurück können wir ohnehin nicht mehr. Wir haben letztes Jahr kurz nach der Anschaffung unseres Wohnmobils auch gleich die Wohnung verkauft.«

Regina seufzt erleichtert. »Ja, das war ein mächtiger Schritt. Aber bis heute haben wir ihn keinen Tag bereut. Allerdings könnte ich es mir nicht mit einem Esel vorstellen. Wo ist Jonny jetzt?«

Sie merkt mir meine leichte Anspannung an. »Er ist drüben auf seiner Weide. Zu Hause in Deutschland bin ich relaxed, doch kaum sind wir unterwegs, werde ich unruhig, wenn er nicht direkt bei mir ist. Sobald ich nur zum Waschhäuschen gehe, ruft er mir hinterher.«

Regina beruhigt mich: »Das ist wie bei Kindern. Vertrau ihm. Er kommt sicher auch mal eine Stunde ohne dich zurecht. Du bist ja gleich in der Nähe.«

Dann verziert sie die Pfannkuchentorte noch mit Erdbeeren und Sahne. Als sie auf den Tisch gestellt wird, wird sie erst mit einem einstimmigen »Wow!« ausgiebig betrachtet, bevor Regina sie großzügig anschneidet und jedem ein gewaltiges Stück auf den Teller legt. Gemeinsam verbringen wir einen heiteren Abend mit spannenden Themen, wobei weder Politik, Religion, Klimawandel, Flüchtlingskrise noch Beruf, Träume, Ängste und Sehnsüchte ausgelassen werden.

Leicht betüdelt von meinen zwei Gläsern Wein, schlendere ich unter dem funkelnden Sternenhimmel, der zwischen den Baumkronen hindurchleuchtet, über den Platz zu Jonny. Der hat es sich bereits vor der Schiebetür gemütlich gemacht und liegt dösend im Heu. Er erkennt mich sofort und bleibt entspannt liegen, sodass ich mich zu ihm kuscheln kann.

Am nächsten Nachmittag meditieren Jonny und ich gemeinsam inmitten unserer Lichtung. Dafür geselle ich mich zu Jonny auf die Weide, atme tief und gleichmäßig und möchte einfach nur den Moment in unserem zauberhaften Wäldchen genießen. Ich bleibe regungslos sitzen und ignoriere dabei jedes kleine Jucken oder sonstige Unbehagen. Dies ziehe ich etwa eine Stunde durch, weil ich es gerade so sehr genieße.

Mein Stillsein überträgt sich auf Jonny, der zuerst noch neugierig und auffordernd um mich herumschleicht, jedoch immer längere Pausen des Stillstandes einlegt, bis er sich schließlich direkt neben mir niederlässt, um eine Weile in der Sonne zu liegen. Völlig entspannt halten wir inne. Ich lege mich zu Jonny und kraule ihn, während ich immer wieder an seinem nach Heu, Erde und trockenem Staub duftenden Fell schnuppere.

»Hallo! Entschuldigung, ich will nicht stören …« Ein Mann hat sich über die Lichtung auf den Weg zu uns gemacht. Ich stehe auf und gehe ihm entgegen. »… aber ich hab von deiner Geschichte gehört. Ich wollte nur meine große Bewunderung aussprechen. Du bist eine sehr mutige junge Frau. Und das mit deinem Papa tut mir leid. Schade, dass er es nicht mehr geschafft hat, sich seinen Traum von einer Reise mit dem Traktor ums Mittelmeer zu erfüllen.«

Ich stehe verlegen am Zaun. »Danke schön!«

»Ich heiße Bernd, komme aus Stuttgart. Hab auch Krebs. Ist in Behandlung. Wollte schon immer am Meer leben. Jetzt hab ich mir hier endlich eine Wagenhütte gekauft. Ist nicht teuer, und ich hab alles, was ich brauche.« Durch das Dörfchen der Tinyhäuser sind Jonny und ich bereits bei einer unserer morgendlichen Runden gejoggt. Es sind Anhänger auf Rädern, auf denen eine Holzhütte gezimmert ist. Es berührt mich, dass Bernd mir gegenüber so offen ist. Er lächelt: »Kommt gerne mal zu Besuch, du und Jonny. Ich hab bestimmt eine Karotte für ihn.«

Nachdem Bernd wieder verschwunden ist, lege ich mich zurück zu Jonny und lasse ein paar Gedanken an meinen Papa zu. »Was seit seinem Tod schon alles passiert ist. Wenn ich ihm das jetzt erzählen könnte, ich glaube, er würde gar nicht mehr mitkommen. Schade, dass er nicht hier sein kann. Aber ich bin ein Teil von ihm. Deshalb ist er irgendwie doch auch mit hier«, erzähle ich Jonny, der den Kopf senkt und seinen Genießerblick aufsetzt, als ich ihm behutsam mit den Fingern in die Ohren fahre.

»Wenn ich so darüber nachdenke, wundert es mich gar nicht mehr so sehr, dass mein Papa Krebs bekommen hat. Jahrelanger Dauerstress, Geldsorgen, zu viele Dinge, die so einfach nicht zu schaffen sind und stetig anstanden, allein schon mit der Baustelle zu Hause. Trotz unserer Reisen zu wenig Zeit und Ruhe für das, was seiner Seele guttat. Vielleicht auch zu hohe Erwartungen, zu viel Verständnis anderen gegenüber, wodurch er selbst zurücksteckte, Ziele, die innerlichen Druck schafften, ständige Überforderung und daraus resultierende Enttäuschung und auch zu viel Arbeit für zu wenig Geld. Es heißt ja nicht umsonst: Stress macht krank … Als er die Diagnose bekam, hat er es erstaunlich leichtgenommen. Ich erinnere mich, dass er damals lächelnd meinte: ›Jetzt muss ich wenigstens nicht mehr funktionieren.‹« Ich werfe einen Blick in den Himmel: »Tut mir leid, dass du nicht so leben konntest, wie du es wolltest. Du hast immer dein Bestes gegeben. Danke umso mehr, dass du mich jetzt unterstützt, damit ich meine Träume leben kann.«

Ich halte inne und fühle mich meinem Papa ganz nah.

Schließlich lasse ich einen weiteren Gedanken zu. Wieso denke ich eigentlich so oft an meinen Papa und nicht an meine Mama? Schließlich ist meine Mama mit der wichtigste Mensch in meinem Leben. Die beste Mama, die ich mir hätte wünschen können. Einen

Teil von ihr habe ich auch immer in mir dabei. Vermutlich habe ich eher das Gefühl, dass mein Papa hier sein kann, während meine Mama zum Glück noch einen tatsächlichen Aufenthaltsort auf der Erde hat und gerade ihr eigenes Leben führt. Papas Energie ist leichter herzuholen, und passiert etwas Wunderschönes, gefällt mir die Vorstellung, er habe dazu beigetragen. Oder ist es seine Energie und Veranlagung, die in Teilen in mir weiterlebt?

Ich wende mich wieder Jonny zu. »Manchmal glaube ich, der Papa hat mir dich geschickt. Irgendeinen Esel hätte ich kennenlernen können, aber wir beide haben uns gefunden. Das war so ein Riesenglück! Vielleicht auch Schicksal. Danke, dass du da bist, Jonny.«

Völlig unerwartet reißt mich Andrea aus meinen Gedanken. Sie ist ganz aufgebracht und streift besorgt über die Lichtung: »Süße, sind die bei dir auch? Das ist doch eine Sauerei. Bei uns hängen die dicksten Nester!«

Ich steige verwundert über Jonnys Zaun und gehe auf sie zu: »Wovon sprichst du?«

»Da! Da oben ist eins. Zum Glück nicht über der Weide. Ich habe bereits bei der Rezeption Bescheid gegeben, aber sie können angeblich nichts tun. Das sind Prozessionsspinner. Die sind echt gefährlich. Ich möchte nicht, dass mein Kater Chocho daran schnuppert und sich vergiftet oder so!«

Zuerst denke ich, dass Andrea ein bisschen übertreibt. Doch sie erklärt mir: »Sobald die Larven geschlüpft sind, wandern die in langen Reihen über den Platz. Eine hinter der anderen. Eine Prozession eben. Die Haare der Raupen können heftige allergische Reaktionen hervorrufen. Ich wollte dich nur warnen. Am liebsten würde ich sofort abreisen, doch wir haben die nächsten drei Monate bereits gezahlt und bekommen wegen der Raupen nicht unser Geld zurück. Bis später!«

Aufgebracht eilt Andrea zurück zu ihrem Platz, während sie mich ratlos und verunsichert zurücklässt. Ich blicke suchend in die Baumkronen. Das Nest, das Andrea entdeckt hat, ist weiß und rund. Es sieht aus wie die Kugel aus Spinnfäden, die wir bei unserer Wanderung an die Küste im Wald entdeckt hatten. Ich gehe noch einmal sorgfältig Jonnys Weide ab und versuche, mich zu beruhigen. Um was man sich auf Reisen nicht alles sorgen muss!

Im Abendrot sitze ich bei geöffneter Heckklappe auf meinem Bett, habe mich in meine bunte Patchworkdecke gekuschelt und mein Tagebuch danebengelegt. Es ist noch angenehm warm draußen und der Himmel leuchtet in wunderschönen Farben zwischen den Pinien hindurch. Zuerst sitze ich eine ganze Weile still, nippe an meinem heißen Ingwertee und beobachte die wechselnden Formationen einzelner Schleierwolken. Jonny hat es sich direkt vor der Schiebetür gemütlich gemacht und liegt zufrieden im Heu. Schließlich klappe ich mein Tagebuch auf, beginne zu schreiben und stelle dabei fest, dass mein Wunsch für unsere Reise bisher nur teilweise aufging. Etwas fehlt. Erst als ich es aufschreibe, fällt mir auf, was genau es ist:

Liebes Tagebuch,
eigentlich wollte ich doch mehr über die Einheimischen erfahren, sehen, wie sie leben. So wie auf unserer letzten Reise durch die Alpen. Doch hier im Süden gibt es so viele Reisende, die in ihrem Bus leben. Sie haben ihre Plätze, wo sie sich treffen, übernachten, leben oder surfen gehen, und die Einheimischen haben andere. Womöglich ist das Busleben zu flexibel und autark, um auf Einheimische zu treffen, weil man ja eigentlich nichts braucht. Zu schnell, um tiefere Gespräche entstehen zu lassen, oder hier auch einfach zu ausgelutscht, da die Menschen zu Tausenden an die Algarve pilgern. Um leichter mit Einheimischen in Kontakt zu kommen, sollten wir besser wieder nur zu Fuß reisen oder in ein Land, wo das Busleben nicht so üblich ist?

Doch noch während des Schreibens wird mir klar:

> Vielleicht ist diese Reise nicht dafür gedacht, die Einheimischen kennenzulernen, sondern einfach die Menschen, die uns in diesem Land begegnen: Reisende, Auswanderer, Künstler, Individualisten. Jeder von ihnen hat eine eigene spannende Geschichte. Doch was sie alle gemeinsam haben, ist der Mut. Der Mut, trotz Trauer, Stress, Burn-out, Angst, Krankheit, falscher Berufswahl, Geldmangel oder schlichtweg Pech ihren Traum zu verwirklichen. Eine wundervoll bunte Gemeinschaft. So unterschiedliche und auf ihre Art und Weise besondere Menschen treffe ich nur: auf Reisen! Und alle sind sie eine Geschichte wert.
> Und Jonny und ich werden jetzt weiterziehen und die Sanddünen in Spanien finden!

Zufrieden klappe ich mein Tagebuch zu.

Esel zählen zu den wenigen Arten, die rufen, indem sie gleichzeitig ein- und ausatmen.

TEIL 11

VOM ESEL- ZUM HÜHNERSTALL

Eselsohr

SONJA SONNENSCHEIN

Tag 50 | Von Sagres bis in die Nähe von Bensafrim

Sämtliche Nachbarn haben sich zum Abschied um unseren fahrenden Stall versammelt. Winkend und hupend zuckeln wir über die Schotterpiste, bis unsere Freunde in den Seitenspiegeln nicht mehr zu sehen sind. Wir fahren nicht lange, denn keine dreißig Kilometer weiter rollen wir in der Nähe von Bensafrim suchend an einer Reihe Grundstücke vorbei. Wir wollen zu Sonja, der Freundin von Alex aus dem Starnberger Baumarkt. Sie lebt hier mit ihrem Hund im Wohnmobil, doch wo genau? Wir halten vor einem hohen Zaun mit grünem Sichtschutz. Ein Hund bellt lauthals hinter dem Tor. Hier müsste es eigentlich sein. Oder vielleicht ist es doch das nächste?

In Schrittgeschwindigkeit zuckeln wir über die einspurige Straße außerhalb des Ortskerns. Doch kaum sind wir wenige Meter weiter, sehe ich durch den Zaun eine winkende Dame zum Hoftor eilen. Wir sind doch richtig! Ich lege den Rückwärtsgang ein und lasse uns zurück zu dem großen Eisentor rollen. Eine Kette wird gelöst, zuerst springt ein aufgeregt bellender Hund hinaus, und kurz darauf empfängt uns freudestrahlend eine Dame mit knallbunter Bluse und wunderschönen hüftlangen grauen Haaren: »Grüß dich, ich bin Sonja. Ich bin total geflasht, was du so machst mit deinem Eselchen! Willkommen, ihr beiden!«

Ich fahre eine steile Einfahrt hinunter aufs Grundstück und parke Eddy auf der Wiese hinter dem Tor. Unter aufgeregter Beobachtung darf Jonny zur Seitentür heraushüpfen und sich umschauen. Sonjas jung gebliebene und aufgeschlossene Art bewirkt, dass ich mich sofort wohlfühle. Auch ihre Hündin Kila akzeptiert den eseligen Besuch überraschend schnell und lässt Jonny in Ruhe grasen, während Sonja mich herumführt.

»Das Wohnmobil ist unser Zuhause. Hier leben Kila und ich. Daneben in der Garage hab ich mir eine Küche eingerichtet, dort hab ich Strom. Wasser für den Abwasch und zum Duschen kommt aus dem Gartenschlauch dort neben dem Hühnerstall, wo vierzehn Hühner und zwei Hähne leben. Dahinter sind die Gänse. Die sind aber etwas gefährlich, deshalb ist ihr Gehege geschlossen, wenn Besuch kommt. Hier vorne neben dem Tor ist eine Hausruine. Hajo und Claudio, denen das Grundstück gehört, warten noch auf eine Umbaugenehmigung. Sie leben in der Stadt und freuen sich, dass ich mich um die Hühner kümmere. Das Grundstück ist komplett eingezäunt, und die Hühner laufen frei herum, also darf Jonny das auch gerne. Heu hab ich im Schuppen gefunden. Da kannst du dich bedienen. Möchtest du einen Kaffee?«

Ich bin überwältigt von Sonjas Gastfreundlichkeit. Damit Jonny nicht durchgehend futtert und ich in der Nacht weiß, was er treibt, stecke ich trotzdem noch ein Gehege am Stall entlang ab, das ich am Abend schließe. Dann weiß Jonny, dass ich jetzt ins Bett gehe und es auch für ihn Zeit ist, sich in seinem eigenen Terrain auszuruhen. Wir genießen den Platz, und Jonny fühlt sich zwischen den frei laufenden Hühnern pudelwohl. Nur dem größeren Hahn geht er respektvoll aus dem Weg.

Zum Abendessen hat Sonja Kürbissuppe gekocht, das Lagerfeuer knistert, und der Sonnenuntergang lässt eine beeindruckende Wolkenformation in Rosatönen erstrahlen. Sonja scheint eine herrlich ehrliche und dankbare Frau zu sein. Für ihre 64 Jahre ist sie erstaunlich jung geblieben. Wir unterhalten uns, lassen das Lagerfeuer herunterbrennen und wünschen uns eine gute Nacht.

An diesem Abend bleibe ich noch lange wach. Gedanken wirbeln mir durch den Kopf. Ich sitze hier im selbst ausgebauten Bus, obwohl ich vor einem Jahr noch nicht einmal einen Akkuschrauber bedienen konnte, wir sind zusammen in Portugal, Jonny liegt vor der Tür eingerollt im Heu, der Mond leuchtet hell, und es ist friedlich ruhig draußen. Ich fühle mich gerade einfach nur goldrichtig, wo ich bin. Was ich hier mit Jonny erleben darf, das ist wahrlich ein Geschenk! Ob Papa für mich von oben die Weichen stellt oder die richtigen Knöpfe drückt? Oder bin das einfach ich selbst? Ich öffne die Tür, setze mich zu Jonny ins Heu und betrachte die klare Sternennacht. »Danke, mein Schutzengelchen! Danke, Papa! Danke, Jonny!« Ich lege meine rechte Hand oberhalb meiner Brust ab und ziehe ein paar kleine Kreise auf meinem Körper: »Und danke dir.«

Ich bin gerade so glücklich, dass ich unbedingt einigen wichtigen Menschen in meinem Leben danken möchte, also verfasse ich ein paar persönliche Nachrichten an meine Mama, Stefan, meinen Onkel Manni, David, durch dessen Frage die Busgeschichte überhaupt ins Rollen gebracht wurde. Und an Mamas Freund Amir: »Danke, dass du so gut auf meine Mama aufpasst, und danke, dass du immer für mich da bist. Danke, dass du mein zweiter Papa bist.«

Nur kurze Zeit vergeht, bis ich eine berührende Nachricht von ihm zurückbekomme, welche mit »Danke, dass du meine Tochter bist« endet. Mir kommen vor Freude die Tränen. Das hat Amir zum ersten Mal zu mir gesagt. Ich schließe die Augen und versuche, diesen unbezahlbaren Moment und den ganzen Abend für immer in meinem Herzen festzuhalten.

EINE UNRUHIGE NACHT FÜR JONNY

Tag 51–54 | Bei Bensafrim

Zum Frühstück gibt es frisch gepressten Orangensaft vom Orangenbaum im Garten, von dem ich Jonny regelmäßig fernhalten muss, damit er nicht alles abpflückt und Magenprobleme bekommt. Auch die knallgelben Zitronen einen Baum weiter scheinen ihn anzusprechen.

Sonja und ich wechseln uns in den kommenden Tagen mit Kaffeekochen und Essenherrichten ab, und jedes Mal, wenn eine etwas für die andere auf den Tisch gezaubert hat, ist die Freude groß. Doch nicht nur bei Sonja und mir, sondern auch bei Jonny, der sein Leckermäulchen mitten auf den gedeckten Tisch legt und diesen Zentimeter für Zentimeter abtastet.

Ich hole gerade das zweite Glas Orangensaft aus der Garage, als ich ihn gleich am ersten Morgen dabei erwische: »Du Schlingel. Weg da! Das ist unser Frühstück.« Kaum habe ich ihn weggeführt, versucht er stattdessen, in der Garage etwas Essbares zu stibitzen. Vorsorglich bauen wir eine Barriere aus Bierbänken, damit Jonny nicht Sonjas Küche leer räumt.

Auch während des Essens schleicht sich Jonny immer wieder heimlich an, als könnte er kein Wässerchen trüben, und plötzlich sind seine Nüstern auf dem Tisch. »Das geht so nicht, Jonny.« Während Sonja sich über Jonnys Tischmanieren köstlich amüsiert, führe ich ihn zurück auf seine abgesteckte Weide. Immer wenn wir essen oder Kaffee trinken, bekommt von nun an auch Jonny einen Haufen

Heu. Es soll ja schließlich fair sein, und anders würden wir wohl nie in Ruhe zum Frühstücken kommen.

Mittags brechen wir gemeinsam mit Jonny und Sonjas Hündin Kila zu einer Wanderung zum höchsten Punkt in der Gegend auf, einem Berg, auf dem ein alter Turm steht. Unterwegs werden unsere Gesprächsthemen in kurzer Zeit sehr tiefgreifend, und ich erzähle Sonja von meinem Papa und seiner schweren Krebserkrankung.

Sie nickt traurig. »Mein Mann ist auch an Magenkrebs gestorben. Das war damals ein langer Leidensweg für ihn. Jetzt ist es schon zehn Jahre her, doch es kommt mir vor, als wäre es gestern gewesen, dass ich ihn gepflegt habe. Ich wollte ja eigentlich schon immer mit einem Wohnmobil verreisen, aber für meinen Mann war das leider nie etwas. Immerhin sind wir gemeinsam in ein Gartenhäuschen gezogen, um mehr im Grünen zu sein. Das hat er trotz seiner Krankheit sehr genossen. Auf die schreckliche Krebsdiagnose folgte zuerst eine Magentransplantation, anschließend ein Darmverschluss und kurz vor seinem Tod noch ein Schlaganfall. Ich war am Ende mit meiner Kraft.«

Während Sonja spricht, kullert mir eine Träne über die Wange. Schließlich habe ich selbst passende Bilder dazu von meinem Papa im Kopf, wie er krank und schwach im Bett lag. Ich kann mir nicht ansatzweise vorstellen, wie hart es sein muss, diese Erfahrung mit dem geliebten Partner durchmachen zu müssen. Bei meinem Papa war es schon schlimm genug, und mit sechs Monaten von der Diagnose bis zu seinem Tod ging alles rasend schnell im Vergleich zu Sonjas Geschichte. Sie und ihr Mann haben sich ganze sechs Jahre durch diese Krankheit gekämpft, bis er erlöst wurde.

Ich erinnere mich, dass ich mir am Ende, als es Papa wirklich schlecht ging, gewünscht habe, dass er bald sterben könnte. Das wirkt vielleicht seltsam, und doch wünscht man das jemandem, den man liebt, nur von Herzen, weil die Erlösung zu jenem Zeitpunkt besser für ihn wäre. Ich wische mir eine weitere Träne aus dem Augenwinkel.

Was muss das nur für eine starke Frau neben mir sein! Und jetzt, wo sie all das geschafft hat, erfüllt sie sich ihren lang gehegten Traum. Ich weiß nicht, ob es mitfühlende Tränen sind, weil ich mich mit ihrer Geschichte so verbunden fühle, oder ob es Freudentränen sind, dass sie jetzt hier sein kann. Vermutlich beides. Ich schätze sehr, was Sonja mir anvertraut, und lausche ihrer rauen, liebevollen Stimme aufmerksam: »Ich bin damals einfach von München nach Berlin gezogen, als ich meinen Mann gerade einmal drei Monate kannte. Ganz spontan hab ich mit ihm ein neues Leben begonnen, doch 34 Jahre später, zwei Jahre nach seinem Tod, hab ich es dort einfach nicht mehr ausgehalten. Ich wollte zurück nach München, zu meinen Wurzeln. Ich bin nach seiner Pflege selbst erkrankt, an Polyarthrose und Fibromyalgie. So bin ich mit sechzig Jahren mit fünfzig Prozent Schwerbehinderung in Frührente gegangen. Ein Leben in einer Mietswohnung ist aber mit einer kleinen Rente teuer, besonders wenn der Mann viele Jahre krank war und ich deshalb auch nicht viel arbeiten oder etwas beiseitelegen konnte. Es war zwar ein tolles Fleckchen im wunderschönen Voralpenland, doch ich hab mich recht bald gefragt, ob es das nun gewesen sein soll. Für den Rest meines Lebens hier sein? Nein, da ist noch etwas!«

Sonjas Augen beginnen zu strahlen. Wir kürzen den Weg durch die Siedlung über ein leer stehendes Grundstück ab und spazieren querfeldein über eine sattgrüne Wiese, während Sonja lebhaft fortfährt: »Im September 2017 habe ich mir mein Wohnmobil Leopold gekauft. Im März darauf haben wir unsere Europatour gestartet.«

Sonja strahlt vor Glück. »Meine vorherige Hündin Sinchen durfte sich zwischen rechts Frankreich und links Italien entscheiden. Sie hat nach links geschaut, also sind wir bis nach Sizilien gezuckelt. Anschließend durch Südfrankreich, Spanien und Portugal. Hier hab ich beim Tierarzt Hajo und Claudio kennengelernt, die mir anboten, auf ihrem Grundstück zu stehen und mich dafür um die Hühner zu kümmern. Seit etwa einem Jahr bin ich nun hier, und es gefällt mir immer noch wahnsinnig gut. Kila hat auch hier zu mir gefunden. Loszuziehen war nicht leicht, aber sobald ich unterwegs war, war es ein tolles Gefühl. Ich lebe nun wirklich meinen Traum und bin jeden Tag dankbar dafür.«

Ich könnte Sonja eine Ewigkeit zuhören, denn ich kann einige Parallelen zwischen uns erkennen. Die Erfahrung mit Krankheit und Tod, die starke Willenskraft, Pläne konkret zu verfolgen und umzusetzen, die positive und dankbare Lebenseinstellung, die Neugier auf Neues und die Liebe zum tierischen Begleiter. Es fühlt sich fast so an, als würde ich mich selbst in einer älteren, erfahreneren Version kennenlernen dürfen. Zumindest hoffe ich, dass ich auch einmal so werde wie Sonja.

Es weht ein frischer Wind, die Sonne schiebt sich ab und zu zwischen den Wolken hervor, doch mehr als 15 Grad hat es nicht. Trotzdem ist es ein wundervoller Tag.

Als wir an den letzten Häuschen vor dem Wanderweg vorbeiziehen, ruft mit einem Mal eine grelle Stimme aus einem Garten: »*Um burro, um burro!*« Die korpulente portugiesische Dame hat eine Küchenschürze um, eilt auf uns zu und kriegt sich gar nicht mehr ein vor Begeisterung. Sonja erklärt ihr, dass wir Besuch aus Deutschland sind und heute zusammen wandern gehen. Die Dame klatscht mehrmals in die Hände, streichelt Jonny, und ihre herzhafte und grelle Lache schallt bis weit in die Ferne. Als wir unseren Weg fortsetzen, prustet auch Sonja los: »Die Portugiesen halten uns Deutsche ohnehin für verrückt, weil wir mit Hunden Gassi gehen. Das macht hier nämlich niemand. Dass wir beiden verrückten Frauen nun mit einem Hund *und* einem Esel unterwegs sind, das hat Gloria schier aus den Socken gehauen!«

Jonny trottet brav und ohne Strick vor uns den rotbraunen, erdigen Pfad zum Turm hinauf. Hündin Kila springt zwischen uns hin und her. Die Sicht ist jetzt schon weit und die Luft frisch und klar. Die Hügel sind mit Gras und ein paar niedrigen Büschen bewachsen. Auf den letzten Metern pfeift uns kräftig der Wind um die Ohren. Hier oben gibt es kaum noch eine grüne Fläche. Der Untergrund besteht aus Erde und Geröll, und für zukünftige Anbauten sind breite Wasserrillen am Hang entlanggezogen. An dem aus Natursteinen gemauerten Turm angekommen, genießen wir die Weitsicht über das brache Hügelland der Algarve. Sonja breitet ihre Arme aus: »Ach, was für eine tolle Luft hier oben! Herrlich!«

Mit einem Mal hören wir ein kräftiges Donnern. In der Ferne blitzt es ein paarmal, und kurz darauf überrascht uns ein Regenschauer, der uns einen flotten und eher ungemütlichen Abstieg beschert. Zum Glück lässt aber der Wind nach, sodass wir in unseren nassen Klamotten nicht auskühlen. Noch bevor wir wieder zu Hause sind, ist der Schauer auch schon vorübergezogen.

An diesem Abend falle ich früh in die Federn, werde aber später von einem seltsamen Geräusch geweckt. Was ist das bloß? Draußen faucht etwas immer wieder ganz grässlich laut. Ich lege meine Hände hinter die Ohrmuscheln und halte inne. Da ist es wieder! Es klingt nach einer panischen Katze, doch irgendwie tiefer und voluminöser. Solange ich nicht weiß, was da draußen bei Jonny vor sich geht, bekomme ich kein Auge mehr zu. Ich schäle mich aus dem Bett und öffne die Schiebetür. »Hey, Jonny! Alles okay da draußen?«

Doch Jonny reagiert nicht auf mich, sondern steht wie angewurzelt etwa einen Meter vom Stall entfernt und starrt mit erhobenem Kopf, gespitzten Ohren und in Habachtstellung in Richtung großer Wiese und Gebüsch. Der Mond scheint hell, ein Käuzchen ruft. Leises Gackern ist zu hören. Sonst ist es still um uns. Ich schlüpfe in meine Schuhe und geselle mich zu Jonny: »Hey, Großer, was ist los? Was ist da drüben?« Doch Jonny bleibt starr stehen und macht mir schließlich mit einer zurückweichenden Bewegung klar, dass er jetzt nicht von mir gestört werden möchte. Ich respektiere das und weiche ebenfalls einen Schritt zurück. »Hast du Angst? Glaubst du, da ist etwas Gefährliches? Mach dir keine Sorgen, ich pass auf dich auf.« Ich leuchte in die Dunkelheit, doch erkennen kann ich nichts. Nicht einmal ein Rascheln ist jetzt zu hören.

Ich bleibe noch eine Weile bei Jonny, doch bevor mir fast die Augen zufallen, mache ich mich auf den Weg zurück ins Bett. Ich habe kaum die Tür geschlossen, da ertönt wieder dieses seltsame Fauchen. Es ist ziemlich laut, als käme es aus direkter Nähe. Mit pochendem Herzen öffne ich erneut die Tür. »Hast du das gehört, Jonny? Was ist das nur? Gruselig, was? Ich bleibe erst mal mit dir auf.« Angespannt setze ich mich in den Türrahmen und lausche. Obwohl ich selbst nervös bin, versuche ich, Jonny zu beruhigen und es mir nicht anmerken zu lassen. Am Ende mache ich ihn sonst noch ängstlicher.

Da! Schon wieder! Und dann erschrecke ich: Das Geräusch kommt von Jonny! »Was hast du denn? Hast du dich verschluckt?«, frage ich besorgt. Ich zücke mein Handy und google, ob Esel auch fauchen können. Und in der Tat, unter anderem, wenn sie Angst haben und sich bedroht fühlen. Das hat Jonny zuvor noch nie gemacht. Es muss wirklich schlimm für ihn sein.

»Was in aller Welt ist da bloß? Na, komm her, ich bin ja da.« Jonny löst sich aus der Starre und trottet zu mir, um sich vorsichtig ein wenig Heu aus dem offen stehenden Heulager unter dem Bett zu stibitzen. Sobald er wieder entspannter wirkt, starte ich einen erneuten Schlafversuch. Am liebsten würde ich Jonny einfach mit ins Bett packen. Es ist kein gutes Gefühl, ihn alleine draußen zu lassen. Um ihn und vor allem mich zu beruhigen, lasse ich die Tür auf und ziehe nur den halblangen Vorhang zu. Von dieser Nacht an schlafe ich stets mit geöffneter Tür, um Jonny näher zu sein und alles draußen mitzubekommen.

Doch nur wenige Minuten später stoppt Jonny das Fressen, und kurz darauf höre ich plötzlich ein schepperndes Geräusch. Ich schrecke auf und spähe durch den Vorhang. Jonny ist weg! Ich schnappe meine Taschenlampe und eile nach draußen. Jonny muss mitten durch den Zaun gerannt sein, denn dieser ist umgeworfen. Einen Pfosten finde ich hinter dem Bus. Der Zaun hat sich vollständig von der Spule abgewickelt. Ich kann ihm bis hinter die Garage folgen, wo der verschreckte Jonny steht. Ich versuche, ihn zu beruhigen, obwohl auch ich die Situation ziemlich gruselig finde.

Ich entheddere Jonnys rechten Vorderhuf aus dem Zaun und führe ihn langsam zurück zu unserem Platz, wobei ich mit dem Gedanken spiele, Sonja zu wecken und zu fragen, welches Tier hier sein Unwesen treiben könnte. Doch das würde auch nichts ändern, also bleibe ich mit Jonny gemeinsam wach und streichle ihn beruhigend. Erst als langsam in der Ferne die Morgendämmerung anbricht, lege ich mich wieder schlafen.

Kaum bin ich endlich im Land der Träume, werde ich von einem quietschenden »Iiiiiih!« geweckt, das wie aus weiter Ferne klingt. Jonny wird doch nicht schon wieder ausgebüxt sein? Noch im Halbschlaf, klettere ich aus dem Bett, doch Jonny liegt nun bequem auf seinem Haufen Heu direkt vor der Schiebetür. Wieder ertönt ein quietschendes »Iiiih!«. Völlig übermüdet, muss ich loslachen. »Ach so, ich dachte für eine Sekunde, das wärst du, Jonny. Aber das ist ja nur der Hahn drüben. O Mann, entschuldige! Ich bin echt fertig.« Jonny wirft mir einen vorwurfsvollen Blick zu, während ich mich zum fünften Mal ins Bett zurückziehe.

Als mich später die warmen Sonnenstrahlen zum Aufstehen bewegen, höre ich es leise unterm Bett im Heulager vor sich hin gackern. Ich robbe über die Matratze und strecke meinen Kopf hinunter. Drei Hühner sind durch die offene Tür gehopst und haben es sich unter meinem Bett im Heu gemütlich gemacht. Jonny liegt davor und scheint sich nicht daran zu stören. »Ja, sag mal, was ist denn hier für eine Party? Guten Morgen, Frau Huhn!« Die gefiederten Damen hopsen ertappt hervor und suchen das Weite. »Du bist mir vielleicht ein Wachesel, Jonny. Lässt unseren Stall einfach von einer Horde Hühner einnehmen, während ich schlafe.«

Beim Frühstück berichte ich Sonja von der seltsamen Nacht. Sie vermutet, dass es ein Mungo gewesen sein könnte. Das ist eine Art Schleichkatze, die zumindest Hühner und Küken reißt und die Jonny vielleicht unheimlich war. Vermutlich hat er sie sogar vom Hühnerstall ferngehalten. »Gut gemacht, Jonny!« Ich klopfe ihm auf die Schulter.

Fünf Tage dürfen wir Sonjas Gastfreundschaft genießen, ihre Nachbarn kennenlernen und die Umgebung von Bensafrim zu Fuß erkunden. Es ist eine wunderschöne Zeit, und ich habe das Gefühl, eine neue Freundin gewonnen zu haben. Wir könnten eine Ewigkeit bleiben, doch die Neugier treibt mich weiter. Ich glaube, herausgefunden zu haben, wo die Sanddünen sein könnten! Im Internet habe ich eine Umfrage gestartet, ob jemand weiß, wo dieses Bild von vor über zwanzig Jahren entstanden sein könnte. Daraufhin habe ich einen Tipp bekommen und schließlich Bilder von der Umgebung Tarifas gefunden, auf denen ähnliche Dünen mit diesem markanten Berg im Hintergrund zu sehen sind.

Nun kann uns nichts mehr aufhalten!

DER SCHÖNSTE PINIENWALD

Tag 55–57 | Von Bensafrim bis in die Nähe von Sevilla

Zwei ganze Heuballen dürfen wir von Sonja am Abreisetag einpacken. Ich bin völlig aus dem Häuschen und freue mich über den Heuvorrat wie ein Kind über ein Überraschungsei. Unsere Abschiedsumarmung wird lang und sehr innig. Schließlich starte ich den Motor, und Jonny und ich sind mit einem Mal wieder zu zweit. »Weiter geht's!«, rufe ich zu ihm nach hinten. »Ein neues Land, ein neues Abenteuer! Spanien und ganz viel Sand erwarten uns, Jonny!«

Als Zwischenstopp auf dem Weg nach Tarifa picke ich nach zweieinhalb Stunden Fahrt mit Pause den Campingplatz Dehesa Nueva bei Sevilla heraus. Die Rezeption ist geschlossen, doch das Tor steht offen. Ein junges Paar, das gerade das Gelände verlässt, rät mir: »Fahr einfach rauf und such dir einen Platz. Vorne rechts ist eine freie Wiese. Zum Kassieren kommt irgendwann jemand vorbei, die Rezeption ist unbesetzt.«

Obwohl wir nur eine Nacht rasten wollten, bleiben wir mehrere Tage an diesem Ort mitten im wunderschönsten Pinienwald. Die Sonne brennt endlich so richtig vom Himmel, und ich kann zum ersten Mal auf dieser Reise meine Sommerklamotten auspacken und mich bei gefühlten 24 Grad vom nasskalten Winter Portugals auftauen. Als das Personal uns am Tag darauf bemerkt, sind sie so entzückt, dass Jonny das gesamte eingezäunte Areal von Volleyballfeld, Liegewiese und Lagerfeuerplatz als Weide nutzen darf. In der kalten Asche wälzt er sich besonders gerne und betreibt Fellpflege. Anschließend ist mein kleiner Dreckspatz noch grauer als zuvor.

Es sind nur wenige andere Wintergäste da. Ich feiere die Ruhe, das traumhafte Wetter und vor allem, dass mir nach dem Duschen mein Surfponcho als einziges Kleidungsstück ausreicht und ich nicht friere. »So habe ich mir das Überwintern vorgestellt. Endlich Sommerfeeling! Aber Jonny, nur ja nicht dein dickes Fell abwerfen, wir müssen bald wieder zurück nach Deutschland«, mahne ich meinen Kumpel. Jonny hat sein plüschiges, halblanges Herbstfell behalten, zwar kein weiteres angelegt, jedoch ist ihm zum Glück auch bisher keines ausgefallen.

Am dritten Nachmittag unternehmen wir eine Wanderung durch den dichten Pinienwald. Der Boden auf den Trampelpfaden ist sandig und so weich, dass Jonnys Hufe darin versinken. Wir biegen vom Weg ab und begeben uns mitten unter die hohen Kronen der Pinien. »Ich glaube, ich hab noch nie einen so wundervollen Wald gesehen.« Jonny geht eigenständig voraus, ich folge ihm. Der leicht hügelige Boden im Schatten der Baumkronen ist gleichmäßig mit kurzen knallgrünen Grashalmen bewachsen. Dazwischen haben vereinzelt verschiedene dunkelgrüne Sträucher gewurzelt. Die Rinde der Baumstämme schimmert in einem leichten Rotton. Das Licht ist diesig, als läge Saharastaub in der Luft. Es scheint wie vernebelt durch das Dach der Baumkronen in über zehn Meter Höhe. Bewundernd lasse ich meinen Blick durch den Wald schweifen.

Jonny hat unterdessen einige Meter vor mir angehalten und begonnen, sich etwas aus dem Boden zu ziehen. Eine Pflanze samt Wurzeln rupft der Schlawiner aus und trägt sie im Maul fleißig zu mir. »Hey, du Raubtier, was hast du denn da gefangen?« Jonny bleibt vor mir stehen und kaut genüsslich auf seinem Fang herum. »Komm, du Lauser, wir gehen noch ein Stück.«

Es ist traumhaft schön hier!

Wir haben den Wald nur für uns. Als Jonny bereits einige Meter vorausgewandert ist, beginne ich ein Spiel mit ihm und lasse meiner Fantasie freien Lauf. Ich stelle mir vor, auf einer Wildtiersafari in Afrika zu sein, und lege mich mitten in der Wildnis auf die Lauer nach unerforschten Tieren. »Da ist eins, da hinten. Was ist das nur? Ein Reh ist es nicht. Vielleicht ein Minidromedar? Ich kann es nicht einordnen. Ich muss näher ran.« Ich schleiche mich vorwärts und verstecke mich abwechselnd hinter Büschen oder einem Baumstamm. Das Wesen steht nun nur noch wenige Meter von mir entfernt und schnüffelt nach seiner nächsten Beute. »Es ist ein … Es ist ein … Ach, du bist es nur, Jonny! Ich hab dich gefunden, jetzt bist du dran.« Ich scherze und kichere und unterhalte mich selbst und vielleicht auch ein bisschen meinen grauen Begleiter.

Wenn ich alleine bin, fallen mir immer mal wieder Fantasiegeschichten ein. Es macht Spaß, lockert das Alleinsein mit Jonny auf und lenkt mich davon ab, dass ich diesen bezaubernden Ort gerne mit jemandem teilen würde. Mit Stefan. Jonny und ich sind zwar ein eingeschworenes Team, und ich würde ihn um keinen Preis der Welt eintauschen, doch Stefan gehört nun eben auch dazu, und es ist schade, dass er nicht mit uns hier ist. Würde er mitspielen, wäre es sicher doppelt so lustig!

Ich seufze tief und gebe Jonny ein Bussi auf die weichen Nüstern.

Esel können ihre Ohren unabhängig voneinander um 180 Grad drehen.

TEIL 12

MEINER KINDHEIT GANZ NAH

Eselsohr

EIN TRÄUMCHEN IM DÜNENMEER

Tag 58 | Von Sevilla bis in die Nähe von Tarifa

Gähnend lasse ich den Tag anbrechen. Die Nacht war unruhig, und ich bin geplagt von Stechmücken. Bis ich all unser Zeug zusammengepackt habe, vergehen etwa zwei Stunden. Doch als ich Jonny in den Stall führen möchte, will er nicht einsteigen. Er bleibt entweder vor der Rampe stehen oder geht geradewegs daran vorbei. Nicht einmal mein Trick, einen Huf auf die Rampe zu heben, klappt. Ich bin müde und weiß nicht weiter. »Mir hat der Platz auch sehr gut gefallen. Vielleicht hast du recht. Ich bin selbst noch nicht richtig wach. So sollte ich nicht fahren. Wir bleiben noch ein Stündchen. Du kannst grasen, und ich hole mir erst einmal einen Kaffee.«

Als ich schließlich fit genug für die Weiterfahrt bin, steigt auch Jonny unverzüglich ein. »Dass ich vorhin noch nicht hätte fahren sollen, hast du aber nicht wirklich gewusst, oder?« Er verblüfft mich immer wieder, mein langohriger Begleiter. »Danke, Jonny! Jetzt kann es aber wirklich losgehen. Ein letztes Mal ab in den Süden!«

Etwa 200 Kilometer später taucht direkt vor uns in der Ferne die Silhouette einer Bergspitze auf. Ich fahre rechts ran und krame das Bild aus meiner Kindheit hervor. Mein Blick wechselt zwischen der Bergspitze und dem Foto: »Jonny! Ich glaube, das ist der Berg! Dann müssen dort auch die Sanddünen sein!«

Von der Autobahn biegen wir ab und folgen einer mit Schlaglöchern übersäten Teerstraße, die durch einen dicht bewachsenen Kiefernwald führt. Mit einem Mal öffnet dieser sich, und mir bleibt der Mund vor Staunen offen stehen. »Wahnsinn! Schau mal raus,

Jonny! Hast du so was schon gesehen?« Plötzlich fühle ich mich im Bus mit Jonny ganz klein, denn gigantische Sanddünen sind wie aus dem Nichts rechts und links von uns aufgetaucht. Ihr heller Sand blendet mich. Die einspurige Straße liegt im Tal, und auf dem grauen Teer funkeln einzelne Sandkörner in der heißen Sonne. Die Straße geht ohne Randbegrenzung direkt in die Dünen über und ist teilweise von Sand bedeckt. Ich erinnere mich an diese Straße. Hier konnten wir vom Campingplatz aus mit den Rädern hinfahren. Ein aufgeregt kribbelndes Gefühl macht sich in meinem Bauch breit.

Ich halte an, öffne die Schiebetür, um auch Jonny genauer gucken zu lassen, und klettere dann auf den mächtigen Sandberg rechts von uns. Der Sand hat sich in der Sonne erwärmt und reflektiert die Wärme, sodass ich kräftig ins Schwitzen komme. Zwei Schritte mache ich hoch, einen rutsche ich zurück. Ich drehe mich zu Eddy um und traue meinen Augen nicht: Mein türkiser Bus mit Jonny gleicht von hier oben einem Spielzeugauto. Die Oberflächen der Sanddünen, die ihn umgeben, sind vom Atlantikwind glatt gefegt. Es scheint so, als wäre vor uns noch kein einziger Mensch hier gewesen. Hinter der mir gegenüberliegenden Düne befindet sich eine Bucht mit einem lang gezogenen Sandstrand. In der Ferne ist sogar das bergige Festland Marokkos zu erkennen. Zu meiner Linken liegt in wenigen Kilometern Entfernung die Bergkette, die der auf unserem Familienfoto gleicht. Übermütig und voller Lebensfreude springe ich die Düne hinunter und lasse mich immer wieder in den Sand plumpsen und ein Stück weiterrollen. »Wir sind da! Jonny, wir sind da! Wir haben es geschafft. Ich kann es gar nicht fassen!«

Der Campingplatz in der Nähe, an den ich mich zu erinnern meine, hat leider geschlossen. Wie schade. Am liebsten hätte ich unseren Stall genau auf denselben Platz gestellt, wo damals unser alter Wohnwagen stand. Doch unten am Strand finde ich dafür einen Parkplatz, auf dem kreuz und quer Lkws, Wohnmobile, Wohnwagen und Busse stehen. Wir fahren zwischen ihnen hindurch. Die Menschen scheinen hier in ihren Fahrzeugen zu leben. Es herrscht ein reges Treiben. Die einen kochen draußen, die anderen hängen Wäsche auf, wachsen ihre Surfboards oder pumpen ihre Kites auf.

»Wo sind wir denn hier gelandet, Jonny? Das sieht aus wie das reinste Hippie-Surfnest. Ich glaube, wir sind hier goldrichtig.«

Doch ein Plätzchen für unseren Stall samt Weide zu finden ist nicht leicht. Mehrmals drehe ich meine Runden, bis mir endlich ein Platz gleich zu Beginn des Areals auffällt. Ich rangiere den Wagen auf die Wiese und schnaufe erst einmal tief durch. Als Jonny dann aus der Schiebetür hüpft, zieht er sofort neugierige Blicke auf sich. Ich stelle mich bei den Nachbarn vor und erkundige mich bei Katja und Chris, die direkt neben uns stehen, ob wir hierbleiben können. Sie beruhigen mich: »Im Sommer kann man hier wohl nicht stehen, aber im Winter scheint es kein Problem zu sein. Die Polizei fährt jeden Tag vorbei, hat aber bisher nichts gesagt.«

Wir stehen direkt am Strand und haben von unserem Stall aus sogar Meerblick. Nur wenige Schritte weiter über die Wiese gehen wir bereits durch Sand. Zwischen dem Trubel schleichen wir uns ans dunkelblau schimmernde Meer und schließlich in der Abendsonne die Dünenlandschaft hinauf. So weit das Auge reicht, sind wir von Sand umgeben. Am höchsten Punkt machen wir halt. Nun kann ich den Kiefernwald sehen, durch den wir gefahren sind. In der Ferne ist der markante Berg mit seiner felsigen Spitze zu erkennen. Davor ein gigantisches Dünenmeer. Die hellen Sandkörner funkeln im Abendlicht. Ich lasse mich in den Sand fallen und vergleiche alles mit dem Foto aus meiner Kindheit. Sicher, die Dünen sind innerhalb der letzten Jahrzehnte weitergewandert, doch der Ort ist derselbe geblieben. Wir sind wirklich da. Ich bin so überwältigt von einem Glücksgefühl, dass ich einfach nur schweigend dasitze und in die Ferne grinse. Jonny scheint ebenso begeistert von diesem Ort zu sein, denn er wälzt sich mehrmals genüsslich im Sand und bleibt dann völlig entspannt in der Sonne liegen.

In der Tat fühlt es sich für mich wie Ankommen an. Ankommen an einem Ort, den ich als Kind so geliebt habe. An einem Ort, wo wir als Familie zusammen waren und mein Papa noch gesund war. Als ich unbeschwert mit meinem kleinen Bruder im Schlitten die Dünen hinunter bis ans Meer zischen durfte oder wir im Sand »Rollerfässle« machten, bis uns schwindlig wurde. In der Bucht habe ich »Wellenhopsen« gespielt, bis ich natürlich irgendwann im Meer gelandet bin und mit Papas viel zu großem Pulli bekleidet zurück zum Campingplatz radelte.

Ach, was sind das nur für sagenhaft schöne Bilder, die ich mit diesen Dünen verbinde.

Während ich in Erinnerungen schwelge, wälzt sich Jonny erneut kräftig in diesem gigantischen Sandkasten. »Lass es dir gut gehen! Jonny, da hinten ist Afrika! Da kommen deine Vorfahren her. Deshalb fühlst du dich hier unten in warmen und trockenen Gebieten auch so pudelwohl. Mir geht es aber auch so, obwohl ich nicht aus Afrika stamme.« Wir beobachten eine Frau, die mit einem Stand-up-Paddle-Board aus dem Kiefernwald heraus- und die Düne hinaufeilt. Da sie die einzige Person weit und breit ist, ergreife ich meine Chance und frage, ob sie ein Foto von uns machen kann. Die Frau lacht freundlich und schießt mit meinem Handy ein paar Bilder. Dann muss sie sich beeilen, um zum Sonnenuntergang auf dem Wasser zu sein.

Ich wende mich Jonny zu und zeige ihm die Fotos. »Sieh mal. Das war vor 24 Jahren, und das war gerade eben. Toll, dass du mich bis hierher begleitet hast. Ich kann gut verstehen, warum meine Eltern hier überwintert haben. Stell dir mal vor, wir würden direkt hinter den Dünen leben. Was für ein Traum!«

Jonny stupst mich an.

»Stimmt, du hast recht. Wir leben ja jetzt gerade auch hier. Sieh mal, da unten steht unser Stall!«

Am Abend sitze ich auf der Dachterrasse und schaue aufs Meer hinaus. Ich höre jede Welle rauschen. Der Vollmond taucht hinter dem Bergrücken auf und unseren Platz in ein angenehmes Abendlicht. Die Bergkette selbst hinter uns erscheint als schwarze Silhouette. Jonny hat unten seinen Kopf im Heulager vergraben und gibt zufriedene Mampfgeräusche von sich, während ich mir auf dem Dach eine Gemüsepfanne schmecken lasse. Es ist sogar in der Nacht noch angenehm warm, um uns herum ist es still, alle haben sich in ihre kleinen Häuser auf Rädern zurückgezogen. Es bleiben nur Jonny und ich. Ich sehe nach oben und lächle, so breit ich nur kann, den Mond an, bis meine Mundwinkel wehtun, denn mir fällt sonst nichts ein, wie ich diesen Abend noch stärker wertschätzen könnte. Der Mond scheint von oben zurückzulächeln. Ich fühle mich gerade genau richtig an diesem Platz auf der Welt.

LEBEN IM PARADIES, ODER?

Tag 59–60 | Bei Tarifa

Am nächsten Tag schwenkt meine Begeisterung mit einem Mal um. Dieser Ort ist so schön, dass ich plötzlich unfassbar traurig werde, ihn nicht mit Stefan teilen zu können. Er fehlt mir, und ich versuche, mich von diesem Gefühl der Leere abzulenken, indem ich etwas mit Jonny unternehme.

Nicht nur ich, sondern auch unsere Nachbarn wurden von Jonnys morgendlichem »Iiiii-h!« aufgeweckt, doch niemand beschwert sich. Im Gegenteil, wir finden schnell neue Freunde. Jonny profitiert von unseren Nachbarn ganz besonders. Von Katja bekommt er Streicheleinheiten, und Opa Willi bringt ihm täglich eine Karotte vorbei.

Ein junges Mädchen in bunt gestreifter Schlaghose reitet ohne Sattel auf einem Schimmel über den Platz. Jonny staunt nicht schlecht, und auch mir kommt diese Erscheinung magisch vor. Feengleich trabt ihr Pferd über die Wiese. Die Haare des Mädchens wehen im Wind. Jonny und ich starren ihr nach.

Besonders fasziniert bin ich von Familie Baker, die sich auf dem öffentlichen Platz wie zu Hause zu fühlen scheint. Sie haben ihre Surfboards und Bodyboards, ihr Boot und die Schwimmnudeln auf der Wiese ausgebreitet. »Habt ihr keine Angst, dass euch das Zeug nachts geklaut wird?«, frage ich. Victoria, die Mama der englischen Familie, ist unbesorgt: »Ach, das klaut schon niemand. Übrigens, meine Töchter übernachten heute bei einer Freundin, aber sobald sie zurück sind und Jonny entdecken, wirst du sie sicher nicht mehr los.«

Und tatsächlich: Nur wenige Minuten nachdem sie Jonny entdeckt haben, sind Annabelle und Jessica seine neuen besten Freundinnen. Er wird gestriegelt, gekrault und mit vorgerupftem Gras verwöhnt. Gemeinsam holen sie eimerweise Sand vom Strand und kreieren Jonny so einen Sandkasten auf seiner Weide. Jonny nutzt die Gelegenheit sofort und wälzt sich genüsslich, dass die Sandkörner nur so fliegen. Er bleibt sogar liegen, während die Mädchen weiterhin Sand um ihn herum schütten, und schaut ganz zufrieden drein. Ein drolliger Anblick.

Jonny wird aktiv ins Camperleben eingebunden. Er darf über den Platz marschieren und in jedes Häuschen hineinlugen. Hinter jeder zweiten Tür versteckt sich ein »Futter-Automat«, ich muss aufpassen, dass mein Leckermäulchen nicht überfüttert wird. Einige Nachbarn haben auch ein Surfskateboard, und gemeinsam funktionieren wir die Straße um und cruisen um die Wette. Jonny darf stets dabei sein und läuft am Führstrick neben Annabelle und Jessica her, die auf ihren Longboards stehen.

Die Gemeinschaft auf diesem Platz ist herrlich offen und warmherzig. Zum Abendessen werde ich bei den Bakers eingeladen, die unbedingt mehr über meine Reise erfahren wollen. Ich erzähle ausführlich von Jonnys und meinen Abenteuern. Victoria schenkt mir einen Schluck Rotwein nach: »Die Girls lieben Jonny, er ist ein wahres Reisehighlight für sie! Sie sind zehn und zwölf Jahre alt, und zu Hause hatte ich das Gefühl, dass sich für sie und ihre Freunde in der Schule alles nur noch um Oberflächlichkeiten drehte. Neue Klamotten, Make-up, Social Media, die neuesten Posts auf Instagram … Gareth und ich wollten mit ihnen raus aus diesem Strudel. Kurzerhand haben wir unser Haus vermietet, Homeschooling beantragt und sind vor sechs Monaten losgezogen. Hier stehen wir schon über drei Monate. Es ist ein wundervoller Ort, sodass es uns einfach noch nicht weiterzieht.«

»Was halten denn die beiden Mädchen von der Lebensumstellung?«, interessiert mich.

»Für sie war es zuerst recht heftig. Wir mussten einen neuen Alltag finden. Während des Reisens Zeit fürs Lernen und Hausaufgaben einplanen. Am Anfang war es nicht leicht, aber mittlerweile hat jeder seinen Platz gefunden. Außerdem sind die zwei täglich draußen unterwegs und spielen in der Natur. Sie lassen sich die wildesten Abenteuer einfallen und setzen sich am Abend sogar gerne noch mal zum Lernen hin. Ich denke, sie entwickeln sich großartig, sehen dabei mehr von der Welt und treffen auf verschiedenste Menschen, die sie als positive Vorbilder inspirieren. Es scheint der perfekte Ausgleich für sie zu sein, und es freut mich, meine Familie wieder so glücklich zu sehen.«

Ich bin von den Bakers beeindruckt. Die Mädchen sind bezaubernd, höflich und einfallsreich. Und dass es den beiden Schulkindern auf der Reise gut geht, sieht man in ihren strahlenden Augen.

Am nächsten Morgen ist das Wetter perfekt, um eine Runde ins Meer zu hüpfen, während Jonny faul in seinem Sandkasten liegt und sich die Sonne auf den Pelz scheinen lässt. Ich darf ein Surfboard der Bakers leihen und paddle ein paar Wellen an. Victoria hat inzwischen ein Auge auf Jonny und geht sogar eine Runde mit ihm spazieren. Später werfe ich mich zusammen mit Katja noch ein wenig mit dem Bodyboard in die Wellen. Wir kreischen wie die Kinder und haben einen Mordsspaß. Anschließend leckt mir Jonny mit genussvollem Schlabbern das Salzwasser von Armen und Beinen, bis ich mich vor Kichern nicht mehr halten kann. »Jonny, das kitzelt!« Allerdings habe ich, sobald ich etwas ohne Jonny unternehme, ihm gegenüber irgendwie ein schlechtes Gewissen. Schließlich ist es unsere gemeinsame Reise. So lehne ich Einladungen von unseren Nachbarn zum Essen gehen in der Stadt oder für eine Downwind-Kitetour dankend ab, um bei Jonny zu bleiben. Kompromisse gehören zum gemeinsamen Reisen eben dazu.

Am Abend bekommen wir Besuch von einem deutschen Mann mit langen braunen Haaren namens Sam, der mir von seinem Leben erzählt. »Ich hab schon die halbe Welt bereist, doch Tarifa fühlt sich wie ein zweites Zuhause an. Hier ist alles so wunderbar im Gleichgewicht: die Mischung verschiedenster Menschen, von Hippies über Sportler, Wanderer, Musiker bis hin zu Armen, Reichen … und dann dieser magische Ort. Der südlichste Punkt Europas. Und keine Hotelburgen. Im Gegenteil. Natur pur, perfektes Klima, für mich das absolute Paradies. Deshalb hab ich auch gleich die alte Mühle gekauft, als ich sie dieses Jahr durch Zufall entdeckt habe. Sie liegt dort oben auf halber Höhe am Berg.«

Ich kann Sams Worte gut nachvollziehen. Es fühlt sich auch für mich ein bisschen wie ein zweites Zuhause an. Tief drinnen, ich kann es noch nicht genau zuordnen. Vielleicht liegt es auch nur an den Kindheitserinnerungen, doch ich spüre eine positive Magie, die in der Luft liegt.

Aber einer fehlt mir für mein absolutes Paradies: Stefan. Das Gefühl sitzt tief in meiner Brust. Ich kann es verdrängen, doch abschütteln kann ich es nicht. Ich setze mich mit Jonny an den Strand und blicke gedankenverloren in die Ferne.

VOLL VERLAUFEN!

Tag 61 | Bei Tarifa

»Äääääh!! Ihr Saubande!« Heute werde ich von einem entsetzten Schrei anstatt von Jonnys Krähen geweckt. Was ist nur los? Ein paar der Surfer reisen gemeinsam und haben es zur Tradition erklärt, sich gegenseitig mit ihren gefüllten »Kacktüten« Streiche zu spielen. Einer der Truppe ist in eine hineingelatscht … O Mann!

Ich rümpfe die Nase. Meine dringenden Geschäfte habe ich bisher anders lösen können. Meist gab es ein Toilettenhäuschen in der Nähe, da wir bisher selten irgendwo wild standen. Weil ich keine Campingtoilette habe, aber trotzdem keinen Dreck hinterlassen möchte, schaufle ich mir, falls ich kein öffentliches Klo finde, mit einer Gartenschippe eine Grube im Wald, die ich anschließend wieder zuschütte. Das Klopapier sammle ich in einer Tüte und entsorge diese in Abfalleimern, so, wie ich es auf meiner Wanderung mit Jonny auch gemacht habe. Das ist aber keinesfalls eine optimale, sondern nur eine letzte Notlösung. Es gibt so viele andere Möglichkeiten, die ich erst auf dieser Reise kennengelernt habe und die sogar ohne Chemie funktionieren. Die norwegische Cinderella-Toilette zum Beispiel, die den ganzen Abfall bei hoher Temperatur in einer kleinen Kammer verbrennt und in keimfreie Asche umwandelt. Superpraktisch, aber leider sehr teuer in der Anschaffung. Ich habe beschlossen, mir möglichst bald eine Trockentrenntoilette zu bauen. Mir ist unterwegs zwischen so vielen weiteren Busreisenden noch klarer geworden, welche Verantwortung wir bei unserem Lebensstil auf Rädern haben – sowohl für die Umwelt und die Einheimischen als auch für andere Reisende.

Opa Willi fasst es bei einem Morgenkaffee gut zusammen: »Die ›Nach mir die Sintflut‹-Mentalität ist an manchen Orten wirklich traurig. Wir sollten einen Platz sauberer verlassen, als wir ihn vorgefunden haben. Niemand sollte je sehen, dass wir dort gewesen sind. Keine Kronkorken, kein Klopapier, keine Zigarettenstummel. Wir genießen eine große Freiheit, welche auch Verantwortung und Dankbarkeit mit sich bringen sollte. Jeder Einzelne spricht stellvertretend für die komplette Campergemeinschaft. Führt sich einer auf wie die Axt im Wald, wird das auf alle anderen negativ zurückfallen. Wir leben hier einen Traum im Paradies, doch nur so wird es ein Paradies bleiben. Ich hoffe, dass dieses Bewusstsein eines Tages bei allen Reisenden ankommt.«

Mit Willis weisen Worten im Ohr treten Jonny und ich heute trotz trübem Wetter eine Wanderung auf einen Berg an, der sich an den Kiefernwald bei den Sanddünen anschließt. Dort soll es einige Wander- und Reitwege geben, und vielleicht haben wir von oben einen tollen Ausblick. Irgendwo soll sich auch eine Burgruine befinden.

Ein schmaler, sandiger Trampelpfad führt zwischen den Kiefern und einigen halbhohen Büschen hindurch. Es duftet herrlich nach Kiefernharz und Nadeln und geht fast durchweg bergauf. Nur hin und wieder können wir einen kurzen Hügel hinuntertraben und somit gleich Schwung für den nächsten Anstieg mitnehmen. Dichte Büsche ragen in den Weg hinein. Sie sind etwa mannshoch, ähneln einer jungen Weide und haben viele weiße Blüten. Wir schlängeln uns zwischen ihnen hindurch, und obwohl der Anstieg auf dem sandigen Boden recht anstrengend ist, folgt mir Jonny mit großen Schritten. Er scheint richtig motiviert zu sein. Ich genieße die Ruhe, die wir hier im Wald nur für uns beide haben.

Der Pfad wird immer schmaler und verläuft sich mit der Zeit zwischen dem Gestrüpp. »Keine Ahnung, wo der Weg hin ist, Jonny. Komm, wir gehen erst mal in diese Richtung.« Nach einiger Zeit bergauf sind wir durch die schwüle Luft verschwitzt und platt, als eine Lichtung wie aus dem Nichts zwischen den Kiefern auftaucht. Dort machen wir halt. Zwischen den Baumkronen der weiter unten wachsenden Kiefern entdecken wir unsere Bucht in der Ferne. »So weit sind wir schon, Jonny. Ganz dort unten steht unser Stall!«

Wir wandern weiter nach oben und befinden uns wieder mitten im brachen Buschland. Der Pfad, den ich auf der Lichtung entdeckt habe, wird immer schmaler, das Gestrüpp dafür immer dichter. Ich halte Jonny die Äste aus dem Gesicht und kämpfe mich zielstrebig voran. Sollte es hier oben nicht eine Burg oder zumindest einen Aussichtspunkt geben? »Auf geht's, Jonny, wir schaffen das!« Doch auch dieser Weg verläuft sich nach und nach tiefer im Gestrüpp. Es scheint so, als wäre hier seit Jahrzehnten niemand unterwegs gewesen. Wir können unmöglich richtig sein. Niedergeschlagen versuche ich, Jonny im engen Gestrüpp zu wenden. »Tut mir leid, aber ich glaube, wir sind falsch. Was meinst du, Jonny? Sollen wir hier weiter?« Auch Jonny tendiert eher zum Umkehren, also gehen wir zurück zur Lichtung.

Doch egal, welchen Weg wir von der Lichtung aus in Richtung Bergspitze ausprobieren, jeder endet im Nichts. Einige Pfade sind von Spinnennetzen mit fetten schwarzen Spinnen verschlossen und andere schier eingewachsen. Beim fünften Versuch verweigert Jonny das Weitersuchen und bleibt stocksteif stehen. Er ist nicht von der Stelle zu bewegen. Wenn ein Esel nicht möchte, dann möchte er eben nicht, und das hat seinen Grund. Doch Jonny lauscht weder nach etwas, das er entdeckt haben könnte, noch nimmt er seine Habachtstellung ein, weil er sich vor etwas fürchtet. Stattdessen steht er mit gesenktem Kopf recht gelangweilt im Sand zwischen zwei Palmwedeln und schaut mich vorwurfsvoll an. Offensichtlich hat er keinen Bock mehr, im Kreis zu laufen. Und er hat ja recht! Es ist schwül, die Büsche kratzen, und wir kommen so einfach nicht weiter.

Als ich mich in den Sand setze, bleibt er noch etwa eine Minute wie angewurzelt stehen und beobachtet mich, bis er schließlich seinen Kopf dreht und sich einen Grashalm schnappt. »Ich hab auch keine Lust mehr, Jonny. Ich glaube, wir finden den richtigen Weg nicht. Lass uns zurück nach Hause laufen. War ja trotzdem ein schöner Ausflug.«

Unser Vorhaben stellt sich aber als schwieriger heraus als gedacht. Zurück auf der Lichtung, kann ich auch den Weg, von dem wir ursprünglich gekommen sind, nicht mehr ausfindig machen. »Aber wir sind doch hier irgendwo hochgekommen! Ich verstehe das nicht.« Völlig ratlos führe ich uns einen zugewucherten Pfad entlang. Zuerst schlagen wir uns noch tapfer durchs Gestrüpp, doch nach einer Weile ohne Erfolg werden wir müde, und leichte Verzweiflung macht sich breit.

Ich fühle mich dreckig, verschwitzt, unser Trinkwasser ist alle, und jeder Weg, den wir wählen, endet in dichtem Gebüsch. »Das darf doch nicht wahr sein! Wo ist nur der verdammte Weg hin?« Mittlerweile weiß ich nicht einmal mehr, in welche Richtung wir uns halten sollten. Wir haben uns tatsächlich verlaufen. Ich klettere auf einen Felsbrocken, der am Hang aus dem Boden hervorragt, und halte Ausschau. Von hier oben kann ich in weiter Ferne das Meer sehen. Die Baumkronen der Kiefern bedecken den Wald mit einem gleichmäßigen Grün. Irgendwo darunter müssen wir uns zurückkämpfen.

»Wir müssen auf jeden Fall in Richtung Meer, Jonny! Das ist klar. Wir gehen jetzt einfach mit dem Kopf durch die Wand, äh, also durch den Busch, okay? Auf die Plätze, fertig, los!« Als hätte Jonny ebenfalls den Ernst der Lage begriffen, stapft er voller Elan und Tatendrang hinter mir her. Er kämpft sich durch dichtes Gestrüpp und hängt sich treuherzig an meine Fersen.

Unter niedrig wachsenden Kiefern entdecken wir kleine Lager, die jemand aus Holz gebaut haben muss. »Immerhin haben hier wohl auch schon Kinder gespielt, dann sollte es doch ein ›Kinderspiel‹ sein, wieder zurückzufinden«, mache ich uns beiden Mut. Es dämmert bereits, und wir sind noch immer im tiefen Wald unterwegs. Immerhin tauchen langsam wieder kleine Trampelpfade auf, denen wir folgen können, und der Boden wird sandiger und weniger bewachsen. Wir traben einen Hügel hinunter, und mit einem Mal tun sich die Sanddünen vor uns auf. »Ja! Jonny, wir haben es geschafft!«

Keine fünfzig Meter weiter öffnet sich der Wald. Jonny geht voran und schiebt sich zwischen zwei eingesandeten Kiefernbaumkronen hindurch. Dahinter befindet sich das weite Meer. Mir fällt ein Stein vom Herzen. Eine ganze Ecke weiter weg als gedacht, stehen wir nun auf den gigantischen Dünen. In der Ferne kann ich pünktchengroß Eddy erkennen. Übermütig und sichtlich erleichtert, springen wir die Dünen hinunter bis zu unserem Stall.

DER POLIZEI EIN DORN IM AUGE

Tag 62 | Bei Tarifa

Wenn ich die Fotos von unseren früheren Familienüberwinterungen ansehe, denke ich manchmal, dass meine Eltern immer nur Bilder geknipst haben, wenn die Sonne schien, der Himmel blau leuchtete und wir in kurzen Klamotten barfuß über den Sand liefen. Heute erlebe ich das leider mal wieder anders. Kalt ist es zwar nicht, doch auch bei 18 Grad macht Nieselregen keinen besonders großen Spaß.

Wieder einmal würde ich Jonny am liebsten schrumpfen und zu mir ins Warme packen. Er jedoch hat draußen seine Regendecke an und scheint sich wenig aus dem Wetter zu machen. Solange es nicht wie aus Eimern schüttet, grast er gemütlich vor sich hin.

Da Esel nicht den gleichen Fettanteil im Fell haben wie zum Beispiel Pferde, perlt das Wasser nicht an ihnen ab, sondern ihr plüschiges Fell saugt sich voll wie ein Stofftier und wird nur langsam wieder trocken. Deshalb kann sich ein Esel bei nasskalten Temperaturen leichter erkälten. Mit seiner Regendecke jedoch sieht Jonny sehr glücklich aus. Vielleicht verhätschle ich ihn auch ein bisschen zu sehr. Am liebsten hätte ich einen etwas größeren Bus, damit Jonny nicht nur seine Box zum Fahren hat, sondern auch einen richtigen Stall, in dem er sich ins trockene Stroh legen kann, wenn es draußen ekelig ist. Es fühlt sich nicht fair an, dass ich mich drinnen in eine Decke einmummeln kann und er draußen ausharrt.

Am frühen Abend ertönt mit einem Mal tosendes Gebell aus Jonnys Gehege. Gleich drei kläffende Hunde haben sich darin verirrt und machen Rabatz. Ich springe mit einem Satz hinaus, um

Jonny beizustehen. Der weicht zuerst zurück, geht dann jedoch mit angelegten Ohren auf die Eindringlinge los und verscheucht sie gekonnt von seiner Weide. Ich bin beeindruckt. »Wow! Ich glaube, ich mach mir zu viele Sorgen um dich. Ich sehe, du kannst dir super selbst helfen, du starkes Kerlchen.«

Ein junger Mann mit langen braunen Dreadlocks versucht, seine Hunde zurückzupfeifen, doch es gelingt ihm nicht. Die Rasselbande scheint zu tun, was sie will. »Entschuldigung! Ich hab zwei davon erst seit einer Woche. Komm her, Luna! Na los, Roberto, hierher! Ich bin Pelle.« Pelle setzt sich neben Jonnys Gehege und hält Luna fest. Unvermittelt beginnt er zu erzählen: »Ich ziehe mit ihnen durchs Land. Gerade lebe ich bei der Burgruine dort oben im Wald. Vorher war ich auf einem Militärgelände in einem Schuppen, wo sie mich beinahe erwischt hätten.« Pelle zeigt mir auf seinem alten Handy ein paar verpixelte Bilder von seinem aktuellen Schlafplatz. Er hat sich bei der Burgmauer ein Lager aus Regenschirmen, Decken, Matten und einer Plane aufgebaut.

»Du läufst heute noch in der Dunkelheit den Berg hinauf?«

Pelle lächelt. »Na klar. Ist doch nichts dabei. Ich hoffe nur, ich finde zurück.«

Das finde ich ziemlich mutig, schließlich haben Jonny und ich uns dort bereits am helllichten Tag verlaufen.

»Mir gefällt dieses Leben«, erzählt Pelle. »Ich habe nichts, und ich brauche nichts. Schau dich um, wie viel die Menschen besitzen. Große Autos, Häuser, selbst die Wohnmobile hier. Alles unnötiger Konsum, und wo kommt das her, wie wird es hergestellt und vor allem wieder entsorgt? Wir besitzen viel zu viel Schrott, der aber unser Leben regiert. Wir arbeiten, um noch mehr zu besitzen und diesen Besitz schließlich aufrechtzuerhalten. Dabei bleibt nicht einmal Zeit, ihn zu nutzen und zu genießen. Ein Teufelskreis. Ich wollte raus aus diesem Konsumwahnsinn. Nichts haben und nichts brauchen. Möglichst nichts auf der Erde hinterlassen. So wenig wie möglich und so viel wie nötig. Das ist mein Ziel. Nur eine Kuh wünsche ich mir eines Tages. Sie kann etwas Gepäck tragen und gibt vielleicht sogar noch Milch. Jimmy soll sie heißen, fast wie dein Jonny.«

Seine Aussagen bleiben mir noch lange im Kopf. Habe ich zu viel Zeug? Ich könnte auch zu Fuß unterwegs sein, doch stattdessen blase ich Diesel in die Luft. Habe ich mehr, als ich für meinen Lebenswunsch brauche? So, wie es ist, bin ich eigentlich überglücklich. Wenn ich mich jedoch mit Pelle vergleiche, habe ich in der Tat irre viel Zeug. Ich denke, dass es zum einen Ansichtssache, zum anderen auch sehr individuell ist, auf wie viel man verzichten kann und möchte. Doch mit einem hat Pelle definitiv recht: zu überlegen, was man wirklich braucht im Leben und sich von allem anderen frei zu machen. Es heißt ja nicht umsonst: Besitz belastet. Und der Natur hilft es auch nicht gerade …

Noch während ich meinen Gedanken nachhänge, rollt plötzlich die Polizei über den Platz. Sie kommen für gewöhnlich ein- bis zweimal pro Tag, halten jedoch nie an. Heute aber schon. Genau vor Jonnys Weide stoppt der Wagen, und ein Polizist der Guardia Civil steigt aus. Vor dem Weidezaun bleibt er mit verschränkten Armen und düsterer Miene stehen. Offensichtlich kann er die Lage – Eselsweide und Wohnmobil – nicht einordnen und spricht mich in harschem Ton auf Spanisch an: »Ist das Ihr Tier?«

Ich glaube, ihn verstanden zu haben, nicke und komme gar nicht dazu, etwas zu sagen, denn sofort schimpft er drauflos. Alles, was ich verstehe, ist: »Auf dem Platz sind keine Esel erlaubt und eine Weide erst recht nicht. Wenn wir wiederkommen, sind Sie verschwunden.« Ohne dass ich überhaupt zu Wort komme, lässt er mich stehen, steigt in den Wagen und fährt mit seinem Kollegen davon. Mit einem Mal ist völlig unerwartet meine Blase vom Paradies auf Erden zerplatzt.

Victoria und Katja haben den unerwarteten Besuch mitbekommen und eilen zu mir: »Was haben die gesagt? Ist alles okay? Dürft ihr nicht bleiben?« Unvermittelt schießen mir plötzlich die Tränen in die Augen, denn ich fühle mich überfordert – ich will hier nicht weg! Zusätzlich bin ich betroffen von der schroffen Art, die der Polizist mir gegenüber an den Tag gelegt hat, und es wurmt mich, dass ich nicht einmal vorschlagen konnte, morgen abzureisen.

»Ich verstehe das nicht. Die letzten Tage hatten sie doch auch nichts dagegen. Wo sollen wir jetzt nur hin?« Die beiden Frauen nehmen mich tröstend in den Arm. Auch Annabelle und Jessica kommen dazu und legen ihre Arme um meinen Bauch. Gemeinsam grübeln wir nach einer Lösung für dieses Dilemma, während ich immer wieder ein Tränchen verdrücke. Auf einmal gehören Jonny und ich nicht mehr zu dieser paradiesischen Gemeinschaft. Wir müssen allein weiterziehen. Ich setze mich auf die Türschwelle und kraule Jonny, der seinen Kopf behutsam an mich schmiegt.

»Wir schaffen das schon. Wir sind doch das beste Team, das es gibt. Wer weiß, wozu das nun wieder gut ist. Also Kopf hoch, und weiter geht's.« Entschlossen stehe ich auf und lade zuerst das Heu ein, das Jonny vor dem Stall verteilt hat. Doch ich lasse mir auch Zeit, denn ich muss unsere nächsten Schritte überdenken. Da eilt Victoria mit winkenden Armen zu mir: »Lotta! Lotta! Ich habe einen Platz für euch. Meine Girls haben hier Freunde, die Pferde besitzen. Sie wohnen gleich die Straße hoch. Du darfst dich mit dem Bus und Jonny auf ihr Paddock stellen. Es ist nur wenige Hundert Meter von hier. Fahr du den Bus hin, wir laufen mit Jonny schon einmal los, bevor es stockdunkel ist.«

In diesem Moment hätte ich Victoria aus Dankbarkeit eine Ewigkeit umarmen können. Wie viel es doch wert ist, tolle Menschen zu kennen.

Neugierig fahre ich unseren Stall an den besagten Treffpunkt die Straße hoch. Ein hohes Holztor steht bereits offen. Vorsichtig lasse ich Eddy hindurchrollen. Hinter dem hoch eingewachsenen und umzäunten Grundstück, das von der Straße aus völlig uneinsichtig ist, befindet sich das matschige Paddock, der Auslauf für die Pferde auf dem Hof. Die Besitzerin des Hofes weist mich ein. Hoffentlich komme ich da mit Eddy auch wieder raus.

Als die Frau in Victorias Alter mich in der Dunkelheit schließlich begrüßt, müssen wir beide lachen. Wir kennen uns bereits, denn sie ist die Stand-up-Paddlerin, die auf den Dünen Fotos von uns gemacht hat. Sie stellt sich als Sinah vor. »Als Victoria meinte, die Polizei hätte euch verscheucht und du wüsstest nicht, wohin, habe ich glatt an Schicksal geglaubt. Die ganze Zeit wollte ich zu euch runter zum Strand schauen, doch mir ging es leider in den letzten

Tagen nicht besonders … Wie dem auch sei, herzlich willkommen! Bleibt, solange ihr wollt. Dort hinten am Schuppen ist Heu für Jonny und Trinkwasser für euch beide.«

Der Bereich zwischen Eddy und dem Einfahrtstor gehört Jonny. Er liegt etwas höher und ist deshalb zum Glück trocken. Ich zäune ihn provisorisch ab und muss den Zaun bis zu meiner Kopfhöhe spannen, da er nicht nur Jonny vom Ausbüxen, sondern auch die Pferde, die hier frei herumlaufen, vom Eintreten abhalten soll.

Doch wo ist Jonny eigentlich? Von Weitem höre ich Victoria und die Kinder rufen: »Lotta! Lotta! Jonny möchte nicht weitergehen.« Ich folge ihren Stimmen, bahne mir mit der Taschenlampe den Weg zurück und finde unsere lieben Helfer, wie sie versuchen, Jonny mit einer Karotte vom Weitergehen zu überzeugen. »Keine Chance. Es geht nicht ohne Lotta«, sagt Annabell schulterzuckend. Ich knie mich zu Jonny und puste ihm zur Begrüßung in die Nüstern, damit er mich im Dunkeln besser erkennt – eine typische Begrüßung unter Langohren. Kaum habe ich den Führstrick übernommen, setzt Jonny sich wieder in Bewegung und trottet neben mir her zu unserem neuen Zuhause.

SEHNSUCHT UNTER SONNENSTRAHLEN

Tag 63 | Bei Tarifa

Sobald die Sonne aufgeht, weckt mich Jonny mit seinem liebevollen morgendlichen Hahnengesang, und um uns tut sich erneut ein kleines Paradies auf. Das gesamte Areal ist mit Palmen, Kiefern und Stauden bewachsen, und wir haben dieses versteckte Örtchen ganz für uns. Nur ein paar Pferde sehen erstaunt zu uns herüber und fragen sich wohl, was das große blaue Ding und das Minipferd in ihrem Auslauf zu suchen haben. Hinter dem Paddock befindet sich ein malerischer Garten mit Baumhaus und Schaukeln, hinter einer zwei Meter hohen Hecke entdecke ich einen Schwimmteich und dahinter ein bezauberndes Holzhäuschen. Das muss Sinahs Zuhause sein.

Passend zu meinem Gemüt, scheint heute auch die Sonne wieder, und es ist sommerlich warm. Ich frühstücke auf der Dachterrasse und genieße die Aussicht auf die nahe gelegenen Sanddünen. Wenig später gesellt sich Sinah mit einem Karton zu uns. »Habt ihr gut geschlafen? Hier ist ein wenig Gemüse aus unserem Garten.« Sinah ist eine Frau mit einer sehr besonderen Ausstrahlung. Sie scheint in sich zu ruhen, im Ausgleich mit sich selbst zu sein. Sie wirkt dankbar, positiv und offenherzig.

»Victoria hat mir von deiner ersten Reise mit Jonny erzählt. Ich bin schwer beeindruckt. Ich weiß, was so eine Reise bedeutet. Ich bin mit meinem Mann und zwei Pferden 800 Kilometer auf dem Jakobsweg durch Portugal geritten. Damals war ich mit meiner Tochter Mali schwanger. Sie reitet hier oft mit ihrem Schimmel hinunter zum Strand.« Ich erinnere mich an ihre magische Erscheinung an unserem ersten Tag. Sinah krault Jonny am Hals: »Die Alpen kenn ich auch. Damals war Tim in meinem Bauch, und wir haben sie auf Skiern und über Kletterrouten überquert. Es war ein wahrhaftiges Erlebnis. Ich hab früher so viel unternommen. Tausend Dinge gleichzeitig erlebt. Meine Freunde sagten: ›Sinah, *slow down a bit*‹, aber ich konnte nicht. Die Welt war zu spannend. Seit meiner Diagnose sieht mein Leben anders aus.«

Ich frage mich, wovon genau Sinah spricht, biete ihr einen Platz auf dem Flickenteppich in der Sonne an und lasse sie fortfahren.

»Ähnlich wie du mit Jonny musste ich durch meine Krankheit plötzlich Langsamkeit lernen. Geduld haben und den Moment leben, anstatt zu planen. Ich habe Multiple Sklerose, eine Entzündung des Nervensystems. An guten Tagen kann ich zum Glück immer noch surfen gehen. Die Energie und Kraft können plötzlich einfach da sein, doch genauso schnell verschwinden. Mit einem Mal habe ich nicht mehr die Kraft aufzustehen. Doch ich sehe mein Glück, das ich hier habe. Ich habe mein Leben umgestellt und meditiere viel.« Sinah spricht ehrlich und unverblümt mit mir über ihre Gefühle. »Nach so einer Diagnose weiß man das Leben umso mehr zu schätzen.«

Doch nicht nur Reiseabenteuer und ein ungemeiner Lebensmut stecken in dieser bewundernswerten Frau. »Ich bin in Simbabwe in Afrika aufgewachsen. Wir waren sehr arm und hatten nicht einmal Elektrizität. Mein Papa hat sich um Waisenkinder gekümmert, doch als ich sechzehn war, mussten wir wegen des Krieges fliehen. Mit nur achtzig Pfund in der Tasche sind wir in England angekommen. Dort habe ich meinen Mann kennengelernt. Hast du die verlassenen Boote am Strand gesehen? Und die Lager im Wald? Die sind von afrikanischen Flüchtlingen. Immer mal wieder kommt hier einer vorbei. Ich gebe ihnen Orangen und Wasser. Am liebsten würde ich sie alle aufnehmen.«

Mir fehlen die Worte.

»Zuletzt haben wir im Dschungel in Costa Rica gelebt und sind schließlich vor etwa anderthalb Jahren hier gelandet. Ich weiß nicht, wie lange wir mit unseren Pferden bleiben werden, aber ich liebe diesen Ort sehr.« Sinah kann wunderbar erzählen, und als es tiefgreifender um ihre Krankheit, um die Krankheit ihres Vaters und um die meines Papas geht, bekomme ich eine Gänsehaut. Wie unsere Väter starben, lief berührend ähnlich ab. Es war grundsätzlich schwer, die ganze Familie zusammenzutrommeln, oft waren sie nur einmal im Jahr beieinander, doch an jenem Abend, als er ging, waren alle wie durch Schicksal am selben Ort und konnten sich verabschieden. Als Sinah mir davon erzählt und ich exakt dieselbe Erfahrung vom Abschied meines Papas mit ihr teile, kullert uns beiden eine Träne über die Wange. Wir sprechen fast anderthalb Stunden, bis Sinah müde wird und sich hinlegen muss.

Das Gespräch hängt mir noch eine ganze Weile nach und macht mich unbeschreiblich dankbar für mein Leben, meine Erfahrungen, mein Glück und meine Gesundheit. Ich sitze neben Jonny und genieße stundenlang unsere ruhige Zweisamkeit. Den Abend verbringen wir mit unseren Freunden am Strand. Es wird Gitarre gespielt, gesungen und barfuß getanzt.

Es ist wunderschön hier. Ich sehe das Tag für Tag, doch ich kann trotzdem nicht mehr richtig ankommen. Ein Teil von mir fehlt. Stefan. Ich schaffe es auf Dauer nicht mehr, dieses Gefühl zu ignorieren. Unsere Beziehung ist noch so frisch. Ich wollte meine Reise davon eigentlich nicht beeinflussen lassen, doch es ist, wie es ist. Ich fühle mich gerade sehr, sehr weit von zu Hause weg. Noch weiter als auf meiner Rucksacktour durch Südostasien. Da hätte ich einfach in den nächsten Flieger steigen können. Ich kann auch nicht einfach zwei Tage durchfahren und auf diese Weise zügig wieder zu Hause sein. Wir brauchen in jonnyfreundlichem Tempo mindestens zwei bis drei Wochen für diese Strecke. So sind wir vor allem zeitlich sehr weit voneinander entfernt.

Diese starke Sehnsucht im absoluten Paradies auf Erden halte ich nicht mehr lange aus. Außerdem haben Jonny und ich in den letzten Wochen wirklich schon die tollsten Abenteuer erlebt. Ich denke, es wird Zeit, den Rückweg anzutreten.

Einen letzten Sonnenuntergang am Atlantik möchte ich mit Jonny noch auf den Sanddünen genießen. Andächtig gehen wir auf der geteerten Straße zwischen den Dünen hindurch den Hügel hinauf. Auf der anderen Seite springen wir gemeinsam über den weichen Sand hinunter in Richtung Klippen, von wo aus wir zahlreiche Surfer beobachten. Und auf dem Heimweg erleben wir den schönsten Sonnenuntergang unserer Reise. Die Schleierwolken färben sich rosarot. Der Himmel scheint zu brennen. Die Dünen leuchten im Abendlicht, bis die letzten Sonnenstrahlen den Berg im Hintergrund hochwandern und genau an der markanten Felsspitze verschwinden. Ich sitze im Sand, Jonny hat sich gewälzt und ist neben mir liegen geblieben. »Dieser Ort, die wundervollen Erlebnisse hier, die tollen Menschen, in den Dünen meiner Kindheit und meinen Eltern so nahe zu sein … all das war Magie für mich.«

Die große Oberfläche ihrer Ohren hilft Eseln, ihre Körpertemperatur in heißen Wüsten besser zu regulieren.

TEIL 13

KALTE BERGLUFT UND HEISSES TEXAS HOLLYWOOD

EINGEFROREN

Tag 64–67 | Von Tarifa über Málaga bis zur Sierra Nevada

»Eigentlich hab ich gar kein Heimweh«, erkläre ich Jonny, als ich Tarifa mit einem weinenden und einem lachenden Auge hinter mir lasse. »Ich hab Stefan-Weh.« Gen Norden unterwegs zu sein, wenn auch nur langsam, fühlt sich gut an. Sofort scheint Stefan nicht mehr so weit weg, und ich kann den Moment und unsere Reise wieder mehr genießen.

Die Fahrt in Richtung Málaga ist atemberaubend. Die Straße ist gut ausgebaut, schlängelt sich zwischen grün bewachsenen Hügeln hindurch und führt über aquäduktähnliche Brücken aus Natursteingemäuern. Kaum ist das Meer kurz verschwunden, taucht es bereits wieder auf. Begeistert rufe ich: »Schau mal, Jonny! Wir wechseln jetzt von der Atlantikküste zur Mittelmeerküste!«

Um Wäsche zu waschen, Wasser aufzufüllen und alles für eine Mehrtageswanderung in der Sierra Nevada vorzubereiten, checken wir zunächst für zwei Nächte auf einem Wohnmobilstellplatz bei Málaga ein. Das Wetter soll für die kommenden Tage beständig sonnig sein, und das wollen wir auskosten. Im Morgengrauen soll es losgehen in Richtung Berge. Doch Jonny und ich werden nicht allein unterwegs sein. Jessie möchte sich uns anschließen. Sie ist Studentin, Mitte zwanzig, aus Innsbruck und spontan mit ihrem Sprinter nach Spanien gefahren. Meine Nummer hat sie von Lukas, einem gemeinsamen Freund aus Österreich. Wir verstehen uns wunderbar. Kaum hatte ich ihr von meinen Wanderplänen erzählt, war sie Feuer und Flamme, uns zu begleiten.

Bei Sonnenaufgang düsen wir im Konvoi mit unseren Bussen los und werden abermals von einer sagenhaft schönen Landschaft überrascht. Besonders als der schneebedeckte Mulhacén, der Peak der Sierra Nevada, in grellem Weiß in der Ferne auftaucht, überkommt mich eine strahlende Lebenslust, und ich freue mich gemeinsam mit Jonny und Jessie auf ein neues Abenteuer.

Nach etwa zweieinhalbstündiger Fahrt parken wir unsere Busse am Vormittag auf einem einsamen Schotterplatz im Nichts an einer Straße, die in Richtung Ohanes führt. Wir haben uns zum Wandern für einen Ausläufer des Nationalparks der Sierra Nevada in 1500 bis 2000 Höhenmetern entschieden, da weiter oben aktuell ein Schneesturm sein Unwesen treibt und es dort für Jonny und mit unserem Sommerequipment zum Übernachten eindeutig zu kalt wäre.

Vom Parkplatz aus können wir direkt zu Fuß starten. Während wir unser Gepäck ausladen, erkundet Jonny selbstständig den rotbraunen, felsigen Untergrund und das trockene Gestrüpp. Anschließend bekommt er seine Decke umgeschnallt und die Seitentaschen mit Wasser, dem Zelt, Brotzeit, unseren Jacken und seiner gefütterten Regendecke gefüllt. Zusätzlich habe ich einen großen, wasserdichten Trockensack mit Heu vollgestopft und zurre diesen mit Expandern an der Satteldecke fest. Jessie und ich tragen jeweils einen bis zum Rand gefüllten Rucksack mit Schlafsack, Klamotten, Kochutensilien, Jonnys Wasserschüssel, seinem mobilen Zaun und noch einmal Trinkwasser. Auf der Karte sind zwar Flüsse eingezeichnet, doch darauf möchte ich mich lieber nicht verlassen.

»Da denkt man, man hat einen Esel zum Gepäcktragen dabei, aber nichts war's!«, lacht Jessie, nachdem ich ihr meine Ansicht zur gerechten Lastenverteilung unterbreitet habe: »Esel sollen maximal zwanzig Prozent ihres eigenen Körpergewichts tragen, um später keine Probleme mit dem Rücken zu bekommen. Auf unserer letzten Reise habe ich deshalb, um mich besser in Jonny hineinversetzen zu können, prozentual dasselbe Gewicht getragen wie er. Jonny soll kein Packesel sein und alles alleine schleppen, sondern ein gleichwertiger Wanderbegleiter. Es ist nur fair, wenn wir unsere Sachen gerecht aufteilen.« Gleichmäßig bepackt, folgen wir einem Feldweg und lassen Schritt für Schritt unsere Busse hinter uns.

Bereits nach wenigen Metern kann ich in der frischen Bergluft richtig durchatmen. Ein unbeschreiblich befreiendes Gefühl. Endlich sind wir wieder zu Fuß unterwegs. In gemächlichem Jonny-Tempo folgen wir einem Schotterweg. Gehen ist doch die schönste Reiseart! Je weniger man hat, desto weniger muss man sich darum kümmern. Und ich bin einfach glücklich mit so wenig Zeug wie möglich.

Ich bin auch froh, mich für eine Mehrtageswanderung entschieden zu haben und so die Trockenperiode optimal zu nutzen. Umso schöner ist es, dass Jonny und ich in guter Begleitung sind. Neben uns stapft Jessie den Berg hinauf, und auf Jonnys Heusack hat es sich ihr Kuscheltieräffchen bequem gemacht, das sie oft auf Reisen mitnimmt.

Zum einen möchte ich Jessie gerne besser kennenlernen, doch zum anderen genieße ich auch die Ruhe in der Natur fernab von anderen Menschen, Verkehrslärm und Trubel gerade dermaßen, dass ich gar nichts sagen möchte. Es tut gut, die Aussicht zu bewundern, gelassen einen Schritt vor den anderen zu setzen und einfach nur zu sein.

Weil wir aber trotzdem unfassbar neugierig aufeinander sind, wechseln sich Quatschen und Schweigen ganz natürlich ab. Immerhin haben wir uns eben erst kennengelernt, und schon sind wir auf einer gemeinsamen Bergtour. »Ich studiere Volkswirtschaftslehre in Innsbruck, aber aktuell finden die Kurse online statt. Ich lebe erst seit Kurzem im Bus, aber im Innsbrucker Winter ist das echt kein Spaß.«

Während Jessie spricht, muss sie immer wieder auf Jonny und mich warten, denn sie läuft deutlich schneller als wir beide. Sobald wir sie eingeholt haben, fährt sie fort: »Zum Beispiel hatte ich keinen Strom mehr, weil die Solaranlage auf dem Dach voll Schnee lag. Die Räumfahrzeuge haben jeden Tag den Bus seitlich mit noch mehr Schnee zugeschoben. Als ich dann auch noch aus Versehen im Halteverbot stand und sich der Abschleppdienst und die Polizei um

6:30 Uhr an meinem Bus zu schaffen machten, während ich noch darin schlief, war für mich Schluss. Ich musste raus! Irgendwohin, wo es wärmer ist und das Leben im Bus auch wirklich einen Sinn ergibt.«

Schnell finden wir zudem heraus, dass Jessie und ich aktuell in einer ähnlichen Situation sind, was unseren Beziehungsstatus angeht: frisch verliebt, erst seit Kurzem zusammen und trotzdem allein auf Reisen. Zu unserer Überraschung haben wir beide also »Freund-Weh« und können uns gegenseitig aufmuntern.

An Jonnys Tempo muss sich Jessie noch gewöhnen: »Normalerweise laufe ich mindestens dreimal so schnell. Jonny ist ja echt lieb, aber ich bin gespannt, wie weit wir heute kommen.«

Ich schmunzle: »Mit Jonny ist es nebensächlich, wie weit wir kommen, nur dass wir unterwegs sind, zählt.« Sobald Jessie Jonny führt, gibt sie nicht mehr so Gas und bleibt automatisch auf unserer Höhe. Wenn ich zurückbleibe, stoppt Jonny augenblicklich und bewegt sich erst wieder von der Stelle, wenn ich aufgeholt habe. »Ihr seid ein echtes Team«, schwärmt Jessie.

Der Weg schlängelt sich in Serpentinen zwischen einer brachen Steinlandschaft mit vereinzelten, kniehohen Büschen immer weiter hinauf. Jonny macht auf unserer Wanderung einen sehr zufriedenen Eindruck. Er scheint mein Gefühl zu spiegeln, schaut gelassen drein und wirkt froh, mit uns laufen zu dürfen. Nur das ewige Bergauf hat er nach einer Weile satt und wird immer langsamer. Ich nehme das als Zeichen für eine Pause.

Wir suchen ein möglichst windgeschütztes Fleckchen mit weniger Büschen. Als Jessie unsere Brotzeit aus einer knisternden Papiertüte auspacken möchte und Jonny sie sogleich belagert, muss ich lachen. »Keine Chance. Zuerst versorge ich Jonny. Sobald er frisst, können wir auch in Ruhe essen.« Etwa drei Meter weiter klemme ich ein Büschel Heu zwischen Gestrüpp, damit es der Wind nicht davonträgt. Ich befülle die Wasserschüssel und lotse Jonny zu seinem Pausenplätzchen. Zuerst klappt das richtig gut, doch sobald es bei uns raschelt, beschließt Jonny, sein Glück doch lieber bei uns zu versuchen.

Auf unserem weiteren Weg nach oben sehen wir in der Ferne die Abendsonne hinter den Bergspitzen der Sierra Nevada im Westen verschwinden. Höchste Zeit, einen Übernachtungsplatz zu suchen. Und das wird schwerer als gedacht. Der Boden besteht fast durchgehend aus Steingeröll oder unberührtem Buschland. Zudem hat der kühle Wind nach dem Verschwinden der Sonne deutlich zugenommen. Am besten wären eine Kuhle oder ein Platz im Wald. Tapfer halten wir Ausschau, bis wir in der Ferne auf etwa 1750 Höhenmetern doch tatsächlich ein Waldstück entdecken. Hoffnungsvoll steuern wir geradewegs darauf zu.

Ein kleines Kiefernwäldchen steht inmitten der kargen Berglandschaft. Jessie ist erleichtert: »Perfekt! Hier sind wir dem Wetter nicht so ausgeliefert.« Es dämmert bereits. In einer halben Stunde wird es stockdunkel sein. Doch kaum haben wir uns für ein windgeschütztes Plätzchen auf einer Lichtung entschieden und unser Gepäck abgeladen, muss ich mit einem tiefen Seufzer feststellen, dass wir hier auf keinen Fall bleiben können. »Prozessionsspinnerraupen! Überall!« Ich deute auf gleich mehrere runde Nester aus feinen Spinnfäden. »Die sind nicht nur für uns, sondern auch für Jonny gefährlich«, erkläre ich Jessie besorgt. »Wir können ins Zelt, aber Jonny ist die ganze Nacht draußen. Das geht auf keinen Fall. Es tut mir leid, aber wir müssen noch mal weiter. Das Risiko gehe ich nicht ein.«

Entmutigt laden wir unsere Sachen wieder auf und laufen ziellos durch den Wald. Wo sollen wir heute nur schlafen? Es dämmert bereits so stark, dass wir nicht mehr weit sehen können. Gleich wird es dunkel sein. Das habe ich mir in der Tat einfacher vorgestellt. In den Alpen war die Schlafplatzsuche leichter, wobei … auch nicht immer. Doch zum Jammern ist keine Zeit. Wir müssen uns entscheiden: rechts wieder zurück aus dem Wald oder links geradewegs hindurch? Wir entscheiden uns für den unbekannten Weg und werden zum Glück kurz darauf gebührend belohnt, als wir auf einer kleinen, freien, wie für uns gemachten Fläche hinter dem Wald landen: »Und das auch noch im vollen Windschatten des Waldes. Perfekt!«

Wir sind sichtlich erleichtert, doch es ist bereits fast dunkel, und wir geben Gas, um unser Lager zu errichten. Während ich Jonnys Gehege abstecke, baut Jessie unser Zelt auf. Sobald Jonny versorgt ist, kümmern wir uns gemeinsam um Feuerholz und formen mit ein paar großen Steinen eine Feuerstelle. Die letzten Schritte machen wir bereits im Dunkeln mit unseren Stirnlampen, doch zu guter Letzt können wir den Tag mit am Lagerfeuer aufgewärmtem Gemüse-Chili gemütlich ausklingen lassen.

Kaum liegen wir im Zelt, zeigt sich deutlich, dass meine Konzentration Jonny draußen gilt, während Jessie völlig unbekümmert versucht, in möglichst gemütlicher Position einzuschlafen. Ich liege stocksteif im Zelt und möchte mich keinen Millimeter bewegen, um Jonny draußen beim Heumalmen hören zu können und mich auf diese Weise zu vergewissern, dass bei ihm alles in bester Ordnung ist. Jessie dagegen hat sich Ohropax in die Ohren gestopft und bekommt selbst gar nicht mit, wie laut ihr Schlafsack bei jeder Bewegung raschelt und knistert.

Wir liegen noch keine halbe Stunde im Zelt, als Jessie, die ja nichts hört, mich erschreckend laut anspricht, sodass ich zusammenzucke: »Verdammt! Ist dir auch so kalt?« Sie nimmt die Ohropax heraus, als ich zurückflüstere: »Ich reibe schon die ganze Zeit meine Hände an den Beinen auf und ab. Was meinst du, wie kalt ist es?« Als wir es nach einer Weile noch immer nicht schaffen, unsere Schlafsäcke auf Körpertemperatur zu erwärmen, muss dringend ein Plan her. Ich bibbere, und mir kommt ein Gedanke: »Die heißen Steine vom Lagerfeuer!« Damit habe ich in der Wildnisschule sogar Wasser in einer Holzschale zum Kochen gebracht. Jessie schält sich tatkräftig aus ihrer Koje und schleppt gleich vier große und zum Glück noch ziemlich warme Steine ins Zelt. Diese umwickeln wir mit etwas Stoff und stopfen sie in unsere Schlafsäcke. Ich muss zugeben, diese Steine sind wohl unsere Rettung. Mit einem Mal erwärmt sich mein Schlafsack zumindest so weit, dass ich nicht mehr zittern muss, und schnell fallen mir die Augen zu.

Sobald die Steine ihre Wärme ganz abgegeben haben, wache ich vor Kälte wieder auf. Es ist erst 5:30 Uhr, doch ich kann nicht mehr weiterschlafen. Stattdessen ziehe ich mich an und klettere mit meiner Stirnlampe leise hinaus zu Jonny ins Dunkel. Er dreht sich sofort zu mir um und winselt mich leise an. »Guten Morgen, mein Schatz! Hast du wenigstens gut geschlafen, oder war dir auch kalt? Lass mal sehen.« Ich steige zu ihm über den Zaun, hebe seine gefütterte Regendecke an und taste darunter seinen Rücken ab. »Oh, hast du's gut. Du bist ganz warm. Zum Glück! Oje, aber dein Wasser ist ja eingefroren. Ich kümmere mich gleich darum.«

Unser Zelt, die Büsche und der Boden haben ebenso eine dünne Frostschicht wie auch das Feuerholz, das wir gestern gesammelt haben. Mit etwas Geduld schaffe ich es, trotzdem ein kleines Feuerchen zu entfachen. Um Jonnys Trinkwasser aufzutauen, stelle ich die Schüssel direkt an die Glut. Nicht nur ich, sondern auch Jonny freut sich über die Wärme. Er dreht seinen Hintern zum Feuer und rückt ihm so nahe wie möglich. Ich lege ihm einen Haufen Heu vor die Füße. Nun wärmt er sich an den Flammen und mampft währenddessen zufrieden sein Frühstück. Jonny gut, alles gut! Ich ziehe mein Bett aus dem Zelt und mache es mir im Schneidersitz am Feuer gemütlich.

Es ist ein eiskalter, aber bezaubernd ruhiger Morgen. Diese Stille genieße ich sehr. Nur das Knistern des Feuers und Jonnys Malmen sind leise zu hören. Die kalte und klare Bergluft lässt meinen Atem sichtbar werden. Eine ganze Weile sitze ich fast regungslos am Feuer, atme tief ein und aus und wünsche mir, dieser Morgen würde eine Ewigkeit andauern. Die Berge sind noch in mystischen Nebel gehüllt, doch von Minute zu Minute wird der Himmel langsam heller und die Sicht klarer. Wie in einer Zeitrafferaufnahme kann ich beobachten, wie die Bergrücken um mich herum sichtbar und ihre Silhouetten schärfer werden. Einzelne Schleierwolken darüber werden in einem seichten Rosa getönt. Der Himmel verwandelt sich von einem dunklen Schwarz in ein helles Blau. Die Natur um uns scheint noch zu schlafen, und auch Jessie ist noch im Land der Träume. Ich schleiche mich ins Zelt und wecke sie sanft: »Hey, Jessie. Guten Morgen! Gleich geht die Sonne auf.« Wir wollten uns gegenseitig wecken, wenn es eine mitbekommt. »Komm raus, ich hab das Feuer schon angemacht.«

Als würden wir den Sonnenaufgang gerade zum allerersten Mal in unserem Leben sehen, sitzen wir eingehüllt in unsere Schlafsäcke am Feuer vor unserem Zelt und halten inne. Ohne ein Wort zu sagen, warten wir gespannt auf den Auftritt der Sonne. Da! Kurz blitzt ein greller Lichtstreifen hinter dem vor uns liegenden Bergrücken hervor. Und noch mal! Jetzt bleibt er und brennt einen hellen Halbkreis in den Bergrücken. Nur wenige Sekunden später können wir den Umriss der Sonne in seiner ganzen Pracht erkennen. Nicht nur wir, sondern auch die Natur um uns herum scheint zurückzustrahlen. Auf den kniehohen Sträuchern funkeln die Eisblumen wie Kristalle. Die Eisschicht auf unserem Zelt reflektiert den Sonnenschein, und auch Jonny macht ein sehr zufriedenes Gesicht.

Ich schließe kurz die Augen und wende mein Gesicht direkt in die Sonne, um es ganz von ihr aufwärmen zu lassen und Licht zu tanken. Es fühlt sich an, als würde auch ich endlich auftauen. Die hellen Strahlen öffnen mein Herz wie eine Sonnenblume. Der Himmel hat sich an das Farbenspiel angepasst, er ist nun tiefblau, und die vereinzelten Wolken sind schneeweiß. Das Tal unter uns ist noch in Wolken gehüllt, doch darüber hinweg ragen die von Tau glitzernden Bergrücken. Ein malerischer Moment, den ich nie vergessen werde.

WÄLZEN IM WÜSTENSTAUB

Tag 68–69 | Von der Sierra Nevada bis in die Wüste Tabernas

Eigentlich wollten wir noch mindestens eine weitere Nacht in den Bergen bleiben, doch leider ist für diesen Abend auch hier ein heftiges Unwetter vorhergesagt worden. So beschließen wir, nach einem leckeren Porridgefrühstück einen Rundweg in Richtung Ohanes einzuschlagen, der durch eine sagenhafte Landschaft zurück zu unseren Bussen führt.

Von unserer Route aus entdecken wir einen gigantischen Felsvorsprung, der ins Tal links von uns hineinragt. »Komm! Mal sehen, ob wir es dort hinauf schaffen!« Gemeinsam bahnen wir uns einen Weg nach oben, und auch Jonny klettert beeindruckend gut mit.

Auf dem felsigen Aussichtsplateau werden wir gebührend für unsere Anstrengung belohnt. Vor uns geht es Hunderte von Metern tief hinunter, und ein unbezahlbarer Weitblick ins Tal über den grün bewaldeten Nationalpark liegt uns zu Füßen. Der Hintergrund ist gespickt mit hintereinanderliegenden Bergrücken der Sierra Nevada, die in einem flachen Blau-Grün-Ton in der sandigen Saharaluft leuchten. Ich bekomme meinen Mund vor Staunen nicht mehr zu: »Wow! Schau dir diese endlose Weite an. Bin ich froh, dass wir zusammen hergekommen sind. Das ist einfach zu schön.« Jessie legt ihren linken Arm um mich, ich meinen rechten um sie. »Ja, echt Wahnsinn!«

Nach etwa vier Stunden Wanderung geht es gemächlich bergab bis zu dem kleinen, für Andalusien typisch weiß gekalkten Dörfchen Ohanes. Die letzten Meter läuft Jonny neben Jessie, die mich nachdenklich anschaut. »Ihr habt echt eine tiefe Bindung, ihr zwei. Das spürt man. Und wie viele Kompromisse du für ihn in Kauf nimmst. Wenn man so hört, dass da eine mit einem Esel im Bus unterwegs ist, könnte man zuerst an Tierquälerei denken, aber ich kann mit voller Überzeugung sagen, dass Jonny sicher einer der glücklichsten Esel der Welt ist.«

Daraufhin muss ich sie lang und innig umarmen.

Tatsächlich werden wir in dieser Nacht von einem Sturm heimgesucht. Ein heftiger Windstoß rüttelt mich wach. Unregelmäßige Böen schlagen an Eddys geschlossene Seitenwand und lassen mein Bett wackeln und die Teller im Spülbecken klappern. Weil ich unbedingt wissen muss, wie es Jonny draußen auf seiner Weide ergeht, klettere ich hinaus. Direkt an der geöffneten Seite unseres Stalls weht trotz wackelnder Wände nur ein laues Lüftchen. Mit jedem Schritt, den ich mich vom Bus entferne, wird der Wind stärker. An Front- und Heckseite pfeift es mir mit gewaltiger Kraft um die Ohren. Der Stall hat sich zum Glück als perfekter Windfang erwiesen.

Als ich jedoch wieder drinsitze und alles um mich herum schaukelt, frage ich mich, wie viel Windkraft es braucht, um einen Ford Transit mit Hochdach umzuwerfen. Mit gedrückten Daumen liege ich lange wach und lausche dem tobenden Sturm sowie Jonnys zum Glück sorglosem Malmen, da er seinen Kopf samt Hals bis zum Beginn der Vorderbeine unter mein Bett ins Heulager gesteckt hat.

Mit dem Sonnenaufgang nimmt auch der Wind ab. Nur ein leichtes Lüftchen ist noch zu spüren. Ich robbe übers Bett zum Vorhang, hebe diesen an und bin erleichtert. Jonny liegt relaxed vor der geöffneten Tür im Heu. »Und ich mach mir Sorgen bei Wind und Wetter, dass es meinem kleinen Eselchen nicht gut geht, dabei chillt er hier direkt vor der Tür. Dir hat der Sturm wohl weniger ausgemacht als mir, was?«

Sogleich springt Jonny auf und begrüßt mich mit seinem herzerwärmenden, krähenden »Iiiii-h«.

Dann rufen uns Jonathan und Larissa an, ein junges deutsches Pärchen, das wir auf unserem kurzen Campingstopp bei Málaga getroffen haben. »Wir wollen uns die Alhambra in Granada ansehen und danach in die Wüste Tabernas fahren. Habt ihr Lust mitzukommen?« Das Stadtangebot schlage ich wegen Jonny dankend aus, doch die einzige europäische Wüste ist in der Tat nur wenige Kilometer entfernt. Das klingt spannend und wäre auch für Jonny sicher ein tolles Reiseziel.

Der Weg dorthin spiegelt leider perfekt den manchmal komplizierten Alltag des Buslebens wider. Sieht man Fotos von Menschen, die mit dem Camper verreisen, strotzen sie meist vor lauter Romantik an malerischen Orten. Sie zeigen nicht ansatzweise, welche Strapazen man hinter sich bringen musste, um dorthin zu gelangen. Wie anstrengend oder wie aufreibend so eine Reise sein kann und dass man auch mal an seine Belastungsgrenze stößt. Ich möchte diesen Tag deshalb nicht beschönigen, denn er ist einfach nur wahnsinnig anstrengend.

Zuerst fährt sich Jessie auf der Suche nach ihrem Kuscheltieräffchen, das wir auf der Wanderung verloren haben, an einem matschigen Hang fest. Kaum ist das Problem gelöst und Jessie wieder ausgebuddelt, sind ein geöffneter Supermarkt sowie eine Tankstelle, um unseren Hunger und den der Busse zu stillen, schier unauffindbar. Immerhin entdecken wir eine Quelle, um unsere Trinkwasserkanister zu füllen. Diese tröpfelt aber eher vor sich hin, sodass es eine Ewigkeit dauert, bis die Kanister endlich voll sind. Ich bin erleichtert, dass wir nicht auch noch nach Heu Ausschau halten müssen, denn von Sinah haben wir einen großen rechteckigen Ballen mitbekommen. Auf dem Weg ins Tal bin ich fasziniert von der abwechslungsreichen Landschaft und lege mit Jonny hin und wieder eine Pause ein. Doch die Luft ist trocken und staubig, und es ist unerwartet heiß. Ich bin verschwitzt und fühle mich schon bald recht ekelig.

Um in der Wüste einen geeigneten Stellplatz zu finden, tuckern wir in sengender Hitze hin und her. Wir dürfen nicht einfach überall hineinfahren, denn die Wüste gilt als Naturpark und beherbergt zahlreiche seltene Tier- und Pflanzenarten. Als wir am Texas Hollywood Filmpark vorbeizuckeln, kommen in mir Kindheitserinnerungen auf. Hier war ich auch schon mal. Ich meine, das Eingangstor und die Landschaft wiederzuerkennen. Vielleicht auch nur aufgrund eines alten Fotos? Und tatsächlich kann mir meine Mama Bilder von unserem damaligen Besuch dort heraussuchen. Wie schön, dass wir zufällig hier gelandet sind! Es fühlt sich gut an, obwohl ich mit meiner Kraft für heute am Ende bin – und die Anstrengung des Reisetages lässt nicht nach.

Mittlerweile suchen Jessie und ich bereits getrennt nach einem guten Ort zum Ankommen. Kaum hat Jessie etwas vermeintlich Passendes gefunden, verfahren Jonny und ich uns auf dem Weg zu ihr. Als wir ankommen, müssen wir feststellen, dass ihr Platz nicht ansatzweise vor dem tobenden Wüstenwind geschützt ist. Im Gegenteil. Wir stehen auf einem Hügel mitten auf dem Präsentierteller. Kein guter Ort für Jonny. Zudem ist der Boden so locker und in der Kuhle, in der wir stehen könnten, so feucht, dass ich befürchte, mit Eddy darin stecken zu bleiben. Jessie jedoch ist bereits hineingefahren, und wir müssen sie ein zweites Mal an diesem Tag mit Schaufel und Fußmatten befreien.

Nach einigen Umwegen auf trotz Schrittgeschwindigkeit holprigen Pisten macht mir Jonny mit scharrendem Huf deutlich, dass er keine Lust mehr hat. Er will nicht mehr fressen. Er möchte aussteigen! Zum Glück finden wir nur etwa einen Kilometer weiter in der Nähe der Straße unseren perfekten Wüstenplatz. ENDLICH!

Dieser liegt in einem Tal der sand- und kiesfarbenen Landschaft aus kargen Berggebilden. Erleichtert lasse ich zuerst Jonny aussteigen, der sogleich loszieht, um die Umgebung zu erkunden. Hier treffen wir schließlich auch Jonathan und Larissa mit ihrem weißen VW-Bus an, und gemeinsam stellen wir unsere Busse in U-Form zueinander neben einem Hügel auf. So bekommt Jonny einen von allen Seiten windgeschützten »Innenhof« und zögert keine Minute, um sich in dem trockenen, feinen Staub zu wälzen. Erleichtert, dass Jonny unseren Reisestress gut verkraftet hat, können wir endlich entspannen und atmen tief durch. Der Sonnenuntergang zaubert ein spektakuläres Licht in unser Tal. Außer uns ist hier weit und breit keine Menschenseele. Mit der rosaroten Verabschiedung der Sonne verabschiedet sich auch unser nervenaufreibender Reisetag.

Am Abend sitzen wir vier bei Jessie zusammen, lassen uns Nudeln mit Pesto schmecken und philosophieren über das Leben und Reisen im Bus. Damit auch Jonny teilnehmen kann, haben wir die Schiebetür offen gelassen. Er spitzt immer wieder hinein, und als er die Knabbereien auf dem Tisch erspäht, rückt er so nahe wie nur irgend möglich heran, streckt seinen Hals und spitzt Ohren und Lippen. Als er jedoch den frechen, aber cleveren Versuch startet, mit seinen Lippen die Tischdecke zu sich zu ziehen, muss ich eingreifen: »Jonny, nein! Du hast da drüben dein Heu liegen, du Frechdachs.«

Jonathan und Larissa sind seit etwa einem Monat unterwegs und bereits durch Frankreich und Portugal getourt. Bei spanischem Bier, das Jonathan mitgebracht hat, amüsieren wir uns besonders über die Missgeschicke auf unseren Reisen. Passend zum heutigen Tag, erstellen wir lachend eine Pro-und-Kontra-Liste zum Leben und Reisen im Bus mitsamt unseren Erfahrungen. Zum Ende hin ist sie gut gefüllt und spiegelt so manches Abenteuer in Stichpunkten wider.

Pro

- Immer ein Bett dabei
- Freiheit
- Immer alles dabei, nichts packen
- Spontanität
- Lifestyle
- Naturnah und viel frische Luft
- Kurze Wege im Bus – Gefühl von mehr Zeit
- Geld/Miete sparen
- Menschen aus aller Welt treffen
- eigener Rückzugsort in einer Gruppe von Leuten
- Flexibel
- Wäsche unter der Scheibe mit der Frontlüftung trocknen
- Länger schlafen, wenn man in der Nacht zuvor schon angekommen ist
- Beliebt bei Freunden, Platz für Mitreisende
- Viel lernen (vom Ausbau bis zum Ausbuddeln)
- Welt sehen
- Abenteuer
- Option zum Vermieten
- Alles außer dem Scheiß auf der Kontra-Liste

Kontra

- Fettige Haare
- Unfälle
- Begrenzter Wasservorrat
- Angst vor Fremden
- Ausgeraubt werden
- Frisch gewaschene, aber seit zwei Tagen feuchte Wäsche
- Alles, was feucht ist, gefriert
- –10 Grad = »perfekte Aufwachtemperatur«
- Horrorszenarien anderer Camper, »ich hab mal gehört, dass …« = alles ist schlimm und gefährlich
- Abschottung von Umwelt und Einheimischen
- Auffällig, nicht leicht zu verstecken
- Standortsuche
- Unerwünschtheit/Verjagen, Gefühl der Illegalität
- Nachtunruhe
- Toiletten-Probleme
- Ab wie viel km/h Windstärke fliegt der Bus weg?
- Wie viel Luxus gönne ich mir = Geldfrage
- Festgefahren
- Pannen
- Bus = Unerwartete Geldschluckmaschine
- Nachts von Schneeraupen aufwachen, die Schnee ans Auto schieben, am nächsten Tag wieder ausgraben
- Schnee auf Dach und Solaranlage
- Entweder trockene Luft vom Heizlüfter oder –20 Grad
- Undichte Fenster – Feuchtigkeit und Schimmel
- Wasserschaden
- Batteriesorgen
- Immer was zu tun und zu reparieren
- Tankstellensuche
- Spritpreise!
- Mautprobleme
- Keine Dusche zur Entspannung am Abend, kein Platz zum Rumlaufen
- Alltag kann unerwartet stressig sein
- Nicht die einzelnen Dinge, sondern die Gesamtsituation

Fassungslos wechseln unsere Blicke untereinander hin und her, als wir die Liste vor uns auf dem Tisch liegen sehen. Jonathan stellt trocken fest: »Das Pro wird mehr als deutlich vom Kontra überwogen.« Ich lache leise auf: »Und trotzdem sitzen wir alle hier – mit unseren Bussen – komisch.« Einstimmig stellen wir fest, dass in diesem Fall eindeutig die Qualität die Quantität überwiegt. Es können noch so viele Punkte dagegen sprechen – die Gründe, die dafür sprechen, schaffen es, all die negativen Erlebnisse in den Schatten zu stellen.

JONNY IN DER HOLLYWOOD-OASE

Tag 70–73 | Wüste Tabernas

Ganze fünf Tage bleiben wir an diesem magischen Ort im Nichts. Da Jessie und ich zuvor keinen Supermarkt mehr ausfindig machen konnten, werden wir von Larissa und Jonathan versorgt, während wir ihnen mit Trinkwasser aushelfen, denn damit sieht es bei den beiden bald rar aus. Auch Jonny trinkt in der für Februar ungewohnt glühenden Wüstensonne mehr als sonst. Hoffentlich reicht unser Wasservorrat. Für Jonny scheint dies sein absoluter Lieblingsort zu sein. Er strahlt Entspannung und Zufriedenheit aus und genießt den staubigen und feinen Untergrund in vollen Zügen. Sobald er sich wälzt, verschwindet er nahezu komplett in einer dichten Staubwolke. Mit dem Kommando »Achtung! Jonny wälzt sich!« schieben wir synchron unsere Schiebetüren zu. Trotzdem hat sich nach einem Tag in der Halbwüste bereits eine Staubschicht auf alle Möbel gelegt. Jonny jedoch stört das nicht. Im Gegenteil. Der Untergrund ist so weich, dass er sich immer wieder mit vollem Genuss wälzt, anschließend im warmen Staub liegen bleibt und sich die Sonne auf den Pelz scheinen lässt.

Nachdem die Staubwolke verflogen ist, schiebt Larissa amüsiert die Bustür wieder auf: »Hab ich euch schon von heute Nacht erzählt? Es war echt gruselig! Wir lagen im Bett und haben plötzlich ein seltsames Geräusch gehört. Todesmutig hat Jonathan das Fenster geöffnet, um einen Blick nach draußen zu werfen. Ein Riesenschock ließ uns das Blut in den Adern gefrieren, als Jonathan wie aus dem

Nichts Millimeter vor seinem Gesicht von einer Eselschnauze angepustet wurde. Wir mussten so lachen. Wir sind es definitiv noch nicht gewohnt, direkt neben Jonny zu schlafen. Dass du keine Angst hast, immer mit geöffneter Tür zu schlafen!«

Ich lache und streichle Jonny hinter den Ohren: »Glaub mir, Jonny ist der beste Wachesel. Er kann sogar fauchen, wenn er sich bedroht fühlt. Und ein Esel vor dem Bus verwirrt die Menschen eher. Ist die Tür auch noch geöffnet, ist das Anzeichen genug, dass es hier nichts zu holen gibt.«

Jonathan drückt mir eine Tasse dampfenden Kaffee in die Hand: »Stimmt. Wir dachten bei Málaga auch, dass der Bus und der Esel zum Campingplatz gehören und darin sein Heulager ist oder sein Stall.« Ich nippe am heißen Kaffee und schmunzle: »Da lagt ihr gar nicht mal so falsch.«

In Laufnähe soll sich inmitten der kargen Landschaft die »Oasis de Tabernas Lawrence de Arabia« befinden. Gemeinsam machen wir uns mit Sack und Pack auf die Suche. Beeindruckt folgen wir den Schotterpisten, die an manchen Stellen nach einem ausgewaschenen Flussbett aussehen. Aber wann fließt hier jemals so viel Wasser? Unvorstellbar.

Doch in der Tat bildete diese mystische Landschaft einst den Meeresgrund. Im Küstengebiet existierten sogar Korallenriffe, deren Fossile hier zu finden sind. Die Gebirgskette der Sierra Alhamilla erhob sich, bis sich das Meer vor rund zwei Millionen Jahren zurückzog. Die schwach verfestigten Sedimente wurden der Erosion ausgesetzt. In den vergangenen 100 000 Jahren haben die verzweigten Trockenflussbetten, die sich nur bei starkem Regen mit Wasser füllten, das einst ebene Gebiet in diese zerklüftete Landschaft verwandelt.

Staunend wandern wir zwischen den steilen Hügeln hindurch, die deutlich von Erosionsrinnen zerschnitten sind. Ein warmer Wind pfeift uns um die Ohren. Jonny marschiert neugierig voran.

Wie aus dem Nichts taucht unweit vor uns eine kleine Oase mit zahlreichen Palmen auf. Ein Plateau inmitten steiler Hügel mit Trampelpfaden zwischen den niedrig wuchernden, nelkenartigen Fuchsschwanzgewächsen, Halfagras und Strauchheiden. Die grünen Palmenblätter verleihen der eintönigen Landschaft etwas Farbe. »Hier könnte man genial Räuber und Gendarm spielen!« Ich schnappe mir einen herumliegenden, trockenen Palmwedel und fordere Jonathan zum Kampf heraus. *»En garde!«* Wir kämpfen wie die Kinder. Obwohl wir eigentlich mit Westernpistolen schießen müssten, denn diese Oase ist ein bekanntes Hollywood-Filmgelände von Western- und Historienfilmen sowie für Wüstenszenarien. Nach dem wohl berühmtesten ist sie auch benannt: »Lawrence von Arabien«.

Hölzerne Brücken führen über tiefe Gräben. Ein massiver und markant geformter Bergrücken erhebt sich vor uns. Die Sonne lässt die graue Oberfläche in einem sandigen Ton leuchten, während der Himmel dahinter sich in ein tiefes, gewittriges Dunkelblau hüllt. Jonny und ich gehen ehrfürchtig direkt auf diesen Berg zu. Er ragt deutlich über die anderen hinaus und zieht sich weit ins Hinterland. Vor uns bildet er eine wohlgeformte Spitze, direkt dahinter ist sein Kamm jedoch zerklüftet und gleicht einem gigantischen Dinosaurierrücken.

Gemeinsam steigen wir auf einen gegenüberliegenden Berg, auf den ein Trampelpfad führt. Kilometerweit können wir über die atemberaubende Hügellandschaft blicken. Die welligen Bergrücken, die sich ungeordnet ineinanderschlingen, wirken von hier oben wie ein unendliches Meer aus Sand, welches sich in der Tat über etwa 280 Quadratkilometer erstreckt. Die tiefen Schluchten dazwischen sind von hier oben nicht erkennbar.

Der Himmel zieht sich langsam zu, es dämmert, und wir treten den Rückweg an. Dabei entdecken wir eine Höhle und müssen unbedingt noch einen Blick hineinwerfen. Der Gang ist eng und so niedrig, dass wir die Köpfe einziehen müssen. Es ist stockdunkel, nur am anderen Ende leuchtet ein kleines Licht, das den Ausgang kennzeichnet. Jonny spitzt ebenfalls neugierig hinein. »Bist du dir sicher? Das ist ganz schön dunkel und eng, Jonny.« Doch Jonny rückt näher an den Höhleneingang heran. »Okay, aber ich gehe voran.« Ich nehme Jonnys Führstrick und taste mich vorsichtig vorwärts in den finsteren Gang hinein. Jonny folgt mir zu meiner Überraschung, ohne zu zögern. Das Funzellicht meiner Handylampe wird von der tiefen Dunkelheit verschluckt. Unsere Schritte hallen durch den langen Gang. Es ist gruselig und feucht. Als wir am Ende des Tunnels wieder wohlbehalten auftauchen, platze ich vor Stolz und lobe Jonny ausgiebig.

Am nächsten Morgen genieße ich die ruhigen Stunden zum Sonnenaufgang kuschelnd mit Jonny im Wüstenstaub. Kaum erwachen unsere Nachbarn, blubbert die Kaffeekanne bereits duftend vor sich hin. Doch bevor wir zu unserer heutigen Wanderung aufbrechen, muss ich dringend noch etwas Wichtiges erledigen. Ich wähle die Nummer eines Pizzaservices in der Nähe von Stefans Arbeitsplatz: »Könnten Sie eine Pizza in Herzform an folgende Adresse liefern? Ich selbst bin sehr weit weg und würde meinem Freund gerne eine Freude machen.« Der Herr am Telefon verspricht, eine Herzform zumindest zu versuchen, und nachdem ich aufgelegt habe, wende ich mich jubelnd Jessie zu: »Es hat geklappt. Stefan bekommt zur Pause in der Arbeit eine Herzchen-Pizza!« Und tatsächlich landet später ein Foto von einem begeisterten Stefan mit der Pizza auf meinem Handy.

Die Neugier treibt uns an, die weitere Umgebung in entgegengesetzter Richtung zu erkunden. In den ausgeschwemmten Flussläufen funkeln immer wieder kalkige oder salzige weiße Streifen, die auf die Geschichte dieser Umgebung hindeuten. Wir wandern auf einen Bergrücken und beobachten Steinböcke, die die steilen Hänge leichtfüßig hinaufspringen, während wir uns schwitzend den Hang hochschleppen.

Die Gegend ist fast komplett karg, nur einzelne Büsche von Halfagras wachsen aus der Erde. In deren Schatten befinden sich einige wenige Grashalme, die Jonny zum Pflücken ansteuert. Mein kleiner grauer Esel verschwimmt regelrecht mit der deckungsgleich farbigen Landschaft. Jonny ist hier perfekt getarnt.

Heute pfeift uns der Wind zwar immer noch stark um die Ohren, doch es ist schwül, und die Sonne prallt regelrecht auf die Erde, die die Wärme reflektiert. In der Ferne entdecken wir auf einer ebenen

Fläche einen einzelnen, blattlosen Baum. Eine Eiche, hier in der Wüste? Im Wind bewegt sich etwas. Als wir näher kommen, erschrecken wir. Es sieht aus wie ein Galgenstrick, der an einem der Äste befestigt ist. »Wie gruselig ist das denn?«, stößt Larissa hervor. Aufgeregt gehen wir darauf zu. Außer unseren Schritten und dem pfeifenden Wind ist nichts zu hören. Weit und breit keine Menschenseele, nur die endlos karge Landschaft. Eine spannende Westernmelodie würde zu diesem Szenario ausgezeichnet passen. Jedoch ebenso ein veräppelndes »Död, Död, Dööööd!«-Geräusch gleich darauf, als wir feststellen, dass der Baum aus dickem Draht und Pappmaché besteht. »Eine Filmkulisse, war ja klar.« Wir lachen erleichtert. Nach einem weiteren Aufstieg auf den höchsten Berg in der Umgebung und einem ausgiebigen Picknick treten wir müde den Rückweg durch diese mystische Landschaft an.

An unserem Lager angekommen, spielt Jonny mal wieder den Frechdachs. Ich habe einen Topf Wasser erwärmt, um mir endlich die Staubkrusten vom Körper zu waschen, und gehe ans Heck des Stalls, um mich abzuduschen. Dabei besteht meine Dusche schlichtweg aus einem Topf lauwarmem Wasser, einer Kaffeetasse und einer Naturseife. Kaum verlasse ich Jonnys Gehege, läuft er mir winselnd hinterher. »Jonny, du Maus. Ich bleibe hier direkt hinter der Tür und dusch mich nur. Da willst du doch sicher nicht mitmachen.« Doch Jonny scheint genau dies zu wollen. Kaum bin ich dabei, mich mit dem restlichen Wasser abzuschöpfen, beschließt auch Jonny, sich zu säubern. Esel machen das allerdings nicht mit Wasser, sondern durch ausgiebiges Wälzen im trockenen Sand. Eine Böe genügt, um mich wieder komplett einzustauben. »Na, danke, Jonny! Was bist du nur für ein Lauser!«

Jonny hat mittlerweile ein derartiges Vertrauen entwickelt, dass er, während ich im Küchengang stehe und erneut Wasser aufkoche, einfach seinen Kopf zwischen meinen Beinen hindurchschiebt, um Heu zu erhaschen. Minutenlang mampft er gelassen vor sich hin, während ich breitbeinig direkt über seinem Hals stehe, oberhalb seines Kopfes die Küche aufräume und mit Geschirr klappere. Ach, wie ich unser Zusammenleben genieße.

Unsere Zeit in der Wüste war ein wahrer Gewinn für uns alle. Umso schwerer fällt der Abschied, denn unsere Gruppe wird sich wieder auflösen. Larissa und Jonathan steuern auf Almería zu, Jessie möchte Gleitschirm fliegen gehen, und Jonny und mich zieht es weiter in Richtung Norden.

Esel können Menschen und andere Esel sogar nach 25 Jahren noch wiedererkennen.

TEIL 14

MIT SÜDSONNE IM HERZEN ZURÜCK GEN NORDEN

MANDELBÄUMCHEN, SWIMMINGPOOL UND ESELSFREUDE

Tag 73–77 | Von der Wüste Tabernas über Vélez-Rubio und Valencia bis Banyuls-sur-Mer

Unser anschließender Übernachtungsplatz ist für Jonny ein ebenso großes Highlight wie die Wüste. Wir dürfen auf der Pferdefarm Residencia Fundador Nina und Rainer besuchen, Bekannte von Stefans Eltern. Ich kann Eddy direkt neben einem riesigen, runden Paddock abstellen, und Jonny hat das gesamte eingezäunte Gelände mit trockener Stauberde für sich. Ich werde in der prachtvollen Finca zum Abendessen eingeladen, Jonny bekommt einen ganzen Heuballen und frisches Wasser. Wir genießen ein letztes Mal die warme Sonne Andalusiens und spazieren in der malerischen, kiesgrauen Hügellandschaft herum, umringt von blühenden Mandelbäumchen.

Heute erleben wir in der Tat den heißesten Tag unserer kompletten Reise. Mit gefühlten 34 Grad brennt die Sonne herunter. »Jetzt bloß nicht dein Winterfell abwerfen, Jonny! Das brauchst du bald noch mal.« Während wir einem trockenen Flussbett, das hier als Straße genutzt wird, folgen, singe ich ganz unverblümt zur Melodie der im Hühnerstall Motorrad fahrenden Oma: »Der Jonny läuft mit der Lotta durch Andalusien, durch Andalusien, durch Andalusien«, und: »Der Jonny fährt bei der Lotta mit im Camper, im Camper, im Camper. Ja, der Jonny fährt bei der Lotta mit im Camper. Ja, der Jonny ist der coolste Esel auf der Welt, i-ah! Hab ich recht, oder hab ich recht, Jonny?« Dieser bleibt unverzüglich stehen und schaut mich so genervt an, dass ich lachen muss: »Ja, okay, ich halt jetzt die Klappe, aber Jonny, es ist so schön hier, ich verstehe, warum meine Eltern hier unten überwintert haben. Noch mal richtig Sonne tanken, denn ab jetzt geht's Schritt für Schritt immer weiter in Richtung Norden, bis nach Hause.«

Jonny jedoch ist ganz im Hier und Jetzt und macht sich vergnügt über die Blüten eines in den Weg ragenden Mandelbäumchens her.

Unseren folgenden Stopp organisiere ich rechtzeitig. Mit Jonny habe ich zwar gelernt, weniger zu planen, wenn wir zu Fuß unterwegs sind, doch diesen Ansatz habe ich auf unserer Busreise noch mal durchdacht. Zusätzlich möchte ich zwischen den Fahrten mehrere Tage Pause einlegen. Wir sollen ganz entspannt in kleinen Schrittchen zurück nach Hause zuckeln.

Als ich beim Campingplatz Torre la Sal, nördlich von Valencia, anrufe und mich erkundige, ob Haustiere erlaubt seien, verneint die Rezeptionistin strikt. Ich bin schon dabei, dankend das Gespräch zu beenden, als sie nachhakt: »Um welches Tier handelt es sich?«

Seufzend murmle ich: »Ich habe einen Esel dabei.«

Sie lacht laut auf. »Einen echten Esel! Das ist kein Problem. Kommen Sie vorbei.«

Bereits an der Rezeption werden wir winkend empfangen, und nicht nur Jonny bekommt eine große Fläche ganz für sich, sondern auch ich kann mich entspannen, da der Platz über ein beheiztes Indoor-Schwimmbad verfügt. Über Tausende faustgroße, rund geschliffene Steine in den schönsten Farben machen wir unseren letzten Sonnenuntergangsspaziergang am Mittelmeer, bevor es weitergeht nach Frankreich.

Auf Instagram hat mich Melanie kontaktiert, die in Südfrankreich auf einer Eselfarm drei Katalanische Esel hält. Wenn wir auf unserer Reise in ihre Nähe kämen, würden sie und ihre Familie und sicher auch die Esel sich sehr freuen, uns zu beherbergen. Diese liebe Einladung wollen Jonny und ich nicht ausschlagen und überqueren am 16. Februar die spanisch-französische Grenze, um nach Banyuls-sur-Mer zu gelangen. In einem kleinen eingemauerten Garten erwartet uns ein nettes Plätzchen. Jonny hat den vorderen Teil der Wiese für sich und teilt seine Weide lediglich mit einem Old-timer-Lkw, der zur Weinlese genutzt wird. Melanies Söhne schieben vor den bepflanzten Teil des hinteren Gartens eine Bank und bauen eine Mauer aus Paletten, damit Jonny nichts stibitzen kann. Auch sein Heulager parkt in seinem Auslauf. Schnuckelig, klein und perfekt für uns! Melanie zeigt mir vor Einbruch der Dunkelheit noch geschwind das Bad und verabschiedet sich dann: »Toll, dass es geklappt hat. Kommt erst mal in Ruhe an. Die Esel stehen am Weinberg auf unserem Land etwa fünf Kilometer von hier. Morgen können wir sie besuchen. Schlaft gut, ihr beiden!«

DAS DÖRFCHEN DES LÄCHELNS

Tag 78 | Banyuls-sur-Mer

An unserem sonnigen Pausentag spazieren Jonny und ich durch das bunte Küstenörtchen, von dem eine schmale Landstraße hinaus in die Weinberge und zu Melanies Eseln führt. Wirklich jeder, der uns sieht, schenkt uns ein freudiges Lächeln. Mit so vielen freundlichen Gesichtern hätte ich nicht gerechnet. Seien es zwei Spaziergängerinnen, ein uns überholender Radfahrer, zahlreiche Autofahrer, die uns anlachen, oder Einheimische, die uns auf der Straße stoppen: »*Un âne! Fabuleux! Salut! Santé!* Möchtest du einen Schluck von unserem Wein probieren?« Sogleich bin ich in eine Weinprobe verwickelt.

Am Straßenrand entdecken wir etwas weiter die Polizei, die uns ebenfalls freundlich zulächelt. Sie scheint die Zusammenkunft eines Chorvereins zu beobachten, der von einer Lichtung aus wunderbare Melodien ins Tal klingen lässt. Jonny und ich bleiben stehen und lauschen der Damengruppe, die uns höchst erfreut ein strahlendes Lächeln schenkt. Wie unfassbar schön! Ich könnte aus Dank für all das liebe Lachen die ganze Welt umarmen.

Schließlich sind wir am steilen Hang bei Melanie und ihren drei dunkelbraunen Katalanen Levi, Raissa und Tali angelangt. Ich bin gespannt, wie sich Jonny mit ihnen versteht, meist interessiert er sich nicht besonders für seine langohrigen Kollegen und sucht sich lieber eine Pflanze zum Abknabbern. Auch jetzt bleibt Jonny erst bei mir, mit breitem Stand begutachtet er die drei aus sicherer Entfernung. Neugierig gehen sie schließlich auf den Neuankömmling zu, Jonny und Levi strecken ihre Hälse vorsichtig zueinander und pusten sich in die Nüstern. Jonny ist ein Stückchen kleiner als sein Gegenüber, und sein hellgraues Fell leuchtet geradezu auffällig neben dem dunkelbraunen von Levi. Für die drei scheint es okay zu sein, dass Jonny in ihrem Zuhause aufgetaucht ist. Was mich jedoch am meisten überrascht: Jonny wirkt höchst interessiert! Er grüßt Levi respektvoll, bevor er sich den Damen im Hintergrund zuwendet. Nein, er beginnt doch tatsächlich, mit ihnen zu flirten, zieht die Oberlippe hoch und schenkt ihnen ein strahlendes Lächeln.

Kaum habe ich mich auf einen warmen Felsbrocken gesetzt, ziehen Melanies drei Esel in einer Reihe übers große, steile Gelände ab … und Jonny folgt ihnen. Ich bin überrascht und freue mich. Melanie gesellt sich zu mir. »Sieht so aus, als würden sie Freunde werden.« Wir genießen die warme Wintersonne, während Jonny hin und wieder bei mir vorbeischaut, sich einen kurzen Streichler abholt und dann erneut mit Levi, Raissa und Tali loszieht.

»Die drei haben wir seit etwa einem halben Jahr«, erzählt Melanie. »Es war ein Traum von mir, die Schafe und Esel mit unserem Weingut zu kombinieren. 2014 sind wir nach Frankreich ausgewandert. Im März war mein Mann Guido zum ersten Mal vor Ort, im Juli waren wir mit Sack und Pack und drei kleinen Kindern hier, und plötzlich hatten wir unser eigenes Weingut in Frankreich am Meer.«

Als ich Melanie nach ihrem dritten Kind frage, das ich bisher noch nicht begrüßen konnte, scheint die Zeit plötzlich stillzustehen. Ihre kleine Tochter Anouk ist vor ein paar Jahren gestorben. Ein Schmerz, der tief in Melanies Herz sitzt. Im Garten steht ein kleines Haus aus Stein, worin sich Anouks Grab befindet. »So ist sie immer bei uns. Hier gibt es diese Art von Begräbnis, da man keine tiefen Löcher in die felsige Erde bekommt. Sie gehört zu uns, sie ist ein Teil von mir, egal, wo sie ist.« Wir umarmen uns und halten uns lange ganz fest.

Als ich mit Jonny den Rückweg antreten möchte, ist er mitsamt den anderen drei Esel spurlos verschwunden. »Deine Zäune sind intakt, oder? Wo können sie nur sein?«

Auch Melanie geht den Hang auf und ab. »Da bleibt nur eine Möglichkeit.« Sie winkt mir, ihr zu folgen, und wir steigen hinauf zum halb offenen Eselstall, der auf einem Plateau mit weiter Aussicht über die Weinberge steht. Sie deutet amüsiert dahinter – und mir blicken vier Eselsköpfe mit gespitzten Ohren und ertapptem Blick entgegen. »Ihr Schlawiner! Da seid ihr ja. Möchtest du lieber hierbleiben, Jonny?«

Ich freue mich ungemein, dass er sich so gut mit den Eseln versteht. Ihn derart kommunizieren und eine Verbindung aufbauen zu sehen, habe ich zuvor noch nie erlebt. Selbst zu Hause in seinem Heimatstall ist er inmitten der achtköpfigen Herde eher ein Einzelgänger. Hier scheint es jedoch nach nur wenigen Minuten klick gemacht zu haben. Melanie freut sich ebenso, nimmt mir jedoch meine Sorge, die vier nun gegen ihren Willen wieder zu trennen: »Sicher fühlt er sich hier wohl, solange du in der Nähe bist. Aber er würde bestimmt schnell nach dir suchen.« Und sie hat recht. Alleine gehen wir in Richtung Gatter, woraufhin Jonny mir sofort ohne Aufforderung folgt. Ich bin erleichtert, dass er sich für den Weg zu mir entschieden hat.

»Kommt uns einfach mal wieder besuchen, gerne auch für länger, wenn Jonny sich hier so wohlfühlt«, lädt Melanie uns ein. Ich nicke. Denn auch ich fühle mich hier sehr wohl. Wir wurden an keinem Ort so viel angelächelt wie hier. Für mich wird Banyuls-sur-Mer immer das »Dörfchen des Lächelns« sein.

EIN WILDES WUSELN UND DAS GROSSE WIEDERSEHEN

Tag 79–80 | Von Banyuls-sur-Mer über Vienne bis in die Nähe von Freiburg

Über die park4night-App habe ich unter dem Symbol »Traktor« eine Ziegenfarm entdeckt, die Reisende mit Wohnmobil beherbergt. So finden wir uns auf einem Hof inmitten der französischen Region Auvergne-Rhône-Alpes südlich von Lyon wieder, und ich richte unser Nachtlager ein. Das Ehepaar, dem der Hof gehört, ist höchst entzückt. Sie stellen Jonny eine große, leer stehende Weide zur Verfügung, auf der auch Eddy parken darf.

Die Dame des Hauses lädt mich zum Ziegenmelken um 18 Uhr in den Stall ein, aus dem bereits unterhaltsames Meckern ertönt. Ich packe mich warm ein, denn mit den sinkenden Temperaturen macht uns das Wetter klar, dass wir eine ganze Ecke nördlicher sind als noch vor einer Woche. Allerdings haben wir Glück. Vor nicht einmal sieben Tagen soll es in Deutschland und auch in Frankeich heftige Schneefälle gegeben haben. Nun ist es zwar frisch, aber die Wiese wieder grün.

Als ich den Stall betrete, werde ich an kleinen Melkstationen von acht meckernden Mutterziegen mit prall gefüllten Eutern verblüfft angestarrt. Der Bauer und seine Frau begrüßen mich herzlich. Während sie vorne bei den Ziegen bleibt, führt mich ihr Mann stolz durch das weitläufige Innengehege. Einige ausgewachsene Ziegen und sogar ein paar Schafe befinden sich in einem mit Stroh ausgebetteten Auslauf. Es riecht nach Ziegenpipi, Schafsmist, frischer Milch und Heu. Ganz hinten werde ich von mit hohen Stimmen meckernden und blökenden Zicklein und Lämmern empfangen. Sie sind hinter einer hüfthohen Holzlatte, stellen sich auf die Hinterbeine und strecken ihre kleinen, süßen Köpfchen darüber hinweg.

Während der Bauer ihnen frische Milch holt, knie ich mich vor ihren Auslauf und streichle die aufgeregten Jungen. Sie sind so zutraulich, dass sie gar nicht genug von mir bekommen können. Während ich versuche, das kleinste zu streicheln, wird es sogleich von größeren weggedrängt, die wiederum ihrerseits von Nachrückern gestört werden. Während ich das eine am Hals kraule, schnappt sich ein anderes meinen Schal und ein weiteres die Haarspitzen meines geflochtenen Zopfes und kaut darauf herum. Es ist ein wildes Wuseln aus vierzehn Zicklein und drei Lämmern.

Kaum ist der Bauer zurück, bekommen sie alle frische Muttermilch in eine lange Rinne gegossen, damit jedes genug abkriegt. Übermütig stecken sie ihren kompletten Kopf in die Milch und planschen und schlabbern, was das Zeug hält. Das Ehepaar freut sich mit mir über dieses liebevolle Spektakel. Aus der übrigen Milch stellen sie Käse her und verkaufen diesen auf lokalen Märkten. Sie freuen sich sehr über Reisende, die sie besuchen, weil sie selbst wegen der Tiere nie in den Urlaub fahren: »So erfahren wir immerhin etwas von der Welt, indem uns Menschen besuchen und davon berichten.«

Die weitere Rückreise läuft im Gegensatz zur Hinfahrt mit all ihren Hürden zum Glück wie am Schnürchen. Jonny und ich sind nun auch beim Busleben ein eingespieltes Team und meistern die Tage wunderbar. Eine gut ausgebaute Autobahn führt uns zurück in Richtung Freiburger Pferdestall. Als wir schließlich den Rhein nach Deutschland überqueren, bin ich erleichtert und voller Glücksgefühl.

An Susannes Pferdestall, wo wir vor fast drei Monaten unseren ersten Stopp eingelegt haben, werden wir von einer kleinen Menschentraube empfangen. Nur wenig später liegt Jonny wieder im Heu im eigenen Paddock, ich sitze neben ihm, und wir können es wohl beide kaum fassen, dass wir überhaupt weg gewesen sind. Ich fühle mich ein wenig überrumpelt, fast wie ein Jetlag. Als wären wir am 2. Dezember hier im Stall einfach eingeschlafen und hätten in ganz tiefem Schlaf all diese Abenteuer geträumt, bis wir vor wenigen Minuten am 19. Februar, also wie auch bei unserer ersten Reise nach zufällig genau achtzig Tagen, hier wieder erwacht sind.

Erschlagen von all diesen unbezahlbaren Eindrücken, muss ich mich erst einmal sortieren. Jonny ist die Ruhe selbst, er ist wie ich müde von der Fahrt und lässt sich dankbar die Ohren kraulen. Behutsam flüstere ich hinein: »Danke, dass du mit mir gereist bist. Du bist der allerbeste Esel auf der ganzen Welt. Ich hab dich so doll lieb, mein Großer.«

Jonny kann sich nun schlafen legen, doch mein Herz pumpt Adrenalin durch meinen Körper: Stefan ist auf dem Weg zu uns. Es ist Freitagabend, und auch er hält die physische Distanz nicht mehr aus. Er möchte uns am letzten Reisetag begleiten und hat deshalb einen Zug nach Freiburg gebucht. Als ich zum Bahnhof düse, um ihn abzuholen, bin ich aufgeregt. Wie wird es wohl sein? Ob wir zuerst ein wenig fremdeln und uns wieder aneinander gewöhnen müssen? Ob wir uns noch genauso gernhaben wie vor der Reise? Mein Herz pocht mir bis zum Hals, als mir Stefan freudestrahlend entgegenläuft …

EPILOG

Am nächsten Tag sitzen wir doch tatsächlich bei wärmendem Sonnenschein in T-Shirts im Bus und düsen gemeinsam mit dem futternden Jonny im »Gepäck« geradewegs zurück nach Hause auf den Eselhof am Starnberger See.

Während Stefan am Steuer sitzt, habe ich meine Beine aufs Armaturenbrett gelegt und lasse meinen Blick über die Felder in die Ferne schweifen. Was für eine Reise! Kaum zu fassen, dass wir das wirklich alles erlebt haben. Bilder vom französischen Militär, vom Heuklau in Südfrankreich, vom ersten Mal am Atlantischen Ozean, vom Sturm im Baskenland, von dem gefährlichen Bullen, vom Traktor, der uns aus dem Schlamm zog, und von der Marinepolizei in Aveiro blitzen in meinem Kopf auf. Der fröhliche Weihnachtsspaziergang durch Peniche, Jonnys Freude über seine Weihnachtskiefer, unser erster »Ich liebe dich«-Moment in Sintra, die portugiesische Steilküste, die Insha-Rettungsaktion auf der Ranch, Jonnys erstes Fauchen, unsere Verirrung im Wald bei Tarifa und der schönste Sonnenaufgang in der Sierra Nevada. Die staubige Wüste Tabernas, Jonnys französische Eselsfreunde und all die interessanten und inspirierenden Menschen, denen wir begegnet sind. Jede einzelne persönliche Geschichte wäre in meinen Augen ein Buch wert.

Ich bin froh, dass wir uns diese Reise getraut haben! Glücklich über alles, was wir erleben durften, über all diese unbezahlbaren Momente. Und dankbar für jede wertvolle Begegnung, ob mit den Menschen auf unserem Weg oder mit den Kindheitserinnerungen in meinem Herzen.

»Danke! Danke für alles!«, flüstere ich leise und zwinkere in den Himmel. Wer weiß, ob nicht mein Papa da ist und all das mit unserer vereinten Energie so wunderschön hat werden lassen.

Ich kehre in die Realität zurück und schaue zu Stefan, der mich aus den Augenwinkeln heraus verschmitzt anlächelt. Ein klein wenig Eingewöhnungszeit habe ich gebraucht, doch die Reise hat unserer Beziehung keinen Knacks versetzt. Im Gegenteil! Es fühlt sich an, als wären wir stärker verbunden denn je. Die Sonne strahlt in den Bus, und ebenso strahle ich.

Stefan bemerkt mein glückseliges Grinsen: »Toll, dass ihr wieder da seid! Ich hab euch so sehr vermisst. Unsere nächste Reise planen wir gemeinsam!«

Ich könnte platzen vor Freude, denn einen wundervolleren Partner hätte ich nicht erfinden können. »Auf jeden Fall! Wir drei zusammen. Du, Jonny und ich!«